中国古代奇技淫巧

⊙ 杨钧 编著

群众出版社
·北京·

图书在版编目（CIP）数据

中国古代奇技淫巧 / 杨钧编著 . —2 版 . —北京：群众出版社，2012. 7

ISBN 978 - 7 - 5014 - 5011 - 4

Ⅰ. ①中…　Ⅱ. ①杨…　Ⅲ. ①传统文化—中国—通俗读物

Ⅳ. ①K203 - 49

中国版本图书馆 CIP 数据核字（2012）第 141596 号

中国古代奇技淫巧

杨　钧　编著

出版发行：群众出版社

地　　址：北京市西城区木樨地南里

邮政编码：100038

经　　销：新华书店

印　　刷：北京市泰锐印刷有限责任公司

版　　次：2012 年 7 月第 2 版

印　　次：2024 年 6 月第 13 次

印　　张：17. 75

开　　本：787 毫米 ×1092 毫米　1/16

字　　数：338 千字

书　　号：ISBN 978 - 7 - 5014 - 5011 - 4

定　　价：50.00元

网　　址：www. qzcbs. com

电子邮箱：qzcbs@ 163. com

营销中心电话：010 - 83903254

读者服务部电话（门市）：010 - 83903257

警官读者俱乐部电话（网购、邮购）：010 - 83903253

文艺分社电话：010 - 83901350

目 录

奇技机巧部

制赝鉴真部

工艺制造部

琴棋字画部

医药方术部

酒茶膳食部

武功猎杀部

中国古代奇技淫巧

奇技机巧部

纤手探秘(养指甲秘法)

杨贞媛，是光绪年间的一位奇异女子。生来喜欢蓄养指甲，护养了十多年，那指甲长有二尺余，并可以使之弯曲，折成数寸。她的护养指甲的办法，据传有四种：一，常年弯曲手指，不使手指伸直，并以银甲加以保护，而这银甲又必须比指甲长出一寸，每年一换。二，盥洗时，用毛巾揩肥皂沫，频频擦拭指甲，使它明亮如通犀。三，到了夏天，应将银甲脱去，免得指肉腐烂；冬日，把指甲浸在油中，使它不至于失去温和，免得被寒风吹折。在卸掉银甲时，指甲要伸直；护理指甲时，应该弯曲；盥洗时要伸直，洗澡和睡觉时要弯曲。四，指甲不可用来挖耳及搔痒，偶然不当心损坏了，见甲边露出白痕，要立即修剪，不能可惜。如果气候干燥，指甲的边缘卷曲起来，要将指甲浸在温水中。

指甲养蓄得好，有不少奇特的效应，主要也有四种：一、蓄爪可消弭心中的强暴之气，因为平日的护惜指甲为重，不再顾得上躁烈的性子。二、可以用来预知天气变化，天将雨，爪纹间会泛出黄白颜色；天将晴，爪色尽白；天热，则护甲内有水汽；天冷，则护甲的根部皮肤呈燥白之色。三、蓄爪可以验病。人即将生病时，爪色渐渐发枯；生了病，爪根洁白，毫无血色；病将愈，爪根现粉红色；健康时，则爪色莹润；病后，则爪根现出一节，大病节显，小病节微。四、蓄爪可以占祸福。指甲偶然折断，即有祸征。有一年，杨贞媛的无名指爪折断，幼子便死了。又一日，中指爪折断，而遇到了强盗。这纤纤十指的奥妙，都在指甲之中包含着，谁能不信呢？

《清稗类钞》

裸泳(帝王逍遥术)

东汉初平三年，汉灵帝游于西园，下令建造裸游馆千间，采集绿苔植被铺于石阶，周围砌造水渠，引水绕砌，流水清澈见底。帝乘船沿渠游漾，并且叫宫女乘船同游，选玉色轻体的宫女撑篙摇桨，荡于渠中。在盛夏之时，还故意使船覆没，看宫女在水中游漾。又奏《招商》之歌，以招凉气。歌曰："凉风起兮日照渠，青荷昼偃叶夜舒。惟日不足乐有余，清丝流管歌玉凫。千年万岁喜难逾。"后来又在渠中植莲，叶大如盖，长一丈许，都是南国进贡而来，其叶夜舒昼卷，一枝茎能生四莲，名叫夜舒荷，又因为月亮出来时叶子就舒展开来，所以也叫望舒荷。

灵帝一到盛夏季节，就成天在裸游馆里避暑，长夜设宴饮酒作乐。帝长叹曰："假如能活到万年，天天都能如此，则胜过天上神仙啊！"令宫内十四岁以上十八岁以下的宫女都打扮得漂漂亮亮，解去外衣，不着内服，入水共同裸浴。将西域所献的茵墀香放在水里煮成浴汤，令宫女洗浴后，再将余汁注入渠中，这叫流香渠。另外，还造了鸡鸣堂，里面养了很多鸡。每当帝醉迷酣睡到天亮，鸡鸣堂内众侍者竟作鸡鸣，以乱真鸡之鸣声。同时，用点着的蜡烛投掷于殿前，帝便惊悟而起。

《云烟过眼录》

人玉难分(玉人献媚)

蜀国先主之后叫甘后，是沛州人。本出生于微贱家庭，幼时，看相的人说："这女孩将来长大了一定会过富贵生活。"长大以后，果然体貌特异，与众不同。到了十八岁，玉质柔肌，体态极美，容颜媚冶，异常动人。被先主召入宫中，每当她坐卧于白绡帐中，站在外面看帐内，好像是月下聚雪。当时，河南有人献上用白玉雕塑的玉人，高三尺，先主令人将玉人置于甘后一侧，每天夜晚甘后把玩玉人，爱不释手。常言道，玉是很贵重的东西，甚至比仁德君子还要高贵，何况将玉雕成人形呢？甘后与玉人同样白润，旁观者乍一看去，确实有点儿分不清哪是真人，哪是玉人。因此，宫中那些受先主宠爱的姬妾，并非只是妒忌甘后，更妒忌那座玉人。其实，真正讨得先主欢心的，是那个献玉的人。

《癸辛杂识》

异香女子(麝兰之气术)

桐城的姚氏生了一个女儿，竟然轰动了全城。这女，遍体芳馥如兰，异香扑鼻，令人沉沉欲醉。人称此女为“香姑”。香姑长大后，桐城又诞生了一个身有异香的男孩。这男孩，面貌与平常孩儿没有什么不同，只是身上的异香，除香姑外，无人可及。天晴时，他身上的香气格外浓郁；天气阴沉，那香味便略有减弱。曾有医家去探视，也说不出一个道理来。传说汉宫中人吹气如兰，实在不足为奇了。

《清稗类钞》

活板开闭(地板避湿法)

造屋铺设地板时，地板离地面要高一些，并做一块活动地板以备开闭，时常堆些炭，就能吸收潮湿地气。

《福寿真经》

鸡毛试毒(毒井排气绝技)

凡是冢井之类的深洞，里面产生的气体，在夏秋季能置人于死地。排除此气的办法是：先用鸡毛向圹井中投下去，鸡毛直线下降，说明井中无毒气，若回舞而下，则人不可贸然下井作业，当用醋数斗浇洒之后，方可下井。

《酉阳杂俎》

熟艾包墨(藏墨秘法)

熟艾包墨、梅月入炭是收藏墨的方法，否则，墨入冬即纹裂，遇黄梅雨季则较翘断折。

《福寿真经》

刮粉植石(补破砚绝术)

砚台若是破损，可用刀刮下砚台底部的粉末，再用黄蜡火煅匀，调好烘补在砚台的破损之处，砚台则完好如新。

《福寿真经》

莲蓬穰(洗砚法)

砚台若不经常清洗则滞墨可嫌，洗砚时最好用莲蓬穰沾温水轻轻擦洗。

《福寿真经》

浸硫藏椒(藏笔免蛀法)

将毛笔在硫黄水中浸透后再收藏，则毛笔不蛀；将花椒贮存在笔套内，则毛笔也不会蛀。

《福寿真经》

雪水浸灯草(点灯无灯蛾法)

夜晚点灯时，灯蛾扑灭灯火最是可厌之事。且不说伤害生灵，如家中正有要事，灯火忽然被扑灭，岂不要坏大事。一夜之中灯火被灭了再点，点亮了又被扑灭，这多麻烦？除灯蛾的办法虽多，但灵验的少。唯有在腊月内用雪水将灯草浸过，晒干收藏好，用这种灯草点灯，则永远不会有灯蛾扑来。灯火不会被扑灭，还救了许多小生灵，岂不积了一德。

《福寿真经》

河水冒泡(预知风暴法)

风暴来临前大自然中会出现许多预兆，如天色昏淡，各种飞禽雁鸟在空中忽上忽下翻飞不止；飘浮的云朵大多嵌了道道金边；太阳的颜色变得火红；云急行，月起晕，白昼也能见到太白金星升在空中，西南参星动摇不已；家中灯火明艳跳跃爆爆作响；地上石头脉络纹理湿润滑溜；树身枝杆汁液流出；河水冒泡腥土气味浓郁；鱼儿跳出水面，毒蛇穿行草丛；蚂蚁搬家，蚯蚓过路；天上云朵时黑时白，时而堆积相拥时而片片走散……这些都是大风和暴雨来临前的预兆。大凡春夏二季暴风居多，如果遇到天气温热，午后出现乌云或者雷声就必有暴风。大风暴雨多数起于午后，故而渡江过河的人应早行为好。

《福寿真经》

五更看天(避风术)

江湖中行船，只怕有大风。而冬天的风都是渐渐变大的，可以先作准备，而盛夏的风则是须臾之间的事，这时在江湖中行船往往会遇难。曾听说一个在江中贩运货物的商人有办法可以避免这种危险。一般夏季的大风都起在午后，要行船的人在五更时分起来，观察天空，如果天空中星月明亮皎洁四周没有云气的话，就可以行船，到中午时分就停船。这样就不会与风暴相遇了。国子博士李元规说："我平生游历江湖中，都没有遇到风暴，就是采用的这个方法。"

《梦溪笔谈》

用火烤焦（栽荔枝秘法）

福建所产的荔枝中，有一种粒小如丁香的，这种荔枝肉多味美，当地人栽培它时，先取一段荔枝杆，剪去大根，再用火将其树皮烤焦，然后播种土中，用大石头压住它的根部，要让旁根得以生长。因为此品种荔枝核很大，用核来播种不易发芽成活。正如猪、羊、牛、马、驴、犬等六畜，骟割之后，更能长肉，却丧失了生育能力。

《梦溪笔谈》

闻烟即死（鸡毛驱蛇秘技）

摘录随园老人《新齐谐》“鸡毛烟辟蛇”一段：“李金计说，鸡毛烧烟，一切毒蛇闻其气即死，凡蛟蜃也是这样，无能免者。因为蛟蜃与蛇皆属阴，鸡本是南方积阳之象征，性属火，为至阳，故至阴之类触之，无不立毙，这就是《阴符经》中所说的大小之制在于气，而不于形。”我在广西为官时，习闻此事，然而我认为，若遇蛇类，只要烧鸡毛以驱之就足够了，一定要杀绝，似亦不必。

《浪迹三谈》

南山虎啸（奇人异质）

古时候有一人，能听得懂鸟兽讲话。梁廷尉卿说僧昭先为山阴县令。一次，他与会稽太守武陵王纪去狩猎，中途突然返回。左右随从人员问其缘故，答道：“国家边境有急事，应当立即回去处理。”问他怎么会知道，他说：“我听到南山虎啸，所以知道。”不一会儿，信使果然来报战事。

《香祖笔记》

鸷鸟之粪（金刚钻秘得）

金刚钻形如鼠粪，色青黑如铁石，故又名钻石，生产于西域诸国，取之于鸷鸟海东青所遗粪便中，用金刚钻镌镂，无坚不破。《齐东野语》记述：扶南国刚金能切玉，用黑色公羊的角敲击，则可分开。又据张洪《使缅录》提到：缅蛮一带地方有一种树木叫金刚纂，状如棕榈，枝干屈曲，无叶，把这种树木锉碎渍水，牛马曝晒渴极，使其渴饮此水，人若食用饮了此水的牛马肉，必死无疑。这是一种有毒的树木，而金刚纂与金刚钻，其名相同。

《香祖笔记》

击掌为号（驯獭绝技）

元和末年，均州郧乡县有一位老人，年已七十，饲养水獭十余头，以獭捕鱼为业，隔一天放出一次，放出前，先闭于深沟斗门内，不给食，令其饥，然后放之。用獭捕鱼，无下网收网之劳而获利相当可观。水獭下水捕鱼，老人一看时间差不多了，只要边击掌边呼之，群獭皆至。

《酉阳杂俎》

皮毛裹肉(驯斗鸟绝技)

《庄子》上说:“养虎的人不用整只动物喂虎，也不用活的动物喂虎。”这句话的确很有道理。

曾经有个特别会调教山鹧鸟的人，用他调教的山鹧和别人的鸟斗，没有一只能胜它。后来有人发现他用了一种特别的喂养方法：每天给鸟喂食的时候，都用山鹧皮裹上肉给鸟吃。久而久之，这只山鹧一看见其他山鹧，就想与之搏斗并吃掉它。这就是喂养的方法改变了动物的本性。

《梦溪笔谈》

蟹毛杀人(禁忌秘术)

菰的两鼻两蒂有毒，食之杀人；檐下滴菜有毒；黄花和赤芥也能杀人。

牛践踏过的苗则子苦，砧垢能腐蚀人之鞋底。

鱼有睫及目合于腹中，自连珠二目不同，连鳞白髻，腹下丹字，并杀人。

鳖目白，腹下有五字，一曰丹字、十字，一曰十字者不可食。

蟹腹下有毛者杀人。

兽之岐尾、鹿斑如豹、羊心有窍，皆害人。

马夜眼五日以后食之杀人，犬悬蹄之肉有毒。

白马的鞍下肉伤人五脏。

井水沸，不可饮。

酒浆无影者不可饮。

《酉阳杂俎》

烧灰饮服(阉人杂记)

割去生殖器的男人叫阉人，相传阉人将所割下的生殖器，放在石灰升中，悬挂在屋梁上，叫人等到自己死后与尸体一同放入棺材里，所以大凡阉人都忌讳说“升”字，并且与“升”字谐音的“生”字也不能用，例如不说某先生，而说某先。然而据《辍耕录》中说：沈生自割生殖器后，创口经月不合，阉奴教他将割下的生殖器烧成灰，捣成粉，用酒服下可愈，沈生依法服之，果愈。因此前面悬梁之说，似又不然。其实，疮口有合者，也有不合者，不必煅服自己的生殖器。明朝时，阉人各有名下，清代则呼为徒弟，也有如市井之投师。

《骨董琐记》

跳沟（养羊绝技）

养羊的方法：应当用瓦罐装一升盐，挂在羊圈中。羊喜欢吃盐，常自动地来回去吃，不需要人辛劳地驱赶。羊生病后，很容易传染。要隔离病羊的方法：在栏前挖一个二尺深、四尺宽的坑，如能够往返跳过的，表明没病；如不能跳过，而是从坑里走过的羊，就要隔离开。

《家政法》

大缸百只（灭火法）

街头巷尾多设水仓，这是扬州城的一大特色。相传乾隆五十九年四月，新城多子街一带，经常失火，每次火灾，昼夜燃烧不息。有一位叫余欢德的人，性格豪爽，见此情景，非常痛心，因而创设水仓。在人烟稠密又距河较远的地方，买屋基一所，前设门楹，中为大院，置水缸百只。满贮河水，并置水桶百十只，还设水龙一二具(扬州俗称水炮)。同时，在附近设了望火情的报火者和行动快速的消灭者。一旦发生火灾，汲桶可以迅速集中，炮夫可以立即行动。孙春洲为此作门联：“事有备以无患，门虽设而常关。”我曾去过皮市街，看见有一处叫广济水仓，门上有石扁，扁上字体极佳。询问以后，方知是鲍崇城所作。其字体书法之美，极似得之于诚悬书法。因此，请一人在扁上增刻其名，并收入《随安室书录》中。据罗茗香说：水仓门联之上联原来是“井用汲以受福”，后来才改为“事有备以无患”。我又改为“事前定则不怠”。并且又另作一联为“玉瓒何烦禆灶脏，金莲永免祝融灾”。

《浪迹丛谈》

三寸小棺（自励术）

嘉庆时，苏州城隍庙道士袁守中，居住在月渚山房。在他的书案上，经常放着一只紫檀小棺材。这棺长三寸，有盖，可随意开启闭合。名士钱梅溪见此小棺在案，颇为奇怪，问道：“制此何用？”袁守中答道：“人生必有死，死则便入此中。我真想不通，这世间之人，只知富贵功名而不知有死，做出的事来，尽是缺德断义的。如果知道有死，他们还会这样吗？我每逢不如意的事情，便取此小棺看它一番，作为严师的训诫、座右的箴铭。”

《清稗类钞》

野猴演戏(杂耍绝技)

凤阳人韩七，弄猴成癖。大凡弄猴的人，仅仅畜养一二只而已。而韩七所畜的猴子，多达十余头。无论老猴小猴、公猴母猴，一律不用羁具索缚，更不施用藤鞭铁链。每当牵出一个戏场，那群猴便会规规矩矩地登场演剧，生旦净丑无不酷肖，从未弄混；那些在场角鸣锣的、奔走往来的，也都是猴子，从未发生过乱场的事，也从未见一只猴子逃遁。市面上的伶人对韩七的绝技赞不绝口，却无法探知他驯猴的手法。多年后，有人才得知韩七是个瘾君子，每次得野猴，便将猴锁在烟榻旁，陈鸦片膏一盎，灯一具，自己高卧榻上，慢慢吸烟。野猴既不能脱身，狂跳许久，也就登榻摆弄起烟具来。韩七瞅准这个时机，即向猴脸喷烟。猴子起初被烟一熏还惊跳不已，喷了不多久也就安然无事了，效仿韩七的样子伏在榻上，就灯嘘咽，韩七便教它烧吸之法。不出一月，野猴吸烟成瘾，韩七便解去它的锁链，猝然间举棒猛击，猴子负痛奔逃。没多一会儿，猴子烟瘾发作，便又奔回，从屋角上往烟榻窥探。韩七于是诱猴下屋，让它吸烟，再以棒击猴头。此时，猴子也就再不逃跑了，教以演戏，服帖如人。

《沽异录》

踢金(销金术)

吴县翁逢春是个落拓不羁之人，饮酒成癖。有一回，携带巨金到杭州游玩，将载着二千余金的辇车停歇在客栈的廊下，自己独自外出狂饮。半夜，他醉醺醺地归来，走得步履踉跄，一晃三摇。不料，一脚踢在装着金子的布袋上，把脚趾踢得鲜血直流。翁逢春顿时大怒，拾起这个从车里掉出来的金子口袋，骂道："我明日不将你用尽，就不算是个豪侠！"遂遍召故人、游士及妖童、艳娼等百余人，讲定天亮后各集西湖。到了第二天，他雇下巨舫停泊西泠桥，众人涌来，开瓮狂饮，直饮得酒浆如溪、人醉似泥。烂醉之时，他取出余金，一一相赠给诸人。然后狂笑而归。天黑时，他问家奴还剩多少金子，家奴回道，金子都已用尽。于是，翁逢春大笑起来，指着自己的那只肿胀的大脚趾，说道："快快消肿吧，端正好精神再踢它几回。"

《沽异录》

见门而止(闲闻)

在京师南面三个城门外，向东向西至两个便门的城墙根，有很多骑驴的人，因为每个城门之间的距离有三里路，所以有人专门出租驴子，供人往来于三门之间，雇价仅数文。驴走到尽头，便会自动停滞不前。冬月，护城河结了厚冰，往来便乘冰床。中途如果遇到河闸，则须换床易人，不像乡村那些沿着河边的小路可以直达某处。二十年前，故友郭位公每年到达子馆经营小本生意，每次都带着野兔等物，乘冰床来我家叙谈叙谈。曾有这样的诗句："一岁一相过，凌爬戴雉兔。两鬓拂霜华，倾尊话迟暮。"乡间将冰床称为托床，也称凌爬。这正是：几日城隅水泛凫，坚冰似镜已平铺。设来行榻如舟稳，看彼飞舆越蹇趋。抵闸忽惊当路虎，移床幸遇在梁狐。芒鞋冻折绳牵断，赚得囊钱酒半壶。

《乡言解颐》

以棺代床(自嘲术)

人活于世，不知何时死去，所谓"一岁死到百岁"，便是这个意思。有个叫程正夫的人，生性极为达观，做了一口棺材，取名为"休息庵"，自己还作了铭文刻在棺上，每当酒酣之时，便躺在棺中，聊作眠床之用，说是一旦醉死，不必烦人再扛尸于棺了。在他的诗抄中，有这么一首："版屋萧然密四周，愚人息矣圣人休。百年恍惚真疑梦，万事纷纭已到头。广柳何时催去驾，猗兰此夕咏闲愁。相烦雅客来欣赏，莫待遥怜土一丘。"

《雅言俗记》

操刀戏母(佚文录)

绍兴有个寡妇，名叫孙氏，五十来岁。邻家有老叟徐某，孤身一人。日子一久，孙氏便与徐叟私通，生下了一个儿子。寡妇抚子，是极难掩人耳目的，想留，留不得；想弃，又舍不得弃，正在为难之时，忽然想起了女儿。孙氏之女，也早寡无子，正可以收养这个孩儿。女儿听从母亲之言，非常高兴地把孩儿抱了来，声称是拾了个弃婴，养育在家，如同亲生一般疼爱。儿子长到五岁，仍不能开口说话，而性情格外强悍。随着年岁渐大，经常操起刀来，戏弄母亲，把母亲吓得疯疯癫癫。其时，孩儿的生母来做客，女儿便将这些事告诉了一番，想不到的是，女儿的夫家亲属也在做客，斥道："此儿又不是你生的，如此悍无人理，养虎畜狼，终究不是好事，不如把他赶了出去！"生母听罢，便与这些满面怒色的亲属们争吵起来，出言十分难听。突然，那哑儿开了口，对母亲说："我本来就是你的弟弟，何必将我当儿子看待？"此话一出，母女大惊失色；族人一直以为此儿是个哑巴，也不禁大骇，追问再三，哑儿再也不说话了。族人知道其中缘故，便不再逼问，于是又留下哑儿养育了数年。哑儿年纪渐大，性情更暴。此时，其生母已与徐叟合而同居，俨若夫妇，族人便将哑儿归还二老。二老把哑儿接回家来，好生养育。不久，哑儿便能开口说话，与平常孩儿竟一样，毫无悍强之貌、狠恶之言。长大成人后，他便成了一位颇有声名的木匠，打船造屋，敲棺补梁，都是一把好手。日子一久，再也没人记得他的过去之事，也无人再唤他为哑儿了。

《会稽纪闻》

最怕鸡毛(恶癖术)

怕狗怕鹅，是人之常情，狗追鹅逐，不怕也厌。曾文正怕的，非狗非鹅，而是鸡毛。在军中，凡有信笺插着羽毛，他都不敢亲手去拆。某年，他在上海阅兵，上海县令热情招待，设下宴席，邀他赴宴。曾文正便先派人去巡查一番，果然见到座后有鸡毛掸帚，急忙喝令收去，并告诉县令说："曾大帅最怕见到鸡毛，若是此帚不收，被大帅撞见，不用说我这一身毛发要被如数拔尽，你的毛发恐也不保了。"

《庵堂琐记》

香唾盂(恶癖术)

明代奸臣严世蕃在吐唾沫的时候，是有癖好的。有痰要吐，都是叫美貌女婢用口接纳，从不吐入痰盂。每当他的喉咙里发出呼呼的痰声，婢女就马上蹲伏下来，用樱唇去贴住严世蕃的嘴唇，将那黄痰巧妙地吸入自己的口中，然后再去吐掉。这种纳痰之法，被称作"香唾盂"。在严世蕃的眼中，婢女之嘴，便是一只痰盂而已。尚书王天华向严世蕃献媚，用彩色毛线织成类似棋盘的地毯，叫做"双陆图"，选美女三十二人，分穿黑白两种颜色的衣服，叫做"肉陆"，用来作为两军对垒的棋子。两人对弈时，各自指挥黑白两队，当美人听到指使的声音便立即站到指定的点位上。如此奢情，亘古少见。后来，当严世蕃被没收财产，有人奉命前往送檄文时，发现严氏睡觉的榻下堆积着大堆大堆的白绫汗巾，不理解这是什么缘故，便取出一条来问大家。有识得此巾的人掩鼻说："这是很污秽的东西，严氏老贼每与妇人交合一次，就使用一条，然后丢掷在榻下，到年终时数其多少，作为自己宣淫的筹码。"听者无不愤然。

《清稗类钞》

陈寡妇洗脸(恶癖术)

海宁陈家寡妇，家富而有洁癖。有一回，陈寡妇乘小船到邓尉观梅，船行数里，便见船窗外的邻舟正在往河里倾倒粪便，自己的小船又恰巧汲水煮饭，于是就吩咐船夫返航回家。随行的女婢力辩道，煮饭用的水不是河水，而是携带来的雪水，饭已煮熟好久了。陈寡妇不理睬女婢的解释，强令船归。平日，陈寡妇饮食淡泊，一切腥腻从不沾唇，嫌这些东西过于秽浊。她最憎恨的，莫过于接生婆了。老远望见接生婆走来，便急忙避开；如果有接生婆来家小坐，所用的茶盅，必定要命人扔掉，不许留一点儿污迹在屋内。她用的东西，如果被妇人裤裆跨过，即弃而不用，嫌其太秽。倘若用此物覆盖在其他东西上，她便会大声疾呼，说这是以秽过秽。每日晨起，洗脸不用布，说是这些布在编织时出自妇人胯下，绝不能施之头面，洗脸用的只是竹纸。她吃的东西，大多是莲实、山药及香稻米粥等物而已。陈寡妇的洁癖，广传于康熙、雍正年间。

《庵堂琐记》

红色猫(诓术)

临安北门内西边的小巷，居住平民孙三，家有妻子无儿女。每日挑熟肉出门去售卖时，总不忘告诫妻子说："照管好家中的猫儿，京都还没有这种家猫，若让它外出，必定会被偷去。我老来无子，视它如亲生孩儿，切须在意。"邻居们常常听到他这样说，但从未见到过他家的猫，有人说："大约是虎斑猫，昔日是少有，如今也不以为奇，这老头儿这样谨慎守护也太可笑了。"一日猫儿跑出门外，妻子赶紧抱回。见到的人都为这猫全身皮毛呈深红色而惊奇、感叹。孙三回来痛打了妻子。此事传到了皇宫内侍的耳中，内侍派人以优厚酬金来买这猫，遭到孙三回绝："我孙某贫苦一世，有饭吃就心满意足了。钱多也无用，爱这猫如性命，怎么舍得卖掉呢？"内侍派的人软硬兼施，非要买到。终以三百千钱换取了此猫。孙三边哭边泣边拿钱，事后又痛打了妻子，叹息声直至深夜。内侍得到这猫真是兴奋不已，想调养，驯服帖后再献于皇上。谁知才过了半月，猫的红色皮毛全褪尽，成了全白猫。仔细察看，原来是用染色之法成为红猫的，内侍大怒，派人捉拿孙三，孙三却早已把家搬走，不知去处了。街坊邻居这才意识到孙三先前告诫妻子，而后又怒打妻子的种种情形，全是发财之计谋。

《朝野佥载》

四十三根胡子(诓术)

松江顾威明的曾祖父，官至少参，家富而好礼。曾经出银十万四千余两，置义田四万八千余亩，郡内百姓无不称颂他的大恩大德。但因官场倾轧，家道日衰，到了顾威明这一代，已是穷困潦倒，举家食粥也难以为继了。然朝廷明鉴，忽下令尽数归还家产，顾家顿时又成巨富。这顾威明生性好赌，又酷爱看戏。一日，聘请四方伶人演《牡丹亭记》。有一名伶，已经蓄须，要他饰演杜丽娘，便对顾威明说道："俗话说，去须一茎，赏米七石。如果老爷不吝，我才可从命。"顾威明听罢，抚掌笑道："天下竟有这等雅事！"立即命一青衣在旁数须，计削须四十三茎，当即取来白米三百石，让人送到名伶家中。如此豪举，传遍了百里郡县。四五年之后，因招妒而下狱，自缢于牢中，祖传的四万八千余亩田地，也从此流失他人之手。

《春商呓语》

矾水描画(牡丹变色绝技)

大千世界，无奇不有，然而能使牡丹随心所欲地改变颜色，却令人叹为观止：用紫草汁浸润白牡丹，则牡丹开紫花；用红花汁浸润，则牡丹开红花。若白牡丹刚开时，用一支新毛笔蘸白矾水在花瓣上随心所欲描画，等水干后，再用腾黄和粉调出淡黄色描到花上，所描的地方就变成了黄色，然后再加一次清矾水，花上的颜色就不会脱落。在牡丹出芽时，用蓝鼎水灌溉它的根部，等开花时，花就变成了蔚蓝色。在牡丹根下放一些白术末，那么，牡丹就会开出五颜六色的花，令人大饱眼福。

《花镜》

埋入硫黄(牡丹硕大术)

在农历九月里，找一些角屑硫黄，研成粉末拌入细土，剔去牡丹花根处的盖，在离根三寸远的地方，挖一个一寸深的小坑，埋入硫黄末，等春天到来时，地脉变暖，牡丹花就出现花蕾，大小如粟粒，这时应把周围的花蕾摘掉，只留下正中一个花蕊，这样药气聚合到一个花蕾上，所开出的花就特别肥大，甚至可大到花径如碗口，非常地雍容华贵。

《花镜》

滴入胭脂水(白菊变紫秘术)

当白菊花刚刚出现花蕊时，就用龙眼壳罩住花蕊，龙眼壳上方开一小孔，每天早上用靛清水或胭脂水滴入花心，等到花开放的时候，白菊花就会开成蓝紫色了。

《古今秘苑》

盆埋木炭(兰花四季开花术)

在三伏热天里，取一些土块晒干，收好。等种植兰花时，先在花盆底下放上几块木炭，再用金银花十钱，防风十五钱，铺洒在木炭上，再铺上收藏好的伏天土块，这样的花盆里种出的兰花，会在一年四季中都开出芬芳的花朵。

《古今秘苑》

剪枝入井(牵牛花日夜开放术)

牵牛花常常在干旱的早上才开放，若想让它移入花瓶随时开放，可以在傍晚时分，将第二天早上要开的花，连同它的基叶一起剪下，然后倒挂在水井中，不让它开放，这样经过两三天后，主人若想牵牛花开放，随时可从水井中取出，插到花瓶里，牵牛花就会马上开放，而且鲜艳娇嫩。

《群芳谱》

糯米饭灌洞(种植灵芝秘术)

灵芝乃稀世之宝，是仙葩异草，人食用后可延年益寿，返老还童。那么如何种植灵芝呢？今有一法：在冬天里拿一些糯米饭捣烂，加入沸黄及鹿头血一起调匀晒干，等到冬至那一天，埋到土中，自然就会生出灵芝来。或者用上述调好的糯米饭灌入老树腐烂的地方，等到来年雷电过后，就能得到各种各样的灵芝了。

《节镜》

割洞入盐(摘橄榄法)

有的橄榄树又高又大，摘橄榄非常困难，但是，只需在橄榄树根部刻一个一寸见方的小洞，拿一些盐放到里面，过一夜后，树上的橄榄就全部脱落，对树木没有丝毫损害。

《古今秘苑》

一蛆一果(橘树多果法)

要想橘树多结果，可在腊月中找一个大老鼠，浸入粪缸中，使它发胀，然后在橘树的根旁挖一个洞，以看得见树根为好，将膨胀的老鼠埋入洞内，然后用原来的泥土盖好，使老鼠生蛆，每生一条蛆，则结出一个果，蛆越多，则果实累累如串珠一样。

《古今秘苑》

竹篾箍树(巧摘银杏术)

银杏树很高，树枝飘逸，很难登树用手摘果。其实我们只要用竹篾来把树根箍紧，然后用木敲击这个篾箍，树上的果实自然会簌簌掉下，真是省力之法。

《物类相感志》

绳子绞树(枣子自脱术)

枣树往往是枝密果多而树身多刺，摘起来甚为困难。当枣子未熟时，即使用棍子打也很难打落，到它熟透时往往又是肉质变烂，而半生半熟时，果肉又未充满，所以只有等枣子全红时，在离树根一尺左右高的地方，用绳子缚定，然后用棍绞得极紧极紧，使其陷入树皮中，过一夜后，枣子就会全部掉下来的。

《物类相感志》

曝晒一天(盆景树复活秘技)

不论是何种树，只要拔出来后，把根上的泥除尽，将树木放到阳光下曝晒一天，然后把树木根部放到污泥中，过一夜后取出，另外再用泥栽好，枯树必能复活，如果是在六七月这样做，效果更好。

《物类相感志》

母鸡孵种(莲花速开绝技)

若想要叫莲花顷刻开放，可用当年采的莲子七枚，放入已掏空的鸡蛋壳内，用纸封好小孔。让孵蛋鸡孵过二十一日后取出，再用冷浓茶洗净莲子收藏到阴凉处。待用时，可将莲子埋到掺有硫黄末的污泥中，十分钟后莲花顷刻开放，但花朵要比一般莲花小些。

《物类相感志》

大蒜涂鱼唇(救鱼不死法)

拿条鲤鱼去走亲访友，万一因路途较远，它可能会死掉。鲤将死时，可取大蒜捣碎，用蒜汁抹在鲤鱼口边，鲤鱼就会活蹦乱跳。如果鲤鱼已经死去，可用大蒜汁掺杂末涂在鱼身上，那么烹调起来死鲤鱼就和鲜鱼的味道一样，绝不变味。

《广雅》

芭蕉叶浸洗(洗珍珠绝技)

擦洗珍珠时，可先把珍珠放入乳汁中浸上一夜，第二天再用益母草烧灰滤汁，加入少许面粉，然后把珍珠装入丝绢织的袋子里，浸入水中，用手轻轻擦洗，珍珠的颜色鲜明如新。如果是珍珠染上了油质，可用鹅鸭粪晒干烧成灰，用热水滤汁或将珍珠放人丝绢袋内，再浸入水中搓洗。如果珍珠颜色焦赤的话，可用无患子皮浸入水中，再把珍珠放入水中腌上一夜，就会变白。如果珍珠是赤红的话，可用芭蕉汁来擦洗，并浸上一夜，就会变白。大凡珍珠最忌接近麝香，违反这一点珍珠就会变得珠色昏暗。若珍珠接近尸气，就会纷纷爆碎。珍珠还忌接近银器、柏木器。

《行厨集》

面粉搓揉(去珍珠尸气术)

用一般的草煮浓汁，把珍珠放入丝绢袋，加入少量面粉和草汁，轻轻地用手搓揉，即可去除珍珠上的尸气，珍珠的颜色便如新。

《行厨集》

葱汁一碗(玉石柔软绝技)

要想使玉石变得柔软而易于制作，可用地榆一两、葱汁一碗、大蒜汁一碗，同玉石一起放到火上煮一两个钟头，然后取出玉石，这时的玉石就可以雕刻了。雕刻匠人若懂得这个方法，制作时就省力多了。

《行厨集》

净火烘热(补碎玉秘术)

用真松香七分、白蜡三分、白芨三分、白矾二分，找一个干净的瓦器，先将松香熬去渣滓，再将其他三种药物一起调匀，如果太干，可以滴入少量水滴，再将玉放到净火上烘得极热，然后用上述药晶熔化胶补。这样本来碎损了的晶玉就可坚固如初，但一定要注意，在用火烘时，以干净为主，以免变色。

《行厨集》

山椒皮煮(象牙变软术)

象牙坚硬无比，制作极为不易，如果想使象牙柔软，可用山椒皮来煮它一下，象牙就会变得柔软异常，可以随心所欲地制作各种精细的手工艺品。或者用酢油煮一下，也会使象牙变软。

《行厨集》

胡葱水煮石(卵石变软术)

将溪水或涧水中的小白石取来，将胡葱或地榆捣烂，与小白石一并放进有冷水的沙锅煮，锅里的水减少时可加一些热水，一直煮到石头变柔软为止，这时拿这些石头制作器物可随心所欲。待器物制成后，再用甘草水煮一下，石头便又坚硬如常了。人们时常感叹别人的作品是鬼斧神工，却不知其中的奥妙。

《本草纲目》

蟹壳烟(群鼠汇集术)

要想将老鼠赶尽杀绝，可用螃蟹壳磨碎成粉，放到一铁笼或绳子结成的网袋中点燃制成烟雾，则周围的老鼠闻到气味后，互相招呼，瞬间成群结队而来，围着烟香争抢，人来都不会觉察。此时，只要将铁笼一关或网袋一收，便可使老鼠全军覆灭。

《本草纲目》

长燃一夜(烛头不灭法)

若按平时蜡烛燃烧速度，别说一寸蜡烛能烧一夜，就是一支长的蜡烛也烧不了一个钟头。现有一法可使一寸蜡烛烧达一夜之长：取蜜蜡、松脂、槐花各一斤，浮石四两，熔解成液体。再浇成蜡烛，这种蜡烛虽然点燃一通宵，则只耗一寸。

《行厨集》

最怕酒气(画像闻酒脸红秘技)

取朱砂一钱、焰硝三分，捣碎和匀，用陈年老酒调成烂泥状，装入壶中盖好，埋于向阳山泥土中，一个月后取出。如果酒气全干，则再稍加些酒，再用石器拌匀，将绘画用的纸先用蚧壳制的胡粉衬底，然后用朱砂粉涂于画纸上，在日下晒干，然后再用墨绘画人像，画成后把酒杯端到画中人物的面前，画感受到酒气时，人像的脸色则变成赤红色，好似真的醉了，当酒气消失，面相则由红变白了。

《行厨集》

一把生桃仁(治井水混浊法)

井水混浊，不堪入口时，只需将一把生桃仁和生杏仁捣碎后投入井中，浊水立即消散，井水又恢复清澈。

《行厨集》

腊梅皮浸汁(墨字闪光秘术)

用腊梅树皮浸出汁磨墨，用这种墨写字，不管写到什么纸上，都有一种耀眼的光彩，令人叹为观止。

《物类相感法》

老鹅胆绘画(画物能动绝技)

用老鹅胆一只，不可见水，灌一钱明矾末于胆内，悬挂于当风阴干，然后用此胆磨汁调颜色作画。此画日则不见，夜则明显；晴则不见，阴则明显。画中的人物能慢慢行走，栩栩如生。

《古今秘苑》

埋土半年(烧柴无烟秘技)

在三伏天里，砍伐松树，将松柴埋入黄泥水内，待松皮脱落后，再取出晒干，待秋冬烧火时就没有一丝烟气冒出。

《夷门广牍》

灌入露水(鸡蛋腾空绝技)

将鸡蛋开小孔掏净蛋黄蛋白，灌露水，用油纸紧小口。在强烈的阳光晒后，鸡蛋壳自然升起，可离地三四尺。

《古今秘苑》

绿豆汤一盆(新居祛漆味术)

新居落成，木头及油漆味为刺鼻，可将绿豆煮滚，拿到有异味的器物前放好熏一会儿，漆气就会逐渐减少，或者用绿豆汁把器具洗一遍，效果更佳。

《多能鄙事》

半红胡桃(存火不灭术)

用胡桃一只，烧得半红，埋于热灰之中，隔三五日后，其火终是不灭。

《良明累集》

皂角水调墨(碑字不脱术)

凡是在碑石上书写了红字或黑字，须将肥皂水调银朱或用皂水调墨，这样写出的字迹便稳贴于石上，长久不会脱落。

《墨娥小录》

绿光莹莹(捕鱼绝技)

用萤火虫捕鱼，是渔家的不传秘技。用羊尿泡一只，揉搓使软，再吹胀阴干，晚间去草丛间捉来萤火虫百多只，放入阴干的羊尿泡，然后缚紧口子，使其莹莹有绿光透出，系在渔网中间，沉网入水。不多一会儿，远近大小的鱼儿都会扑光而来，在网内集光不动，此时收网，无不全获。

《古今秘苑》

群鱼纷至(春燕捕鱼绝技)

捕鱼之法千奇百怪，用春燕捕鱼也是绝技之一种。将春天的燕子捉来，拔去燕毛，用炭火煨熟，放在渔网中，鱼儿闻到香味就会源源游入网内，即刻收网，所捕之鱼肯定不会少。

《古今秘苑》

身形如蛋(饲微型鸡秘法)

养鸡若是吃它的肉，总希望鸡长得肥壮。若是养鸡为了观赏，或为了让世上多一份惊奇，有绝技可使鸡不再长大，终身状如小鸡。绝技是这样的：选毛色鲜艳的雌雄小鸡一对，独自放养在小院中，院内不能有杂鸡混入，仍照常法饲食，等雌鸡长大生下蛋后，仍由其孵化。孵出的雏鸡，便可用罂粟花的籽（鸦片烟子）与雄黄拌匀，喂给雏鸡吃，并且不让它饮水，不让它沾地。这样终三年时间，鸡也只有蛋那么大小，而羽毛红冠却与大鸡无异。

《古今秘苑》

桐油拌饭(养狗不长秘法)

饲狗的人，大多喜欢狗不要长大，像掌中之物一样小巧玲珑。有一绝技可使犬不长，小巧如巷间之鼠。用几滴桐油拌入饭中，喂给两三个月大的小狗吃，不下一个月，狗就终身如故，从此不再长大。相反，猎人喜欢狗长得威猛高大，也有一法：找少量虎骨捣碎，拌牛肉、芝麻与饭喂食，一年之内就能使狗长得高壮无比，且又凶狠异常，出没山林，无兽不惧其势。

《古今秘苑》

断其恶念(令猫不捕鸡秘术)

家中养了鸡或鸽子，最怕有猫来捉食。但也有办法使猫不敢对鸡、鸽肆虐。用鸡毛一蓬，点燃后熏烤猫的鼻子，猫惊叫挣扎不已，从此不敢再去捉鸡。护鸽也一样，用鸽毛一团，烟熏猫鼻，使猫从此见鸽子避而远之，绝无捉食的恶念。

《山常肆考》

与猫为友(驯狗捉鼠绝技)

自古以来，只有猫才会捕鼠，狗才会看家。想要狗和猫一样捕捉老鼠，是万万不能的。但是，世间之事，一物降了一物，有一种办法可使狗像猫一样捉到鼠类。用艾叶晒干后，烧熏小狗的鼻子，使之连连打出喷嚏，然后就放开它。接连多熏几次，狗就不会猎猫，并能与猫为友，学猫之技去捕捉老鼠了。此技秘不传人，不妨一试。

《古今秘苑》

水盆落影(驯养鹦鹉绝技)

鹦鹉可饲，而饲之不当非死即伤。传有绝技：养鹦鹉不可抚摸其背，常摸其背则惊而哑。鹦鹉畏寒，稍稍受了寒气，则全身颤抖欲死，可喂甘蔗汁疗治。如患伤风感冒不进食，其尾股处必有一圆珠似黄豆大，用针戳破后，即愈，不必另投药石。如果要训练它说话，应在雏儿时就开始。每日清晨，将雏鸟挂在水盆上方，让它看见自己的影子(用大镜子也可以)，挂着的水盆里落了影子后，它定会误以为是其母所在，不敢违拗。人则立于其后或侧面，万万不能让它看见人影，按照人的需要教其说话，不久即可学会人语了。

《夷门广牍》

铁水治疾(饲养孔雀术)

飞禽之中，孔雀为贵。此禽栖于野林之中，也可寄居村舍人家。若是在山林中获得了孔雀蛋，不必担心孵它不出。将蛋放入鸡巢，让母鸡替它孵化即可。待孔雀雏儿孵出后，可用青菜与猪肝切碎喂它，逐日养大。如果孔雀有病，也不必害怕，更不必延医求治，只需喂它一些铁水就可治愈其病了。

《山常肆考》

白毛换绿毛(鸡变鹦鹉绝技)

鹦鹉乃山野之禽，家鸡怎能变成鹦鹉之形？有不传绝术可变。取成对纯白毛鸡五六只，放入笼中，停止供食二到三天。将绿豆四五斤，用硫黄、蒲黄、姜黄、雄黄、雌黄各三两，加水少许，煮干此豆(以熟为宜)，再取来喂鸡，兼饮豆汁，但千万不能喂净水。如此作法，七八日后，鸡全身羽毛全数脱落。待毛落尽之后，用线串其鼻，不让其头下垂。四五日后，原来的鸡身上即可长出绿色羽毛。此后，只需喂生绿豆粉，再用朱砂濡染嘴和脚。这样，一只鸡就变成了浑身碧绿羽毛的硕大鹦鹉了。市井之中出售的大鹦鹉，不乏用此种技艺养成的赝物。

《夷门广牍》

鹅翎引血(饲养斗鸡绝技)

如果家鸡又高又大，勇猛剽悍，冠平嘴利，则是第一好斗的鸡，每次战斗，至死也不肯罢休。这样的鸡，每次斗过之后，要用一根长鹅翎，插入鸡嘴，绞出鸡喉内的淤血，安养五七天后再斗，就没有损伤之忧了。即使是常胜之鸡，也不能让它连续作战。鸡若连续搏斗，寿命不会长。另一种方法是，用草乌头捣成末涂在鸡冠上，就可让鸡常斗而不败。

《花镜》

不能见雄(鸡常年生蛋绝术)

用半斤生芝麻、三两猪板油，混在一起捣烂，养童鸡一只，等到初生一蛋后，将这蛋藏好，再拿制作好的芝麻猪板油喂鸡，不给鸡饮水，这样可以日日生蛋，始终不会孵蛋。另外，雌鸡不能与雄鸡相混养，多给母鸡谷吃，则自会常常生蛋，这是家庭食用鸡的最佳饲养法。

《农桑辑要》

泼粥育虫(鸡速肥秘术)

用油和面，捏成指尖大的粒块，每天喂鸡二三十粒。或者用硫黄研细和饭拌好，连续喂鸡数日，鸡就快速长大了。将一个大园子分成三部分，中间放养鸡，每隔十天，在左边园地里泼上粥，用草覆盖起来，两天后就生出小虫无数，右园再用同样方法养虫，让鸡先吃左园地上的虫，吃完后，将鸡赶往右园，如此轮换，鸡就迅速长肥，母鸡则长期生蛋。

《增广〈物类相感志〉》

鱼腹填硫黄(鸡变凤凰绝技)

取半斤重的黑色草鱼一条，取出内脏，填满硫黄，再放人瓦缸内盖好，五至七天后取出草鱼，剁碎，拿去喂预先饿了两三日的鸡，鸡的羽毛就会全部脱落。过几天,这鸡会重新长出五颜六色的羽毛,等羽毛逐渐长大丰满，一只家鸡就变成了一只漂亮无比的金凤凰。

《古今秘苑》

醋浸七天(制四方形鸭蛋绝技)

取一只鸭蛋，放在白醋内浸七天，鸭蛋即软如棉团，再把鸭蛋装入四方盒子，浸入清水内，一刻钟后拿出，蛋壳又变得坚硬如普通鸭蛋，但蛋却成了方砖形状。

《古今秘苑》

马首披衣(制狂马奇招)

如果途中遇到了狂奔的烈马，可迅速脱下衣服披到马头上，狂奔的烈马就会立即驻足不动，这样就可避免灾祸发生了，此法简单而又可行。

《花镜》

三堆粪(相牛秘术)

相牛有如下要领：牛的眼圈要大，眼白与瞳仁眉通，脖子长、脚大、股阔、毛短的为佳。毛疏不耐寒，角细腰长，项粗尾肥，梢毛卷曲杂乱，不到三年，一命难保。母牛毛白乳红则多生子；乳疏而黑则无子。母牛一夜下粪三堆，一年生一子。一夜只有一堆粪，三年共一子。

《相牛经》

冲散胆气(治疯牛绝技)

有的青壮年公牛，性情暴烈，常常喜欢用头角触人，如不提防，会将小孩触死。这种牛我们通常把它说成疯牛。其实不然，要制服这种牛，现有一法，效果甚佳。可用重剂量大黄、黄连、芦根、黄酒等灌入牛肚，使牛的胆经热气散去，性情就变得温柔可爱了。

《博闻录》

煮赤豆粥(养猪速肥秘法)

若要使猪快速增肥，可先将猪仔阉割，待其阉口愈合后，用巴豆两粒捣碎，和麻根捣烂混入糖糠喂猪，半日之后，猪即大泻不止，但等猪泻完后，多加些细料喂之，此后猪便日愈增肥增大，百日之后可成三百斤的大肥猪。第二种方法是：用贯仲、何首乌各一两，麦芽、黄豆各一斤，研成碎末，然后搅拌均匀，每日取四两这种饲料喂养，猪则易肥。第三种方法：取贯仲、何首乌、大麦芽各一斤，拌匀后喂食，每日四两，须等小猪出圈后过半月，喂完这种饲料，肥猪即可宰杀。第四种方法：煮赤豆粥喂养，十日后可增肥一倍，此法极秘，效果甚佳。如果猪晚上不吃食，则是生病了，这时可用猪牙皂角一钱研成粉末吹入猪鼻中，猪病立即可除。如果猪生癞，则可用烟叶筋煎汤温擦，每日数次，一周之后即愈。

《四时类要》

断其尾巴(驯狗秘术)

狗最怕冷，卧时必用尾巴来掩鼻，才能熟睡。如果要它夜晚惊醒，可以剪短其尾，鼻寒而无所遮蔽，就可以整夜警觉，防止别人接近家室或仓库。这样的狗才能成为看家护园的帮手。

《癸辛杂志》

懒猫尾大(相猫秘术)

相猫法，纯黄、纯黑、纯白的猫最好，肚白背黑的称为乌云盖雪，身白尾黄的叫雪里拖枪，这两种也很好。身上及四脚与尾都有花纹的称“缠得过”，也是好猫。身形好似狐狸，面如虎，毛软齿利，嘴角有好几根硬须，尾长腰短，眼似金星。上腭多棱的猫，为绝好的猫。猫口中有三坎者，捉鼠一季；有五坎者，捉鼠两季；有七坎者，捉鼠三季；有九坎者，捉鼠四季。露爪的猫能翻屋上瓦；猫腰大会跑别人家；猫面长，家中鸡遭殃；猫尾大懒如蛇。

《山常肆考》

雄黄烧烟(防毒蛇秘技)

在家的庭院中栽种香白芷，各种毒蛇闻到香味，即远远躲避，不再来犯。还有一法，在家门口栽种独脚莲草，毒蛇毒蝎则不敢经过。也可以用雄黄烧烟，来熏衣服、被褥之类的东西，毒蛇也不敢靠近。

《订治准绳》

床头忌花(防蜈蚣秘术)

用头发烧烟熏于床下或厨房。蜈蚣闻到气味，则入土三尺，不敢动弹。也可以用银珠卷在纸筒烧烟，此法更好。女子大多爱花，时常将香花及茉莉花放到床头，却不知这两种花最容易吸引蜈蚣。一旦被蜈蚣咬伤，可烧头发灰冲开水服下，可保无恙。

《奇方类编》

头发烧烟(防臭虫术)

用荞麦秆铺床，再用荞麦杆熬水浇淋，臭虫即死，无一幸免。或用银杏带皮捣汁煮滚淋床板，也可根治臭虫。也可用鳗鱼头骨一副、秦椒半斤，一同放入火盆内，用锯木屑烧烟，将门窗关紧，使烟不散，室内的臭虫就会全部死去。也可用香枚外涂银珠点燃，熏到臭虫密集之处，臭虫即刻死尽。

将天麻子捣烂，熏有臭虫之处，则此处永不再生臭虫。

《行厨集》

化蚊为水(驱蚊秘术)

用白芷、番木鳖、川芎、干浮萍、艾叶、白鳝骨各二两，雄黄、苍术各一两，做成粗末，用米汤和匀捏成药丸，加樟木一两，一起烧烟，蚊子即化为水。

《仁安堂经》

桃叶汤(驱跳虱秘法)

可用黄鳝骨晒干磨碎，混同锯木屑卷入纸筒烧烟，虱子不敢靠近。如果用桃子叶煮汤浇灌，虱子便死尽。或者在五月五日烧枣核熏之，虱子便会绝种。如果拿木瓜或菖蒲放到床上，也可防虱子。

《仙拈集》

柳枝蘸酒(驱苍蝇术)

在春夏之交，采芦苇秆煮汤，用汤浸粗布，将汤水擦拭在各种餐具上，苍蝇便不敢来了，或者用旧茶末烧烟，苍蝇立即会飞走，或者用器皿将冬季第一场雪的雪花收藏到次年夏天，再取出洒到餐具上，苍蝇也会远远躲避。还可用柳树枝蘸酒插在宴席之侧，苍蝇就会全部集中到柳枝上，而宴席可得安宁。此法是万不得已，临时急用的。

《古今秘苑》

炭木划界(驱蚂蚁绝技)

用朱砂或银朱烧浓烟熏之，可驱赶蚂蚁，如果用红辣椒晒干，夹银朱烧烟更妙，可保木器十年八年无蚁之灾。人们常养竹鸡治白蚁，其实此法不当，因为此鸡经常脱落羽毛，羽毛极易产蚁。治蚂蚁的第二种方法：清明节收芥菜与巴豆共研为末，擦干厨房炉灶及餐具，各种蚂蚁自会绝迹。第三种方法：采荠菜花铺到炉灶和坐卧之处，则蚂蚁不敢进去。第四种方法：用杉木炭画蚁路，则蚂蚁不敢越过。第五种方法：用肥皂煎汤抹布擦拭桌子及各种器具，则蚂蚁不敢爬上。五种防蚁之法，皆有效果。

《七修类稿》

芦苇入箱(驱蛀虫术)

每逢五月初五，将莴苣放到各种箱子里，可以避免各种蛀虫损坏食物或衣物。每逢初七把芦苇笆放到毯褥书箱中，可以很好地防虫。或者采来芦苇置于一切器物中，防虫效果特佳。或者用樟脑烧烟熏衣箱等物，可以防臭虫和其他蛀虫。

《事林广记》

牛胆涂纸(青蛙噤声秘技)

在山野田园旁居住，本来是想求得安静，但每到春夏季节，蛙声如潮，终夜不息，实在令人心烦，现有一妙法，可求得安静。采野生菊花连同梗叶一起磨成粉末，顺风撒去，周围的蛙鸣声就会立即停止。也可用芝麻磨碎，顺风撒去，蛙声亦止。也可用牛胆涂纸，把纸放到青蛙所在的水中，一日半日之中青蛙再也不敢乱叫了。

《岣嵝神书》

池边种楝树(养鱼速长术)

今有妙法，可使鱼迅速生长。第一法：将针锋大的鱼苗放到池中，用鸡鸭蛋黄，或大麦屑、豆末喂养，秋冬时可得到四五斤重的大鱼。第二法：喂养鱼苗，应知道其来自泥中，不吃其他食物，单食泥土。中春时节捉到一寸长鱼苗，养到秋天就可长达一尺，并且鱼肚背都很肥厚。第三法：这是养鱼的一般要求，鱼池不能太深，太深水寒则鱼不易长大；池中应多用石头筑各种洞穴，以适应鱼到处游玩的特性；池旁多种芭蕉，滴入露水可保鱼的健康；池旁种楝树，楝子落池，鱼食楝子可以速肥。如果鱼产子，一般产在水痕处，哪怕干涸十年一旦有水，鱼子自然会活起来。

《致富奇书》

酒糟拌糠(产虾秘法)

用已经榨干的酒糟拌米糠撒入池塘中，三五日后就可以变成虾了，而且虾的味道鲜美可口。

《广雅》

鱼嘴填茶末(活鱼不死绝技)

现有一法，可以使鲤鱼运行十天，行程万里而不死。用好的茶末，填到鲤鱼嘴内，再用水浸湿纸，将鱼用湿纸包上几层，然后装在箱中，如此一二十天后鲤鱼也还活着。到了目的地，将箱中的鲤鱼放入水中养着，鱼儿还异常活泼，烹时味道远比一般鱼儿鲜美。

《广雅》

妙在出奇(贮果不坏绝技)

贮藏松子的方法：用少量的防风与松子一起入包，保证久藏不冒油。如果是已经冒油变坏了的，就把它们摊开在草纸口，用火焙一焙，可使它们同新鲜的一样了。

贮藏桃子的方法：用疏布袋装桃子，挂在风口处，就不容易变质。

贮藏枣子的方法：用粟草与枣子一层一层间隙开来收藏，就不会被虫蛀。

贮藏藕的方法：把肥白的嫩藕放入湿土或烂泥中收藏，时间再长莲藕也和新鲜的一样。如果想把莲藕长途贩运，可以在莲藕外面用泥抹上一层，同样可以不坏。

贮藏橘的方法：用薄刀片在橘子柄的地方轻轻画上一圈，那么果味就经久不变了。

贮藏橙的方法：用绿豆充入橙中收藏，可以长时间不坏。用松毛包起来收藏，可以历时三四个月不干水。

贮藏柑子的方法：用盆子装好柑子，上面用干燥的潮沙铺盖，可久不变质。

贮藏枇杷、杨梅的方法：用蜡水同薄荷一把，加入少量明矾，放入一小瓶中，把小瓶放进果堆内，可以经久不变味，不变色。

贮藏梨的方法：在初夏以后，就可把梨收下，掘一条深的阴沟，但注意沟底不要湿润，将梨子放入沟中，不用覆盖便可使梨子保存到夏季，或者摘果时注意不要损伤果皮，用萝卜间藏，不让梨子互相接触，这样收藏可以历年不烂，还可以把梨蒂削尖插入萝卜中，梨子也可不烂。

贮藏橄榄的方法：选用质地比较好的锡制坛，拣出完整的橄榄放入坛中，再用多层纸封牢，可把橄榄放到次年夏至。

贮藏石榴的方法：把石榴连同枝叶一并收在新瓦瓮中，封上十余层纸，可藏数月石榴不烂。

贮藏荔枝的方法：收摘荔枝应当在天拂晓时分开始，选择鲜红的荔枝，带着露水摘下。再在竹林中选一些大竹凿出孔子把荔枝放入每一节竹的空间内，然后再用竹箍裹上泥，把所凿的小孔封固。这样，荔枝便借竹的生气而获得滋润，能够收藏至冬季，而色香不变。

贮藏香瓜的方法：选择三伏天里的香瓜，以布包好，密封在箱子内，不能让它透气。这样，香瓜藏近百日也不会腐烂。

贮藏苹果的方法：选取好的苹果，晾干苹果身上的湿气，在桶底铺上一层细沙，把苹果放在细沙上面，然后再铺一层沙，再放一层苹果，这样反复多次，直到桶满，再盖好盖子，密封收藏，这样即使收藏到第二年，苹果的色、香、味都不会改变。

贮藏柿子的方法：选择还未全熟的柿子，用柿叶包上几层，再用稻草缚紧，然后放入用稻草编织成的器皿中收藏，可历久不变质。

贮藏青梅的方法：选取未熟的青梅，再选取一些很大的青竹，把长竹子破成两瓣，再将青梅放入竹筒内，然后合上竹子，用黏土涂好裂缝，用绳子缚牢，埋入土中，这样，即使经过长达几个月的时间，青梅的色味绝不会有变化。

贮藏葡萄的方法：选取刚有一点点熟的葡萄，连枝采下，再在切口处涂上一层蜡，将一些葡萄叶垫在桶或罐底，把葡萄放在上面，再铺上一层叶子，这样反复多次，最后把盖子密封好，葡萄可收藏数月之久，还可以用木糠或火灰放入桶内，把葡萄埋入其中，把盖子密封，也可收到同样效果。

《致富奇书》

姜汁涂龟背(育绿毛龟绝术)

夏天时捉到普通的龟，用生姜汁涂抹在龟背上，龟背不多时便可长出绿色的毛来，等绿毛长得像人的头发一般长，一头千年绿毛龟就养成了。

《古今秘苑》

五寸灰(使毡不生虫法)

使毡不生虫的办法：夏季，把毡铺在席下，人睡在席上，就不会生虫。如毡太多，不是都有人睡，就预先收集些烧后的柴灰，到五月的时候，把灰遍撒在毡上，共撒五寸多厚；把毡卷起，捆好，放在通风、阴凉的地方搁好，也不会生虫。如不这样做，所有的毡都要生虫。

《齐民要术》

雪水浸种(种谷不生虫术)

选用腊月中的雪花放到壶中，埋藏在阴凉的地方，到春天用它来浸五谷播种，这种浸过的种子长出的苗，以后即便遇上大旱，五谷也不会生病虫害，而且能比一般种子收成更好。

《齐民要术》

鸭蛋拌石灰(播种催芽法)

取孵坏的鸭蛋一只，混在石灰中一起磨成细粒，太阳晒干后存放好。要用时，将此粉敷在盒底，上面放入要播种的各种瓜类果类的种子，种子入土不久，即会萌芽，此法极为神妙。

《本草纲目》

蜜水浸枝(鲜花插瓶秘术)

有道是："凡花资露以生。"也就是说，一切花草之类都必须滋润雨露才能生长，即便是插在花瓶中的花，也应该用自然中的雨露每日添换，那么瓶中花才会开得长久。如果三四天不得雨露滋润，花朵就会零落，花蕊就会干枯。因此，应在每天夜里选择无风有露水飘到的地方安置花瓶，这样就能使鲜花更长时间地开放。摘花的方法，也不可忽视。须选择花木中最繁华的地方，取刚刚开放而又飘逸有致的花枝折下，剪下花枝后把剪口放到火上稍烤一下，以防止枝中的汁液下泄，花才会开得久。有些花是不适合清水插养的，插养时不可不留意，例如梅花、水仙花适宜用盐水插养，特别是梅花更适合用腌猪肉的水除去油质后插养，这样冬天里瓶水不会冻结，更能使花枝中的每一个细蕊都开成鲜花。假若是用古瓶，则须加入淡盐水插养，梅花还能结子生叶。养海棠必须在剪折的地方用薄荷叶裹牢，再用薄荷叶水去浸养，这样花蕊可完全开放，栀子花剪折的地方应该捶碎，把盐放入瓶中干插，不用加水，栀子花自然会开花抽叶，花谢后瓶中的盐还可使用。牡丹刚剪折下来时就要开花抽叶，花谢后瓶中的盐还可使用。牡丹刚剪折下来时就要用火烧一下剪口，不要用水去养而应用蜜来浸，花儿自然会繁荣好看，花谢后蜜仍可用。芍药剪枝一束后，花儿自然会繁荣好看，花谢后蜜仍可用。芍药剪枝一束后，用火烧剪口，就可以放入瓶中，在夜里要把它拿出来另浸入大水缸里，早上再放回瓶子，这样就可叶绿花鲜了。插莲花可先用棉花把折口的每一个小孔堵塞起来，再用头发丝缠好，先把它放入瓶中，然后再把水灌入瓶，夜里放到无风有露处，可使每一个菡萏都美丽开放。木芙蓉、竹枝及金凤花等，都应该用沸水插养。蜀葵、秋葵、芍药、萱花等花草，都应该把折口烧一下再插，其他的不可烧。

《群芳谱》

救马奇术(治马便秘)

治疗马因大小便不通而不能行动，差不多要死的办法：把手用油涂抹后，伸进肛门，直至直肠内，抠出郁结在肠内的屎。把盐放进尿道，一会儿，尿就出来了，小便也就通畅了。

《齐民要术》

鸡蛋清涂蕊(鲜花缓开秘术)

如果家中有佳客来临，主要希望花能迟开几天等待客人，可以用鸡蛋清涂抹到花蕊上，这样，花便可缓二三天才开放。

《花镜》

马粪浇根(催花早开秘术)

若想花儿早开，用暖房加火逼，花虽开了，但亦损伤花木。今有一更好的方法：用纸糊一个密室，在密室中掘地成坑，再用竹条扎一条架子放在坑上，把花放在竹架上，竹架下用粪土牛屎马尿硫黄等，加上肥水帮助发酵，让这种气味熏花木，再加一些沸水倒进坑中，用扇子微微扇，花就能得到盎然暖气，不几日花儿自然开放。但桂花却相反，它是靠着秋风的清凉、干爽的空气而开的，因此想要桂花早开，就应将桂花放在石洞岩穴中间，暑气侵不到的地方。加一些凉风，用清露哺育，枝花才会提前开放。还有一种办法是用硫黄水浇灌它的根部，隔一夜后也可开花。也可用马粪浸水浇根，三四天后花就会全部开放。

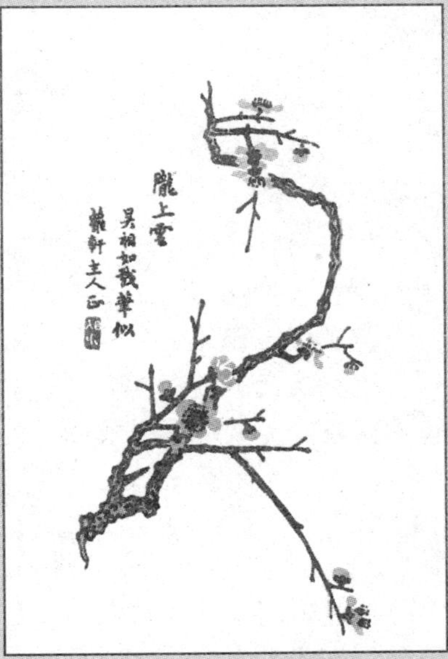

《秘苑》

青蒿着色(配制面油绝技)

用牛骨髓油，若牛骨髓油不够，可以和上些牛油；若没有牛骨髓油，只用牛油也行，然后把酒烫温，将藿香和丁香浸在酒里，把酒放入小铜锅里，再放入两分麻油、一分猪油，加些青蒿来着色。待煮沸几遍后，再用文火慢慢地熬。待锅里的水熬干了，就用丝棉布把浓汁过滤到瓷器或漆器等小容器里，使它冷却凝固。如果要涂在唇上做“唇膏”，可以和一些熟朱砂，外面裹一层青油。那些冒着霜雪远行的人，常把蒜咬破，擦在嘴唇上，这样既可以防止嘴唇干裂，又可以避除邪恶。小孩脸上发皱的，夜晚把梨烧熟，先用糠汤将脸洗净，再用暖梨汁涂上，可以防止皮肤皴裂。将赤蓬染的布，绞出汁来，涂在脸上，也可以防皴。

《齐民要术》

五脏俱全(铜人绝制)

章叔恭在襄州任副职期间，曾得到一尊医生试针用的铜人金像。此铜像乃精铜所制，内中腑脏，无一不具。体外显示人体穴位的小孔，一应俱全，而且用错金在孔旁标出穴位名称。此为病人治疗前，试针所用。孔内深处纳以汞，外涂黄蜡。刺中穴位则针入而汞出，稍有偏差则针搁阻而不入。这样用以试针或练习，可以使医生找准穴位，抉择深浅，按穴投针。这实在是一件奇器。后来被赵南仲得之，归于内府收藏。

《宋稗类钞》

镜音悠长(奇技记闻)

我在亳州得到一面古镜，用手在镜面上慢慢地抚摸，当手抚至中心的时候，就发出了像烙龟甲那样的声音。有的人说：“这个镜子是有夹层的。”然而夹镜是铸不出来的，要两面重合才行。这面镜子如此之薄，又找不到焊的痕迹，恐怕这块镜子不是焊的。就是焊的，那么发出的声音也应该是沉闷的。现在敲击它，声音却是如此清细而悠长。既然压了以后才能响，那么钢铜铸造的就应该破了，而柔铜又不可能这么清亮光洁。我遍访了铸镜的工匠，他们都不能解释。

《梦溪笔谈》

两只飞鹤(传信绝技)

林逋隐居于杭州孤山时，常年养着两只鹤，放开之后它们就高飞直入云霄，在空中盘旋很久之后，再飞进笼子中。林逋时常驾着小船，漫游西湖的各个寺庙。如有宾客来到林逋的住所，则由一名童子出去开门应候，领客人入座，然后打开笼子放鹤出去。过一阵子，林逋必定摇着小船归来，大概是以鹤飞出作为客来的信号吧。林逋豪迈超逸情性倨傲，多才多艺，唯独不会下棋。他曾经对人说：“世上所有事我都会，唯独不会挑粪下棋。”

《梦溪笔谈》

蒸熟小麦(养鸡速肥绝技)

养鸡，使鸡快速长肥，不上房顶，不损坏园子，不怕乌鸦、猫头鹰、狐狸、野猫的办法：另外修筑墙，围成方框。开一道小门，做成小小的厂屋，让鸡在里面躲避日晒雨淋。公鸡、母鸡都把支瓴斩去，使其不能飞出去。要常多收集些秕谷、稗麦、胡豆之类的东西，喂给它们。还要做一小槽，用来装水，用荆条为篱做成鸡栖，栖离地面一尺高，只在冬天的时候才须放草进去。如果不用草包裹，小鸡会被冻死。春、夏、秋之季，则不必放草进去，直接放在地上，任凭母鸡在里面产蛋，抱蛋；而如放草在里面，会长小虫。刚孵出的小鸡，拿出来放在外面，用笼子罩住。长到像鹌鹑那么大时，拿回去放在墙做的方框厂屋里。喂养食用的鸡，再另外修筑墙框，用小麦蒸熟后喂养。三七日后，鸡便长肥大了。

《齐民要术》

黄金字(传书绝法)

用车马传递文书的方法过去有三种，即步递、马递、急脚递。其中急脚递最快，每天行走四百里路，只有发生了战争时才用急脚递。熙宁年间，又有一种金字牌急脚递，和古代的羽檄相类似，在一块木牌上用红漆涂抹，描上黄金字，看上去令人眩目。持牌行走的人犹如飞电一样快，看见的人没有不急忙让路的，每天可行五百里。遇到需要飞速送往军中紧急执行的命令时，就从皇帝处发下此牌，连三省、枢密院也无权参与。

《梦溪笔谈》

一身好诗(文身绝艺)

荆州有一街坊游子，名葛清，从脖颈以下，遍体刺满了白居易的诗，约三十余处，人们叫他为“白舍人行诗图”。这比在团扇上书画、在弓衣上绣花要稀奇得多，而出于市井之流，更是奇中之奇。

《香祖笔记》

桂枝最狠（灭草绝技）

《杨文公谈苑》记述江南后主很讨厌清暑阁前长的草，徐锴让人用桂枝的碎末散布在砖缝中，旧草全都死了。据《吕氏春秋》说："桂枝之下没有别的小树。"那是桂枝气味很辛辣的原因。但桂枝杀死草木是它的本性，不是因为辛辣。《雷公炮炙论》说："用桂枝制作木钉，将它钉在树中，树立刻就死了。"一根钉十分微小，未必能刺死大树，只因为它们的属性相互制约罢了。

《梦溪笔谈》

一升盐（养猪速肥绝技）

猪吃麻和盐，都会长肥。具体办法是：拿三升麻子，用杵捣一千多下，然后，煮成羹。再加入一升盐，用三斛糠和上，喂给猪，猪吃后，就会快速长肥。

《淮南万毕书》

鸡叫时分（井口驱虫法）

夏天，让瓮口和井边没有虫子的办法：在清明节前两天，夜里鸡叫时，把饭做熟，用锅里的热水把井口边和瓮边的地方洗遍，这样，可以没有蚂蚁，其他各种虫也不接近井边和瓮，非常灵验。

《齐民要术》

只能用旧锅（煮胶绝技）

煮胶的方法：煮胶，要在二月、三月、九月、十月，其余月份则做不成。(天热，胶不凝固，就不能做胶饼；天冷，胶又会冻裂，没有黏性。)

沙牛皮、水牛皮、猪皮都是做胶的上等材料：驴皮、马皮、骆驼皮、骡皮则稍次。(做出的胶，粘劲虽然都相差不远，但驴皮和马皮，皮薄、毛多，含的胶少，要多用几倍的柴薪。)破皮鞋、鞋底、格锤皮、靴底、破的牲口项圈，只要是生皮，不考虑时间长短，没有腐烂的，都可以用来煮。只不过新皮煮出来的胶颜色鲜明、干净、质地更好，而放得太久的皮，固然适合，但比不上新皮。那种脂、肋都加盐，煮熟过的皮，却不能用。(这就像生铁一旦经过锤炼，成为熟铁，就永远不能再熔化，铸打了——因为不能锻炼了。)只能用旧锅，并且锅要大，不掉色。新锅，烧的时候，皮就会粘在锅底；锅太小，就费柴火；锅掉色，胶就变成黑色。

《齐民要术》

黄瓜霜（洗朱秘术）

洗去朱迹，也有秘术，大致与洗墨字相同。用黄瓜一条，瓜蒂旁凿出一个小孔，灌入官硼砂一两，悬挂七日后，用翎毛取下瓜霜，此后再于七日重扫一遍，积霜备用。用时，将朱迹打湿，扑上瓜霜。待干后将霜扫尽，朱迹即已洗净，了无痕迹。

《斯陶说林》

西瓜霜(洗墨字秘术)

洗去墨字，实在不易，有秘术如下：用西瓜一个，约重三斤，半熟为佳，在瓜蒂边开一个小孔，灌入官硼砂三钱五分、砒三钱五分、硇四钱，共研为细末，入瓜孔内。将瓜悬挂七天，白霜自出，用翎毛将瓜皮上的白霜扫下；再过七天，仍如前扫取。用时，先将清水湿字，用白霜蘸上，等干后，用翎毛将霜扫尽，则墨字已洗去，纸白如新。

《斯陶说林》

鹤飞蝶舞(媚蝶)

鹤子草，蔓生于野外，花朵绿色，有一条浅紫色基带，叶如柳叶稍短，每逢夏天开花。南方人称它为“媚草”，采来后晒干，以待面靥，形如飞鹤，翅尾嘴足，无所不具。此草蔓至春季，叶间必会生双虫，其虫只食草虫。越女常常把虫子捉来，收藏在奁中，像养蚕一样养它，每日摘鹤子草来饲。虫老不食后，蜕壳为蝶。蝶赤黄色，妇女便把它收带在身边，并称为“媚蝶”。

《岭表录异》

虾须帘(防蛀术)

宝笈中收藏的珍贵手卷，如果收藏得不妥，必会遭到虫蛀。宫中藏有秘技，可防虫：手卷所藏的匣子内，有小帘一幅，此细滑微黄，是用虾须编织而成的。手卷有此虾须帘保护，就无虫蛀之虑了。

《西清笔记》

一尊汉铜马(修补宝玉器皿)

巡检常中孚，曾得异术，能煮铜为白金，凡宝玉之器有破损，用它来补，器好如新。此术后来被宫中知道，升授常中孚为吏部郎中。每回使用这独门绝技时，必引入便殿，呵散左右人等，甚至连亲属妻妾都不能窥视。陆友在《研北杂志》中记载道：周公瑾家藏有汉铜马一尊，曾破为数段，铸工以药焊接，复完如新。

《高坡异纂》

砚腹中贮火(砚面除冰)

笔砚精良，是人生的一大乐事。然而，砚中结冰，实在是砚的灾难。每当得意疾书之时，砚面结成皱冰，舐笔受阻，岂不懊丧？然有一种暖砚的绝技，广传于商贾之中。店铺中记账之砚，可用铁砚，砚腹中贮火，寒冬即可去冰。在宫廷内阁，用的是锡砚，砚腹中可贮热汤。也有用铜斗暖砚的。铜斗宽二寸，高也二寸许，随身携带，十分方便。另有暖砚一法，秘传于莘莘学子之间：用火酒磨墨。砚不结冰，虽然写出的字色泽较白，不如清酱般油亮，但毕竟舔笔自如了。

《乡言解颐》

菊花心(识炭术)

要选用好炭，未必一定要选用兽炭、胡桃纹、鹁鸪色之类，这些炭仅是刮去生烟之皮而已。京师的炭种十分多，如柴炭、半生，专用于引火生炉；柳木炭，容易点燃却不经烧，也难免有烟；黑白疙瘩炭，虽少耐火，而终不如选炭结实，也难免夹生。有一种长条炭名“菊花心”，另有白疙瘩炭叫“银炭”，所取的名目异常好听，而要烧制出窑，却是异常不易，非有绝技不可。问及烧炭的人，他们每每不言功夫何在，唯恐秘技流失。故此，京都好炭已是愈来愈少。

《乡言解颐》

物随心动(移物术)

魏国陈思玉有特异功能，他可以运用自己的意念使无生命之物品、器具按照他的思想活动起来，人们称他为神思。例如：当他做一个上面刻有鸭头状的舀酒勺，浮在九曲酒池里，发出意念，劝鸭头回来，鸭头则迴转向着他游过来。又如，制鹊尾勺，其柄长而直，陈思玉意念所到之处，鹊尾勺可以在酒上旋转。

《三国典略》

鹊巢石(奇闻)

李昉有一次在番禺（今广州）正逢端午节。街上人声喧哗，非常热闹，偶尔还听到叫卖相思药的声音，感到很可笑，也很好奇，于是走上前去夹在人群中看个究竟。原来是一老媪，从背袋内取出山中采来的异草奇叶，向有钱人家的妇人兜售，说这种草药叫媚男药，在端午节这一天服用此药，可以像神仙那样快活。又有人说，从喜鹊巢中，可以获得两枚小石头，叫做鹊枕，也是要在端午节这一天得到者为最佳。有些妇人在路上遇到这些药物，往往当即从头上抽出金簪或从耳上解下耳坠，按值作价买回这些药物。

《太平广记》

木獭捕鱼(制木獭)

郴州刺史王琚，用木料刻成一只水獭，沉到河里去捉鱼，不一会儿，引首游出水面张口将所衔之鱼吐出。为什么会如此灵巧？原来木獭口中装有机关与鱼饵相连，装好诱饵，再用石头坠在木獭腹下，亦与机关连接，石重獭沉，鱼儿取木獭口中之饵，机关即发，口合则衔鱼，同时，石头落下则木獭浮出水面。此技之精绝，实为神仙所为。

《朝野佥载》

僧人乞街(制木僧)

匠作大师杨务廉，聪明灵巧，善于制作各类巧妙玩物。曾经用木头刻制了一具僧人，置于沁州街上。木僧手持一碗，能自己行乞化缘，碗中钱满，则内中机关突发，木僧发出感谢众人布施的声音，街市上的人竞相围观，都想看木僧开口说话，于是纷纷将钱投入碗中，众人施舍，日盈数千。

《朝野佥载》

木女催饮(制木女)

洛州殷文亮，曾经当过县令。生性乖巧，喜欢饮酒。他能用木头刻成人形，给小木人穿上衣裳，小木人会做真人的动作，能为人酌酒行觞，举止井井有序。又刻木制成妓女，能唱歌吹笙，很有节奏。如果饮酒未尽，则小木人不肯继续酌酒；饮不尽，则木妓女继续唱歌吹笙，连连催饮。这木制人之绝技，真是神妙莫测。

《朝野佥载》

鼻饮(醒脑绝技)

邕州(今广西)的少数民族及钦州村落的人，多用鼻饮水。鼻饮的方法是，用葫芦盛少许水，将盐和山姜汁数滴置于水中，葫芦有小孔，用小管子一端插入葫芦孔，一端插入鼻孔，吸水升脑，循脑而下入喉。富人用银器，次之用锡器、陶器，最次用瓢。鼻饮时，一定要口嚼一片成鱼，然后水才能安然流入鼻内，不会与气相激。饮后必定要叹一口气，以为凉脑快膈，感觉非常舒畅。用这方法只能饮水，饮酒或用手捧水吸饮时，都不用鼻饮。

《岭外代答》

啸之绝（口技）

京都有一艺人，擅长口技。他可以只用一根尺木做道具，隔着屏障，发出各种拟音，众人在屏障外面听着，一音既发，继而各种响声渐渐到来。他可以发出街市上的喧闹声，从早晨开市，店家开启门板，到买卖人估价评物，街巷谈议，经纪人向双方大讲买卖经，一直到傍晚市场渐渐冷落，众人慢慢散去，到店家打烊上门板。他还可以表演打猎的场面，从众人围狩飞禽走兽，弓鸣马嘶，鸟啼兽啸，到猎罢而止。有时表演秋雁南飞，声声掠过夜空，有时表演千军万马，喧嚷杂沓，听者四座为之神摇，如临其境。忽然，啪！只听到尺木拍案，满堂寂静，鸦雀无声。展开屏障一看，仅只有一个人，一张嘴和一根尺木而已。吴南村先生曾说："古法之不传于今者有三，'啸'其一也。"象声（即口技）之戏，是从"啸"遗传下来并加以改进的技艺。现在，那位艺人已经不在人世，而且他的技艺也没有传下来。

《觚胜》

眼馋那双靴子（偷盗术）

有一路人，穿着一双新靴上街闲逛。突然有人向他走来，深深作揖，行礼寒暄。着新靴者感到莫名其妙，说："我与你素不相识，因何行礼？"那人怒骂道："你这人穿了新靴，便忘了故人。"随掀其帽掷于瓦上而去。着新靴者以为这人是喝醉酒了，不与其计较，正在彷徨间，又有一人走来笑着对他说："前面那人怎能作此恶戏呢？尊头曝晒于烈日下，又为何不上屋取帽呢？"着新靴者说："没有梯子，怎能上去？"那人说："我一贯喜欢做好事，我以肩当梯，你就踏着我的肩上瓦取帽吧！"于是蹲在地上，耸肩说："快上！"着靴者很感激，正要上肩时，那人却发怒说："你这人真太性急了，你的帽子固然可惜，我的衣衫就不可惜了吗？你的靴子虽然是新的，但靴底有不少泥土，你忍心弄脏我的衣衫吗？"着新靴者表示歉意，再次谢了那人，并且将新靴脱下交给他拿着，只穿着袜子踏肩而上。那人等他上瓦取帽时，竟拿着新靴逃走了。上瓦者虽然拿到了帽子，但高居瓦上，势不能下，街上行人见此情景，以为他俩人是好朋友在开玩笑，无人过问。失靴人在瓦上哀求街邻，说明缘由，有好心人寻得梯子，失靴人始得下来，而骗靴人早已不知去向。

《子不语》

以水洗水（取良水技）

世人传说，扬子江之中冷水为天下第一水。唐高宗帝曾用银子制成一只水斗，用以品尝天下之水。判别水之优劣，是以水质的轻重来区分的，于是，定玉泉水为第一，而中冷水次之，惠泉虎跑水又次之。此外，只有雪水最轻，可以与玉泉并列，然而雪水是从天而降，不是从地下涌出，所以雪水不入品。朝臣巡视时，常用系有鸾铃的车盛载玉泉水回京供帝御用。但是，由于路途遥远，经时稍久，舟车颠簸，水之色味不免有变，则可以用他处之泉水洗之，洗后则色味如故。用水洗水的方法是：用大盛器储玉泉水，刻于分寸，注入一定比例之他水，搅定后则污浊皆沉淀于下，而上面的水仍然清澈明净。这是因为他水水质重，则下沉，玉泉水水质轻，故上浮，把上面的水舀入另外盛器则可。以水洗水之法，世间鲜为人知。

《庸闲斋笔记》

郭猫儿(口技)

扬州郭猫儿善口技，他的儿子精通戏术，当时的名人绅士都很爱与他们交往。康申余在扬州时，一位朋友偕同郭猫儿站起来请主人允许略献薄技以助兴。在宴席右旁摆设围屏数扇，不置灯烛，郭坐于屏后。主客静听，久无声息。突然，听见有二人途中相遇，作揖行礼，互叙寒暄，其声似一老一少，老者拉少者回家饮酒，又掷骰子，又玩藏钩之游戏，二人极其融洽，少者说已醉欲告辞，老者不允，又力劝再饮数杯，少者遂踉跄而出，彼此谢别，老者闭门。少者步履蹒跚，走了二里许，醉倒在路旁，忽有一人走过来不知被何物绊了一下，见地上躺一醉汉，扶起一看，原来是认识的人。于是就半扶半掖地把他送回家，而街头栅门已闭，随即呼叫管栅门的人起来开栅门。这时，一狗迎来，汪汪直叫，顷刻引起数犬群吠。又过一会儿，狗叫声越来越多，其中有老者、小者、远者、近者、哮者，同声而吠，一一可辨。过了好久，司栅者才出来打开街头栅门放二人过去。不久，到醉者家，可是又错敲了江西人的家门，只听见江西人用方言骂人声，群犬吠声又起。至此，醉者之妻应声而出开门，

送者郑重而别。妻表示感谢后，扶醉者上床，醉者要茶喝，妻去烹茶回转，则已鼾声大作，鼻息如雷。妻遂骂其夫，嘀嘀咕咕，骂个不停，过了一会儿，妻也睡熟，二人鼾声如出两口。忽然听到夜半牛叫，夫起身大吐，呼妻要茶，喃喃呓语，夫又睡。妻起来小便，穿鞋，方觉鞋中尽是夫吐出的秽物，又怒骂不止，同时换一双鞋穿好起身。此时，群鸡乱鸣，其声各种各样，同时发出。过了一会儿，醉者之父唤子起身说："天快亮了，还不起来杀猪去卖。"这才知道是屠户之家。其子酒醉已醒，起身到猪圈中喂猪，继而听到群猪呼食、嚼食、争食之声，其父烧水声，进火倒水声。其子遂捆一猪，猪被缚时嘶叫声、磨刀声、杀猪声、猪被杀声、出血声、烫猪退毛声，都历历在耳，非常逼真。父对子说："天已明，可以去卖了。"又听见肉上案声，有买猪头的，有买猪内脏的，有买猪肉的，有讨价还价声，有买卖双方数钱声。正在纷纷争闹不已时，哗然一声，四座俱寂，鸦雀无声，郭猫儿从屏风后面走出。

《清朝野史大观》

残脸(整容术)

有一人，姓晏名肃，字安恭，娶河南邢氏为妻，居住京师。邢氏腮上生一毒疮，久治不愈，时间一长，腮部、下巴和下齿全部脱落，好像被刀切去一样。邢氏自料即将死去，晏肃便遍访名医求治。有一位医生说："此病很容易治，若给我百千钱，我可以为其医治。"晏肃问用何方治疗，医生说："取得一生人的腮与此相等者，合之则可治愈。"晏很害怕，向医生道谢后就回去了。到了家中，将此事一说，儿女婢仆之辈就认为，既然有治愈的希望，不妨一试，于是暗中买通医生，请医生试试医术。当夜，医生用布包裹一样东西来到晏家，打开一看，是妇女的脸腮一具，其肉色、阔狭、长短与邢氏之腮不差分毫。医生用药抹在连接处并封好，令家人灌以粥汤，半个月后启封，疮已愈。后来，因逃避战乱而寓居会稽。有一位叫唐信道的人与晏家是亲戚关系，曾前往拜会，见邢氏口角间隐隐有一条红印线，连接腮帮，方知是缝接而成的。唯不可知的是，这酷似邢氏下巴的物件是何种东西，更不知用的是何种绝技将其纫合成形。

《夷坚志》

黑鸽白鸽(心术)

丞相韩玉汝，喜食精美佳肴，每食必定要尽善尽美，精益求精。尤其喜嗜鸽肉，而且一定要吃白色羽毛之鸽。有时因无白鸽，用其他颜色之鸽烹后给他吃，他总能辨别得出此非白鸽之肉，世人都觉得奇怪。然而，此事古人早就有之。据《晋史》记载：符坚跟随其兄子郎，因国破归顺晋，司马道子为他们设盛宴款待，尽力将江右之精美佳肴全部端上宴席，食后问他们：“关中之食哪一样能比得上我们这里的精美？”答道：“都很好吃，只是江右之食偏淡一些。”后来向伙夫炊事打听，确实如其所言。有时候，有人杀鸡给他们吃，郎边吃边说：“这种鸡栖息时常半露其身。”派人检验鸡棚，果然如此。又请他们吃鹅肉，吃完后立即知道是白鹅还是黑鹅，有人不信，暗做记号以试之，每试不差毫厘。当时都称之为知味，与韩玉汝能辨白鸽之事正同。其实，知味者并非有何妙法可传，而是其道独得于心，故能默契如此。天下之至理，的确有独得于心，而能做到默契的圣贤，一千年才出现一个。由此推断，恐怕没有什么怀疑的，即使是圣贤，也不能做到时时事事均能默契，故信之者甚少。

《曲洧旧闻》

灵物(制返生香)

聚窟洲在西海之东部地区，方圆三千里，北接昆仑，洲上有真仙灵官的宫第，门挨着门，数不胜数，还有很多狮子、避邪、凿齿、天鹿、长牙、铜头、铁额之兽。洲上有大山，因为酷似人鸟之像，所以称谓人鸟山。山上多大树，与枫树很相似，其花、叶的香气可飘闻数百里，名叫返魂树，还能发出如同群牛怒吼的声音，闻者无不心惊胆战。用这种树的根心，放在用玉做成的锅内，煮取其汁，再将其汁用微火煎熬成软糖一般，做成丸状。这种丸有六种名称，人称惊精香，又叫震灵丸、返生香、震檀香、人鸟精、却死香。它是一种灵物，香气阔数百里。死者在地闻其香气可以复活而不再覆亡，用其香气熏死人，会更加神验。

《海内十洲记》

壁龙(轻功术)

唐代，柴绍的弟弟号称“壁龙”。行动轻捷，武术高明，尤其善于飞檐走壁之轻功。他能使椽木升高，或跃身而上，挺然若飞，十余步外而止，唐太宗令其将赵公长孙无忌马鞍上的物件取来，而先派人告知无忌，令其注意防备。当夜，无忌不睡，坐以守备，突然看见一物如鸟，飞入宅内，迅速割下马鞍上的两个脚蹬而去，无忌立即追将出去，已无踪影。唐太宗又曾派他去取丹阳公主的镂金函枕。至夜，他暗飞入公主房内，以手拈土轻撒在公主脸上，公主一举头，他马上用另外的枕头换下镂金函枕而去。公主到天亮才发现函枕不见了。他曾穿着吉莫靴，不用手攀引，直接从城墙下走到砖城上面，而且还走上城墙上的矮墙。他还可以沿着佛殿的大柱，走到檐头，跨越百尺之高的楼阁，易如反掌，了无障碍。太宗曾惊奇地说：“此人不可待在京都，可以叫他到外地做官去。”

《太平广记》

乌贼汁(消字术)

旧时，民间有一种说法，说乌贼鱼乃是河伯度事小吏，一旦遇到大鱼，就立即施放出乌黑的汁液，方圆可达数尺，这样才能把自己隐蔽起来，便于逃生。江东有一种人也会用乌贼墨汁书写契约，以骗取别人钱财，书写的时候是白纸黑字，过了一年，字全部消失，唯有一张空纸而已。东海人传说，从前秦王东游时，把算袋丢在海里，化成了乌贼鱼，因此，乌贼鱼形如算袋，两根须带极长。还有人说乌贼腹中有碇(系船的石墩)，一旦遇到大风大浪，即抖动一根须带下碇，以暂时固定位置。

《酉阳杂俎》

练肛(杂记)

前清时期，朝廷户部各差，以银库郎中为最优。三年一任，届满后，最贪婪者可得二十万金，即使是最廉洁者也可得十万。上行下效，其下属司库书役等差，无不肥美。尤其是库兵，主要职责是搬运金银，能直接进入银库，更是士兵们羡慕而向往的美差。库兵是三年点派一次，每次仅需四十人。役满后，每人可窃得三四万两不等。每当点派差役之前，士兵总是找熟人，拉关系，向尚书及其左右官员行贿，每人至少须花费六七千两银子。举行点派库兵仪式时，尚书高坐大堂，唱名点派。派毕，众兵屈膝下拜，以额触地，表示衷心的感谢，就像演戏一样。点罢退堂时，每一名库兵必须有拳师数人前后左右保护他出去，唯恐被人劫持，因为有些无力行贿之兵以及当地恶棍总是集数十人于大堂阶下，见库兵出来，乘其不备将其劫去囚于家中，但并不加害于他，第三五天或七八天以后，误了首次上班日期再释放，因为第一次上班不到，则必须另行点派。被劫者只好再多方说情，赠以数千金方可服役。景濂任户尚时，有一次，正在升堂点派，忽有一兵被人劫去，景居然熟视无睹，不敢发一言，当即退堂，传言明日重点。这既是给被劫者一个回旋余地，也是为自己多得贿赂的诀窍。

库兵签到上班以后，则每逢开库即入库服搬运之役。银库每月开库十四五次，出入金银累计千万两。每一库兵可轮到三四期，每期出入库多则七八次，少则三四次。以每次可夹带金银五十两计算，每月四次可得二百两，每月轮到三期可得六百两，何况不止于此。库兵入库，无论寒暑，皆裸体从堂官的公案前鱼贯而入。入库后换上官制衣裤。搬运吃力了，可以出来稍稍休息。工作完毕则仍赤身至公案前，必须两臂向左右平举，露出两肋，两腿微蹲，张口发出鹅鸣声，然后走到休息室换上自己的衣服。在库中所盗之银皆藏于肛门内夹带而出。据说此中高手每次能藏江西圆锭十条，则有百两之重。相传这些库兵都有世代相传之技。年少时，先由人鸡奸，或用淫具塞入肛门，继而用涂上麻油的鸡蛋塞入，再换用鸭、鹅之卵，久而久之则肛门扩大，再用铁丸塞入，如果练到能塞十两重的铁丸十枚，塞百金就不难了。但能塞十枚者极少，塞六七枚则很普遍。所以，凡库兵所盗，以江西圆锭为多，因江西锭铸造得光滑无棱，即所谓粉泼锭。有的人肛门稚嫩，则用猪尿泡浸湿裹住塞进去。所以，大凡库兵至老年，没有一个不患脱肛痔漏等症的，那是由于肛门纳银太多所造成的病痛。

《四朝野记》

帝相(拆字术)

北宋宣和年间，有一个成都人，姓谢名石，字润夫。辗转来到京师，专事拆字，能预言人之祸福。求相者只要随意书写一字，谢石就其字拆离分析，预言求者未来，而言无不中，令人惊奇。因此，在京师很有名气。不久名声传到宫廷。皇上想试试。亲自书写一“朝”字，令中贵人拿去一试，谢石见字后朝中贵人仔细看了一下说：“这字不是你写的，本人只能据字而言。然而本人学术有限，微不足道，拆了此字，本人祸福却难以预料，有了发达机遇在于此字，发配边疆也在此字。因此，实在是不敢妄说。”中贵人暗暗吃惊，说：“你不必害怕，只要说得有根有据，尽管说吧。”谢石说：“‘朝’字拆开，就是十月十日。书写此字者不是此月此日生之天人，还会是谁呢？”围观众人皆惊。中贵人立即飞驰回奏。第二天，谢石被召至后苑，令左右及宫嫔们写字让其离析，谢石据字论说祸福，说理都很精辟，被诏补为承信郎。

从此，四方求相者，更是门庭若市。朝廷有一官员之妻，妊娠过期不产，手书一“也”字，令夫拿去问问凶吉。谢石问：“这字是尊夫人所写。是不是？”朝官反问：“何以见得？”谢石说：“帮助理解谓语的字，是焉、哉、乎、也。所以是公之内助所写。尊夫人正是盛年三十一岁，是吗？”

官答："是的。"石说："以'也'字论，上为'卅'，下为'一'。公官寄于此久矣，是不是想力谋迁动，换个地方官做做而不可得呢？"答："吾正为此烦恼呢！"石说："那是因为'也'字着水则'池'，有马则'驰'，现在是池无水，驰无马，水陆不通，怎么能动得了呢？另外，尊夫人的父母兄弟，近身亲人，无一人在世，因为'也'字着人则为'他'字，现在，独见'也'而不见'人'。还有，尊夫人老家的家产财物也荡然无存，因为'也'字着土则为'地'，现在是独见'也'而不见'土'。对吗？"官说："都对。但这些都不是我所要问的。贱内已怀孕过月，至今不产，正为此发愁。"石说："一定是十三个月了。因为'也'字中间有个'十'字，并旁有两竖，下连一划，共为'十三'。还有一事异常奇怪，本人不想多说，然而公所问正是此事，不知当说不当说？"朝官请其说。谢石遂说："'也'字着虫为'虵'(蛇的异体字)，尊夫人所妊，恐怕是蛇妖。然而不见虫蛊则不能为害。本人有药，可以为公验证。"朝官异常吃惊，半信半疑，请石至家，令妻服其药，果然生下一百多条小蛇而腹平。人们都把谢石当做神仙下凡，而不知其究竟在何处学得此绝技。

《夷坚志再补》

生死之战(斗鸡必胜秘技)

番禺(今广州)人酷爱斗鸡，尤其是少数民族的人更加喜好。番禺的鸡非常勇猛好斗，毛疏而短，头坚而小，足直而大，身疏而长，目深而皮厚，行动起来徐步盯视，刚毅而不妄动，看上去就像木鸡。这种鸡每斗必胜，当地人饲养鸡的方法很特别。结草为墩，使鸡立其上，则足常定而不倾；把米放在比鸡头高的地方，使鸡耸膺高啄，则弹跳高，头常竖而嘴利；割截修剪上下鸡冠，使之短而小，免受敌鸡啄咬；剪刷尾羽，使其临斗时易于盘旋；常用翎毛搅入鸡喉，以除其口涎，淘米饲喂。此外，还常用水喷其两腋。调饲一一有法。其目的就是使其临场死斗。胜负一见分晓，生死即可定夺。因为斗败之鸡大伤元气，终身不能再斗，只能宰杀供人食用。然而常胜之鸡亦必早衰，每斗胜一次，势必离死亡愈近。

斗鸡是一种娱乐，也是一种赌博。观者如堵，各有招数，用金银财宝压注，注胜者赢，注负者输。

斗鸡也有规则，一般分三场进行。第一场，斗的时间较短，此鸡失利，鸡主抱鸡稍事休息，除去口涎，给以饮水，以养其气；第二场，若彼鸡失利，彼主亦抱鸡稍息养气如前；第三场，是决定两鸡胜负的最后一斗，中途不得休息，而两鸡相斗，非生即死，不得不拼搏厮杀到最后。开始斗鸡时，两鸡相遇，以头相对，时高时低，伺机跳起用爪袭击对方，倦则盘旋相啄，一啄到对方，则死咬不放，同时辅之以爪，能多次啄、咬、抓住敌鸡者必胜，鸡主见此，喜形于色。

古代，从夏、商、周三代开始就有斗鸡。《左传》记载中所谓“芥肩金距”就是指斗鸡。芥肩，就是用芥子粉抹在鸡翅膀根部肩腋处，当两鸡半斗而倦时，盘旋伺机互刺头腋下，翻身相啄，因芥子粉能迷敌鸡之目，故能取胜。金距之距就是爪，用极薄的金属制成爪形，凿纳于鸡距，当鸡跃起奋击敌鸡时，一挥距即能刺伤其颈，甚至断其头。因此，金距取胜于始，芥肩取胜于终。

《岭外代答》

巨螺(螺甲制香)

《本草》中曾有记载：螺生云南者大如掌，青黄色，取螺厣烧灰，合香者多用之，谓能发香。

《山谷诗注》

无柏不香(割麝香术)

割取麝香，非平庸之辈可为。香麝似獐，服食柏叶后，才有麝香。嵇康说：麝食柏，故香也。山中若无柏树，则无麝香可割。不知其技的人，往往误杀枯麝，无功而返。

《本草注》

拿命来赌(腹中取壁虎)

五毒之中，壁虎也是一毒。壁虎又称蜥蜴、守宫、旋龙，喜在阴湿墙壁间，大者长二三寸，尾则长数倍。平湖县有家豆腐店，店伙计常食此物，以赌好闲者的酒食银钱。一日，有人捕得一条肥长的壁虎，与店伙计赌洋蚨四圆，并另设酒席相请。店伙计平时赌食时，用豆腐衣卷而吞咽，此次不许包裹。店伙计见赌数颇丰，毅然答应。刚把壁虎送到嘴边，还未及举齿，这物本性活泼，倏忽下咽。数日后，竟也没有患病。不料，一年之后，店伙计渐消瘦无力，气息奄奄。有江湖走方郎中见而惊问，一口咬定腹中必有异物。店伙计的妻子回忆道：“或许是吞咽的壁虎在肚中不成？”郎中道：“正是！”说罢，索讨医资十六圆，然后将病人各窍闭塞起来，仅留嘴巴，把人倒悬而起，在咽喉周围搽以药粉。少顷，有物从咽喉探出，急欲提取，却因太滑，一时不及措手，忽又缩回腹中。郎中叹息道：“难了！人倒悬久则发晕。若坐起，那物必不肯再出。”家人再三恳求，郎中又将药粉多多搽于咽喉，物又探出，立即用铁钳夹住。众人围视过来，但见这壁虎通身红色血艳，甚是骇人。郎中说道：“此物吞下腹中后未死，即涵养于血中。人正血旺之时，不能翻动。偶或血枯，立即摇动。幸亏此物是雄，如果是雌物，散子于血中，早已不可救了。”众人相视而惊叹，无不夸这郎中手段之精绝。

《庸庵笔记》

人踪永逝(治足疾诀)

道人徐问真，自称是潍州人，出没酒肆间，狂饮无度，能吃生葱鲜鱼。以指为针，以土为药，治病十分灵验。青州刺史欧阳文忠公患有足疾，病状罕见，无医能治。召得徐问真来府，方才有救。徐问真教他吸引气血之法，使血气运转人顶。欧阳依言而行，病不治而愈。苏东坡曾得诀授，后遇黄冈县令周孝孙暴得足疾，以诀相授，七日而痊愈。元祐六年十一月二日，苏东坡与叔弼父、季默父夜坐长谈，话及于此时，无不称徐问真为异人。可惜身怀绝技而人踪永逝。

《东坡志林》

滴尿取虫(急取猫尿法)

北方有虫，名蚰蜒，类似蜈蚣而细，好入人耳食人脑髓，张子和十形三疗方：蚰蜒入耳，用猫尿灌之，立即可出耳。取猫尿之法：用生姜擦猫耳，即可得猫尿。

《斯陶说林》

雌雄一对(人形何首乌伪种术)

柳庆一带的瑶山中，出产何首乌。然而，人形何首乌十年难得一见。为获重利，瑶人有制人形何首乌的绝技。其技为：用陶土制成人形，分作雌雄形状，然后将山薯种入其中，数年后，再将何首乌的蔓叶安植于陶孔之顶，暴晒至干燥，从陶土中取出“人形何首乌”，卖给过客。每对索值数十千。买客以其朴野可信，却不知已堕入瑶人之术中。

《斯陶说林》

土浆拌屎(止笑异法)

枫树上生的菌，人不可食，若食之，即令人笑而不止。解治之法：可用土浆拌和屎汁饮下即愈。

《博物志》

道破天机(刻象牙秘技)

象牙雕刻，非刀功可以奏效。象牙性坚，而制器的匠人则要在牙上雕镂山水人物，细如毫发，稍一刀误，必前功尽弃。有匠人秘传法，可使雕牙之技，人人可学。其技为：先用牙锯把象牙分解成所雕胚形，解毕，用醋浸象牙一夜，象牙则软如豆腐。既软，即可雕镂，走刀之轻捷，实可随心所欲。雕成之后，要使象牙还原成未软之时的质地，是最为关键的。秘术为：用木贼草煮烧雕成之牙，则牙坚如故。不知其术的人，往往惊叹镂牙为神工，却不知已被诓过。当然，要有上乘之品，功夫仍在于运刀之功。刀法不熟，纵然刻萝卜也难以成品。

《斯陶说林》

白石灰(染发秘术)

取胡粉、白石灰等用水拌和均匀，涂于头发和鬓须可保持乌黑不白。方法是，先将胡粉石灰水涂于发上，再刷上一层头油，然后用头巾裹好保持温暖，等到将要干燥尚未干燥的时候，用温水洗净。如果水太烫则药不能附着发上，如果洗得太迟则头发易折断。如果想要将白发染黑，则应用热水洗，因头发如有油腻则药附不上去。临染前，应当摩擦头发或鬓须，使之发热干燥。

《博物志》

松柏之叶(荒年避饥法)

荒乱之年，缺粮无食，可以将松柏叶切细，用水送下，但只能以不饥为度。最好是用薄粥米汤送下。当用柏叶五合，松叶三合，不可过度。

《太平御览》

椰杯(防中毒秘术)

用椰子壳做成杯子等器具，一碰上毒则有裂缝，所以岭南人多用以制成食器，用以避蛊，防止中毒。

《香祖笔记》

制赝鉴真部

醋煮即烂(象牙真伪秘识)

真的象牙有一些细小花纹，如把它放在醋中浸上一夜，它就会柔软得如同就要腐烂一样，可以任意制作精致的工艺品。制作完成后，用木贼草水放慢火煮一下，就会坚硬如初。如不具备这些特性，说明不是真象牙。还有一种办法是用醉卤来煮象牙，它自然会变软，要恢复它的硬度，可用第一种办法。

《文房肆考》

入蚌再育(假珠变珍珠术)

在自己制作的假珍珠中，取其中光莹圆润的，再找一些稍大一点儿的蚌养于清水中，待它开口时，即刻把假珍珠放人蚌壳中，经常更换养蚌的清水，夜里把它放在月光底，让蚌充分吸取天地月光的精华。过了两年，假珍珠就会变成真珍珠了。旧珍珠经过这样的处理也可以变成新珍珠了。

《物类相感》

插火筷(辨假蜂蜜法)

蜂蜜有较高的药用价值，但市场上有很多是掺杂了白糖或粉末的假蜜。若要鉴别真假，可用火筷烧红插入蜂蜜之中，冒气的是真蜜，起烟的是假蜜。

《本草纲目》

擦油胡桃(古铜器作旧秘术)

若想把紫铜器仿制成古铜器，最关键的是去掉紫铜上的赤红色，使它的黝黑色染上古气。最好的办法是用油胡桃每天往紫铜上涂擦，然后再用硫黄复擦，那么紫铜就会一天天地变成黝黑色，与古铜器的颜色没有什么区别。另外，在往紫铜上涂油胡桃时，须先将铜器用炭火加热，这样效果会更好。

《古今秘苑》

吹而不破(桐油优劣秘识)

用桐油涂染木器，可使木器经久耐用，若是用了假桐油，则会损伤木器。现有一鉴别真假桐油的方法：纯桐油，含重量胶液，如果用篾圈蘸之，会有一层糊状物粘于圈上，而且几秒钟内吹不破；若桐油掺了杂质，虽有糊状物粘于篾圈上，但一吹就破。如果掺的杂质较多，就根本不能粘上圈，此法非常灵验。

《游宦纪闻》

水中泛绿(祖母绿宝石秘识)

用碗盛满清水，把宝石放入碗中，能使整个碗出现隐隐绿色的，是真祖母绿宝石。也可以把宝石放人铜盆中，四周用白纸围好，用火点燃白纸，若能使火变成绿色的，是真祖母绿宝石。还可以准备热炭一盆，把宝石放入炭中，炭飘香气而火却即刻熄灭的，是真祖母绿宝石。

《文房肆考》

蜻蜓眼(青珠秘制)

珠子出于河海，陆岸岂能产珠？其实不然。若于五月初五那日，将蜻蜓捉来，摘下其头，埋头于朝西的门下。到了第三天，蜻蜓头上的眼睛则化成了青色的珠子，与水中所产珠子无异，其色更为鲜艳惊人。

《博物志》

掏一指甲痕(铜钱秘制)

古时，钱名各不相同，有文德皇后、武德中行、开元通宝等，钱的命名和书写字样，都是由欧阳询所为。先铸一样品进皇上御览，皇上恩准后，掏一指甲痕，再铸造。

《锦绣万花谷》

变色即假(玛瑙秘识)

要想鉴别玛瑙的真伪，可将玛瑙放在掌中摩擦一番，不变色者属于真品，否则就是用清松脂加入明粉同玻璃碎片制成的伪品。

《文房肆考》

墨散为梢(木料本末秘识)

若要鉴别一块木料的本末，可用刀斧砍一小块，用墨涂其两端，墨易散的一端是末梢，墨不易散的是根杂；木晕紧密者是根，松散者是末。香紫檀、乌木、银梨等树，木质坚硬，两端皆不散墨，若要区别本末，可用小锤敲其两端，音质坚强的地方是根，柔和的地方是末。

《文房肆考》

入炭久煨(古墨伪制)

若想将新墨仿造成古墨，可用此法：将新墨放置于微有余温的炭中，静候十余日，将新墨取出，墨上的油光消除，与古墨的颜色没有两样，而且墨的胶性也除去了，墨变得轻了，与古墨无所差异。

《福寿真经》

放入槐花(古纸伪造)

用面浆、槐花、苏木、黑墨一起捣成汁染纸，然后将纸槌光，这就是造古纸的方法。

《福寿真经》

色如瓜皮(古铜真伪秘识)

埋于土中千年之久的铜器，如何识别它的真伪呢？铜器的颜色纯青，犹如翡翠。早上颜色稍稍淡些，中午以后变得清润欲滴。若有泥土侵蚀剥落处，必有蜗篆形状。如果有划痕，必定是伪造品。铜器坠水千年，则成纯绿色，好似西瓜皮莹润如玉；未达千年的，虽有青绿却不润。一般人鉴别铜器是否古远，只以其轻重而定，这不恰当，因为大而厚的铜器不管怎样锈蚀，铜性尚存，其重依然。小而薄的铜器，容易被侵蚀，即使击破其某个部位，也看不见绿色；即使翠绿透底，敲打时还有铜声。如果古铜器未入水土，而在人间流传，则会呈紫褐色，并有朱砂斑。若将它放入釜中沸泡浸泡，过片刻显出斑锈的，必是久远名贵之物。而伪品的颜色全在外表。水中、土中及人间流传的真品铜器全无半点儿腥气。如果是伪造品，只需用水擦铜器，则有一股强烈的腥气味。

《文房肆考》

舌舔即知(水晶秘识)

如果是真水晶，即便是六月三伏酷热天气，用舌头舔之，也有冰冷刺骨的感觉。如果不是真水晶，则无此种感觉。真水晶无论如何高级，内中总有淡淡的水晕，真水晶的边沿，光线呈纯白色，假的则无白色。

《文房肆考》

决无花纹(识伪笺术)

据缪芝凤先生说：宋、元时期所用的笺简，大多使用黄、白二色，纸的边侧有其他颜色，决无花纹，制造赝品的人并不知道这样的考古知识。

《骨董琐记》

见水则绿(鼎器辨伪)

莫云卿《笔尘》云：若得商代之彝或周代之鼎，则知古器制作之精。今世上所见之古器，有商代之金银器，有周文王之鼎樽古制，即便说是商周之器，也无人为其辨别论证真伪者。因为汉人很爱好制作器物，现今市上之玉器在汉人制作者极为精巧，而且与古器极其相近；或者仿照夏、商、周三代之器物的样式制造并各冒用其代之名而已，并非尽是真正的三代之物。间或有盗掘古墓而出者，如沅江九嶷鳖之类，有些好古博雅之士当有所知。汉人所制之器如博山炉之类，因其无青绿，于是有人说汉器不是古器，这是不对的。其实这些人有所不知，三代时期，殉葬之物器甚多，而汉人则不太时兴，故入土之物器甚少。倘若汉物入土，其青绿则比三代之器相差不远。当今玉器血浸尸古，当是汉代所出，为何铜器入土反无古色呢？此理可不辨而明。大凡古器得土气多者多青，得水气多者多绿，水土杂者，青绿间发。只有古帝王之陵墓，因建筑坚固，不为水所入，或置于石几上，几不腐坏。而器常悬虚，其得土气最清，且无泥污，故有纯青翠者，皆属上品。其他民间冢墓，或卿士大夫之冢郭中，都不可能无土，也不可能无水沁渗，故青绿间发者多；纯绿者则出自江海大津中，或水若无土者。由于金银器是世道流通致用之物，故绝无古者，可见古今之人嗜利之心相同。见《珊瑚网法书题跋》卷十七之诚按：此论很不确切，因为汉人器物与三代器物形制各异，自有款识，决无摹制三代款识之理，其作伪者，皆宋人所为。

《骨董琐记》

古宅遗物(蛐蛐儿罐识真)

在长安石虎胡同蒙藏学校里，上年掘土种花，掘出很多蛐蛐儿罐。有姑苏彩山窑常德盛制者十一只，实际上是永乐年代制造；有淡园主人制造的、外青内紫者一只；有秋雨梧桐夜读轩制造者三十四只，是康熙年代制造；有赵子玉制、署名恭信主人者四只；署名西明公一只；署名古燕赵子玉制或造者有六十只，书制者比较精美；还有，敬斋主人之盆一只，彩胜主人之盆二只，韵亭主人之盆一只，寄敬堂制者一只，清溪主人、珍香外史各一只。相传该校为吴三桂旧邸，即周延儒宅，是京师四大凶宅之一，数易宅主，居者均不安宁。这些蛐蛐儿罐不知是何人所埋，听当地老人说，道光年代长安富贵人家斗虫之风极盛。今淡园等制者流传尚多，而且有识虫名者，我曾多次请教，据说相信均为佳作，但是不太古朴。大概当时是新制造的，特地收藏在地窖里，为的是去除其火气，使之不伤虫。说康熙年制或许有之，说是永乐、宣德年代制品，我不太相信。又据说，贵人蓄虫，大体需要同一式样二十四罐，列于几案上，称为一棹，蓄虫多者竟有数十百棹，当今此种风气已消竭很久了。

《骨董琐记》

紫色为佳(辨燕窝术)

燕窝，又名金丝。据做海货生意的商贾说，在大海中的沙洲上生长着一种蚕螺，臂有两肋，坚洁而白，当海燕啄食以后，肉化而肋不化，与津液一并吐出来结成小窝。海燕衔着小窝飞渡大海，飞得疲倦了，就将燕窝置于水上，在其上栖息，然后再衔着它继续飞渡，海上渔人掌握时节前往拾取以卖钱。又说，紫色的燕窝最佳。在《湖海搜奇》中又是一种说法：说燕窝出自广东阳江县，是海燕采集小鱼用来筑巢的，故名燕窝。

《香祖笔记》

鸡卵渍酒(伪制琥珀绝术)

琥珀是珍贵之物，可佩可药，人间罕有所得。但坊间也有伪制的人，采用的办法十分简便。取一只孵过的鸡卵(鸡蛋)，卵内须黄白浑杂、尚未成胚。将此鸡卵煮熟，等到似软非软还未变硬的时候，随意去壳，将剥出的鸡蛋刻成想要制作的形状，然后放到苦酒(醋)里渍。数天后，即可变得坚硬起来，其色呈现半透明，内中显露出好似粉状或弯曲如细丝的纹理，实可以假乱真了。坊间之人用此法作伪，无不成功。

《神农草本》

罐鸣刀兵(宝罐秘治)

琼州黎峒，有黎长统治金族，必定属符、王二姓，方可立。黎长家有一古罐，据说是祖传宝物，此罐非陶非石，每当天要下雨，罐则先鸣，官军将要入山，罐则大鸣。

《香祖笔记》

稻草灰擦(老匾去字秘法)

用生盐和稻草，在写有字迹的木板、匾额等上慢慢摩擦，木板上的字迹会全部脱去，不留半点儿痕迹，或者用稻草烧后的白色灰来擦，同样也能将墨迹洗尽。

《多能鄙事》

乌粪十粒(黑字洗净秘法)

用蔓荆子二分，龙骨二分，面粉、百草霜各三分，乌粪十粒，一起研成细末，先用水将纸上要除去的黑字点湿，再将调好的药末掺于纸上，待晾干后，纸上的黑字迹便消失。还可用一只半熟西瓜在瓜蒂旁开一小孔，加入官粉、硼砂各三钱五分，砒霜三钱五分，卤砂四钱，一起研成细末，填到瓜孔内，将瓜悬吊七天，霜便自动溢出，再用鹅翼毛扫下，使用时先用清水湿润黑字，再把药蘸上，待干后再用鹅翼毛扫去，纸白如新。

《格古要论》

鲫鱼浸粪(去字留印绝技)

要想洗去加盖了红印章的纸上的黑字，而不损坏红印，可用鲫鱼一条，不动鱼肋，从其背上开口，将硼砂塞于鱼肚内，用一只刮去青皮的竹筒装入鲫鱼，外面用漆灰封固，放于大粪坑内，春天需浸五六天，夏天需浸一两天，秋天需浸七天，冬天需浸十天，取出后洗净晒干，挂于迎风处，自有白霜冒出，便用鹅毛扫下，将需除去的字点湿，再将药粉涂于纸上，过一夜墨迹便无处可寻，而红印依然不损。

《夷门广牍》

红花紫草(杂木变花梨木秘技)

要想使杂木制作的家具变成名贵的花梨木家具，可先用石灰泡浓汁，再用擦草蘸汁将杂木制作的家具磨洁净，晒干后再煎红花紫草浓汁磨洗若干次，那么杂木家具的颜色就同用花梨木做的家具没有什么区别了。也可用苏木汁拌了擦杂木家具，过后杂木家具便极似花梨木家具了。

《古今秘苑》

千金一棺(伪作楠木棺)

楚、夏之地有楠木，生长于深山穷谷之中，每株楠木的年岁无人可知，难测百年千年之龄。如果此树被大风拔起，横卧在沙土中，竟然千年不朽。楠木色紫，味道香，用牙去咬则软，用刀去削则卷。当地老百姓得到楠木后，都截木为棺，入土后水不能蚀，蚁不能穴，每具棺材值价千金。但尽管价高，仍然是可遇而不可求。有木商为了渔利，以绝技伪作。掘地作池，将煮过的柳松泡在池中，使其变色，可与楠木无异。若是色纹气味也相同，值价也可逾千金。但是，这种假楠木棺材入了土，不下十年，即与炭一样腐朽了。

《清稗类钞》

骗过了中丞(制赝画绝技)

乾隆间，苏州王月轩用四百两金从平湖高氏家购得一幅名画，此画即高房山的“春云晓霭图”立轴。有一个姓张的裱画工，用白金五两买侧理纸半张，裁而为二，以十金委托翟云屏照“春云晓霭图”临摹二幅，又以十金委托郑雪桥模仿画中颖印，方法是用清水浸透，实贴于漆几面上，等其干后，再浸，再贴，一日二三次，到三个月而止再用白芨煎水蒙于画上，滋其光润墨痕已入肌里，先裱装一幅，原画的绫边上有“烟客江村”图记，因此取“江村”题签嵌于内。画裱好后，拿给毕涧飞看，伪称真品。当时毕正卧病不出家门，一见到此画，非常欣赏，赞叹不已，即以八百金购之，等到病愈起床细心审视，才发现是赝品，已悔之莫及了。姓张的裱画工，又按前法将另一幅裱装好，携至江西，陈中丞见了也未看出破绽，以五百金购之。现今，此画的真本仍在吴门，无人过问。

《销夏录》

摩挲三日(伪画秘识)

王龠州跋李昭道所绘“海天落照图”写道：“真本为宣和秘藏。转落吴城汤氏，嘉靖中，有郡守以分宜子太符意迫得之，汤见消息非常乃延仇实父别宝摹一本，将为米颠狡狯，而为怨家所发。守怒甚，将至叵测，汤不获已，因割陈缉熙等三诗于仇本后，而出真迹，邀所善彭孔嘉辈置酒泣别。摩挲三日，而后归守，以归太符。太符家名画近千卷，皆出其下，寻坐法籍入天府，隆庆中，一中贵携出。被小珰窃之，时朱忠僖领缇骑，密以重资购之。中贵诘责甚急，小珰惧而投诸火。余归息龠园，汤氏偶以仇本见售。为惊喜，不论值收之。”据我所知，孙月峰说过，徐文贞家有此画数卷，多被人讨去，现在还有最下的临摹一卷尚存，犹自可喜。此画所绘目光

之闪烁明暗，及水中日色，海滨人瞻望，与夫薄暮，人争赴家，买卖人收拾售物，形状跃跃如生，一言难尽，无法形容。然则实父只临摹一卷。被王龠州所得，恐怕又是仇本之重，回想当我少年时期，在家乡也曾见过一卷，只觉画得光彩夺目，可惜那时候尚不懂得如何辨验绘画之题跋，更不知如何考证名画的来源和流传。

《浪迹丛谈》

一嗅便知(赝画秘辨法)

有一个名叫宋漫堂的人，自言善于鉴别书画，能在黑暗中靠手摸鼻嗅，便可定其真伪，此话似乎是欺人之谈，而实际上确实有一定的道理。因为，一个鉴赏家所见过的古迹越来越多，久而久之，就能达到神解悟入的程度，掌握一般人所不能掌握的方法。据《筠廊随笔》记载：合肥许太史孙荃，家藏画鹑一轴，画上有陈章侯题曰："此北宋人笔。"然不知出自谁手。请宋公漫堂鉴别，宋定为崔白所画。在座的人听了，有的暗自窃笑，有的嗤之以鼻，认为宋是胡说八道，自欺欺人，宋公持画对着太阳透过阳光请众审视，只见背面映出一图章，图章上是"子西"二字，子西就是崔白的号，众始叹服。后来此事传至黄州，司理王俟斋丝犹未深信。有一天，设宴请客，在客厅悬挂一画，宋公应邀前来赴宴。当轿子一到门口，公即从轿上辨认为林良所画。待下轿走入厅内近看，果然如此，这才心服口服。

《浪迹丛谈》

雌竹多笋(识竹)

竹与万物一样，也有雌雄之分。《类说》云："竹有雄雌，雌者多笋"。因此，种竹应当种雌竹。如何辨识竹之雄雌呢？《本草纲目》云："竹有雄雌，但看根上第一枝，双生者必雌也，乃有笋。"简言之，自根以上第一节发笋者，为雌竹。万物难逃于阴阳，不由人不信。

《仇池笔记》

酒煮蜜熬(取沉香术)

高窦等州产生结香，闻名天下，而采取生结香的技艺，堪称绝活。山民在深山中寻得香木，弯曲枝杆，以刀乱砍，损枝经年后，香滞留杆中，方可锯下。运下山，刮去白木，其香结为斑点，称为“鹧鸪斑”。将香斑取下，取大甲香如昆仑耳者，再用酒煮蜜熬，香方成。

《黄诗注》

翻身凤凰(古帖伪造术)

张思聪善于摹古帖，自名“翻身凤凰”，最能以假乱真。唐人萧诚，最拿手的是伪制古帖，曾以自己的伪作让李邕鉴赏，说道：“这是王羲之的真迹。”李邕审看良久，欣然道：“是真物也。”萧诚以实相告，李邕这才恍然大悟，再细细去看，说道：“无论怎么细看，仍无法辨伪，只是觉得稍稍欠精神而已。”

吴中有伪造古帖的高手，技艺更是令人骇绝：以竖帘旧粗竹纸，作夹纱拓法，以草烟末香熏之，火气逼脆本质，用香和糊，若古帖臭味，全无一毫新状，无论哪位识古帖行家，都无法识破，可见伪造的智巧精彩。

《考盘余事》

泼尽百色(仿宋元画)

使用彩绘法仿造宋元名画，是最难鉴别真伪的，历来被唾弃。然仿造之法不可不知，以备鉴别时一一道破机关。仿造法如下：凡面色先用三朱，腻粉、方粉、藤黄、檩子、土黄、京墨盒和衬底，上面仍用底粉薄笼，然后用檩子墨水斡染，面色白者粉入少土黄、燕支，不用燕支，则用三朱，红者前色入少土朱，紫堂者粉檩子老青入少燕支，黄者粉土黄入少土朱青，黄者粉入檩子、土黄、老青各一点儿。粉薄罩，檀墨斡，以上看颜色清浊加减用，用不可执一。口角燕支淡，如要带笑容，口角两笔略放起。眼中白染，瞳子外两笔，次用烟子点睛。墨打圈，眼梢微起，有折便笑。口唇上燕支蓦鼻色红燕支微笼。面雀斑淡墨水斡麻檀水渲。髯色黑者依鬓发渲，紫者檀墨间渲，黄红者藤黄檩子渲，头发先用墨染，次用烟子渲，排渲乱渲，当自取用。手指甲先用燕支染，次用粉染根。

凡染妇女面色，燕支粉，衬薄粉笼，淡檀墨斡。凡染法，白纸上先染后却罩粉，然后再染提辍，绢则先衬后背。凡调和服饰器用颜色者，绯红、(用银朱、紫花合)桃红、(银朱、燕支合)肉红、(粉为主，入燕支合)柏枝绿、(枝条绿入漆绿合)柳绿、(枝条绿入槐花合)官绿、(即柳枝绿)鸭头绿、(枝条绿入高漆绿合)月下白、(粉入京墨)柳黄、(粉入三绿标，并少藤黄合)鹅黄、(粉入槐花)砖褐、(粉入烟合)艾褐、(粉入槐花、螺青、土黄、檩子合)鹰背褐、(粉入檩子、烟墨、土黄合)水獭毡、(粉入土黄)牙笏,(好粉一点土黄粉底)皂靴、(用烟墨标)柘木交椅、(粉檀子、土黄、烟墨合)紫袍。

《辍耕录》

御用之宝(宣德炉秘识)

明朝宣德年间，皇上颁诏仿制秦汉以来炉鼎彝器古式，命司礼监会同工部督造，计有千百十件，以供大内及各官释道之用。

制造宣德炉，质料之美，锻炼之精，都非民间所能办到。其料历来秘而不宣。有泄密者曾以配方传世：逻罗风磨生矿洋铜、日本的红铜，加以倭源的白黑水铅、贺兰国的洋锡，至天方的番硇砂、三佛齐的紫绯、渤泥的紫矿胭脂石、琉球的安澜砂，以及石膏、石绿、朱砂、文蛤、古墨、云南黑白棋子等，皆所以助其色泽之用，经过八炼十炼以至十二炼而成。颜色有棠梨、熟梨、猪肝三种。

宣德炉的式样有：商夔龙九子、凤九雏、再蚰龙耳、冲天耳、三足乳、双鱼耳、釜底天鸡、锦边九凤、穿花飞凤、贴耳、环耳、狮首、象首、豸首、角天鸡、马蹄渗金戟耳、桥耳、三足朝冕，四足三元太极、并杂款井口兽面，九箍桶子，如意方式，夔龙梵书，虎面百折冲耳，橘囊官，马蹄大小台几等。以上各种，或大字款，或小字款，或无款，或钟五体，或欧体。

宣德炉的色泽有：正色则有渗金、流金、腊茶、藏经四种，腊茶以水银浸搽入内熏洗为之；藏经以金烁为泥数四涂抹火炙成赤；渗金、流金金银丝片嵌减俱实用赤金、白银若干两，其在上半名覆祥云，下半名涌祥云。若流金单傅本色则有腊茶、藏经口色，又有蜡茶，渗金最佳。又有蟹壳、青栗壳色、棠梨色、熟梨色、枣红色、朱砂斑、鸡皮皱。其中藏经、栗壳更有淡者一种，朱砂斑者番朱砂点入名金带石榴炉，鸡皮色迹如鸡皮，拂之实无迹，是因火气久而成。有人说炉旧为覆手，必有青绿色，却也未必。熟梨色嫩黄，猪肝色深紫，三代及秦汉间器，流传世间，岁月浸久，色微黄而润泽者，称为蜡茶色，可知原是古铜器。藏经色黄极亮极，稍似赤金色，是由于质料之美，锻炼之精，故质纯而嫩，晶莹透脱而无一膜之隔，色娇而雅。鲜洁腻润而有油然之光，真足为稀世珍宝。

宣德炉落款有十六字真书的珍品，字为：大明宣德五年监督工部官臣吴邦佐造。也有一个字为款的，这字为“宣”，篆文或圆或方，属于御用诸炉。极其可贵。

《梁溪诗钞》

形似枯骨(识别玉器年代)

凡玉质坚硬细腻，温润沉重，必入土久远，其性质渐渐发生变化。如何得知玉器年代？有秘术可识：大概入土中五百年，玉体发松受沁；千年则玉质似石膏；两千年形似枯骨；三千年烂如石灰；六千年则不出世，早已烂化如泥了。三代以上旧玉，质已朽烂，玉体松脆，用指爪去掐，即可掐落，此玉通称“老三代”。如果是秦汉时旧玉，质地烂松，玉性未尽，只有用刀才能削落。如果是晋魏六朝旧玉，质地未变，玉性尚坚，偶有软硬相间的玉器，系南土中的古藏之物。唐宋时的旧玉，质地依然，坚硬如故性，水银也偶尔有沁入玉器之中的。

《汉玉研究》

无从遁形(识别伪玉要诀)

玉中的精品，价值连城，商人重利，以伪品充斥，形质色沁，相差无几。内行人尚且容易受欺，初学者更是难以避免了。伪造玉器的办法有多种。但不外乎下列几个要诀。初学能揣摩而又触类旁通，则十不离九，伪品无从遁形了。

玉器凡土古者，必有水银沁入。赝玉则无。此是真伪之别。玉喜水银，因埋入土中，久不透风，体朽质松，地中随处都有水银，沁入肤里(非指殓尸水银)。看水银更须分老嫩，若三代旧玉，水银在内已结成块。干老色滞，参差错落。若秦汉时入土，水银明滉活泼，有成片者。若唐宋时旧玉，水银吸入未老，得人之热气，盘弄滚动，水银自会流出。

角实：秦代的玉器作坊，在陕西万村；吴越时期的玉器作坊，在浙江的安溪。两处所遗玉角甚多。万村之玉坚洁，安溪之玉干松。琢为玉体，称为角实古玉。土斑周遍间而有光处的便是伪品，看上去质地虽古，器则新琢，且亦能盘出包浆。

煨头：玉体用火烧之，则其色灰死，就像鸡的骨头一样，以伪石灰古，其表面有火劫纹，真品则无。

羊玉：以美玉琢为古器，割生羊腿皮纳玉于其中，以线缝固，数年取出，则玉上有血纹，以伪传世古，唯不知真品有一种温静的气质。

狗玉：杀狗不让出血，趁热纳玉于腹中缝固，埋在大路土中，数年取出，则玉上自有土花斑纹，以伪土古，但必有新色及雕琢之痕迹。

梅玉：以质松之玉，制为古器，用重乌梅水，煮之竟日，则玉松处被乌梅水搜空，宛以水激痕，然后以提油法上色，以伪水坑古。真品其痕木然。伪品则有造作之迹。

风玉：玉器以浓灰水稍加乌梅，煮之竟日，乘热取出，放置在风雪中一夜，则玉纹冻裂，玉质坚者纹细如发，以提油法上色，伪作中毛纹。然真品曲折粗细，伪品则无。

叩锈：乾隆时无锡阿叩，伪作毛环玉器，用铁屑拌之，热醋淬之，置湿地十余日，再埋通衢数月，然后取出，则玉为铁屑所蚀，遍体橘皮纹，纹中铁锈作深红色，煮之则色暗，具有土斑，灰不易退，宛然古玉，须详加审视才能识别。

提油：以砂提为上，其色能透入玉理，灰煮不退，与真无异。唯天阴鲜明，晴爽混浊，真色则不是如此。

老提油：宋代宣和、政和年间，有用甘肃大山中所出的一种红光草，取其汁入硇砂少许，腌于新琢成的玉器纹理之间，用新鲜竹枝燃火逼之，则色红入玉之肤理，光透背面，有似鸡血，即使是能识玉的行家，也常被骗过，唯可欣慰的是此伪品甚少。

新提油：以坏坯夹石玉体，入红木屑中煨之则红，入乌木屑中煨之则黑，此伪术大都出于苏州。

死玉：凡是玉性都畏黄金，如果玉器入土中与金相近，久受克制，则黑滞干枯，有类似水银占的样子，虽然加以盘工，但仍顽固不化，等于是弃物。

石类：石类中也有色彩居全、极似美玉的。唯石类干松清脆，贼光外浮，只要细心分辨即可识别。

总之，凡伪古玉无土斑而有红色者，其色必浮，原因是色自外入。有土斑而灰之不变，以及红色盘之而易退者，都是伪品。

《汉玉研究》

沉浮之别(沉香再识)

沉香，青桂香、马蹄香、鸡骨香、煎香，同是共属一本，其木类似椿榉，多节。取香时，先断其木根，积年皮杆俱朽。木心与木节不坏的，便是香。细枝紧实者，为青桂香；黑而沉水者，为沉香；半沉半浮者，为鸡骨香；最次的为笺香（笺或为煎）。又云：沉者为沉香，浮者为檀香，似鸡骨为鸡骨香，似马蹄为马蹄香，似牛头为牛头香，最粗者为笺香。

《类证本草》

品级森严(沉香秘识)

岭南诸州及琼崖，山多有香木。然而，真有香者百仅一二。其树出香，分为三等，一等为“沉”，二等为“笺”，三等为“黄熟”。“沉”与“笺”，又有二品，称为“熟结”“生结”。所谓“熟结”，树自烂而得；所谓“生结”，伐木而得之，又久烂脱而剔取。“黄熟”也有三品之分，称为夹笺，其破者为散。

沉香佳品，是以琼崖生取者为最，称为“角沉”，宜熏衣。黄沉木枯朽后剔取者，称为“黄沉”，宜入药。

《谈苑及倦游》

活眼泪眼死眼(识砚秘术)

怎样辨识宝砚上的鸲鹆眼？有绝技识之：黄黑相间、晶睛在内、润莹可爱，谓之“活眼”；四旁浸渍，不堪睛明，谓之“泪眼”；形体略具，内外皆白，殊无光彩，谓之“死眼”。三种鸲鹆眼，如何分其高下呢？有诀如下：活眼胜泪眼，泪眼胜死眼，死眼胜无眼。

《东坡笔录》

品分三等(端砚石秘识)

魏泰说：端溪砚石有三种，岩山、西坑、后磨。石色深紫，衬手而润，叩之清远，有清绿圆小鸲鹆眼的，是岩山石。色赤，呵之乃润，鸲鹆色紫，浸慢而大则西坑石。石色青紫，向明侧视，有碎星光点，如沙中云母，干而小润，是后磨石。三种砚石中，以岩石为最贵。其价为：西坑砚三枚当岩山砚一枚；后磨砚三枚当西坑砚石一枚。砚石的品质大致以此为识，历来为识砚之士的秘诀。

《东轩笔录》

恨煞售赝者(唐纸识伪)

秘阁所藏极丰，凡是二黄书法，多为唐人所临摹，纸质皆硬黄。苏东坡因此写道：“硬黄小字临黄庭”。流传于民间的二黄书法，被伪称为真迹，却不知其纸可证，识纸即可识伪。硬黄之纸，是唐代之物，前无后绝。仿也无技，可谓恨煞了售赝者。

《锦绣万花谷》

青天薄云(拓帖识伪)

市井间所售拓帖，伪作甚多，如何辨识，令人无策。浩浩书籍之中，偶得识伪之法，录之传人：

帖有南北拓，是由南北纸局分的。北纸用横帘造，其纹横，其质松而厚，称作侧理纸；南纸用竖帘，其纹竖，晋二王的真迹，即多用会稽竖纹竹纸。北纸不甚受墨，北墨多用松烟，色青而浅。不和油蜡，故此北拓色淡而纹皱如薄云飘过青天，谓之夹纱作蝉翼拓也。南纸薄，容易受墨。墨用油烟，以蜡及乌金纸水敲刷碑文，故色纯墨有浮光，谓之乌金拓。邢子愿说道："唐宋拓帖，多用北墨北纸，微以骆驼油少泽之，其光可鉴，而无卵清胶粘气。"北拓也有用油的例子。

《考盘余事》

竹藏风雨(鉴别古书画秘诀)

鉴别古书法的真赝，应当先观察书法的结构运笔、精神照应；然后观察人为天巧、真率做作；随后考古今跋尾，相传来历，辨明收藏印识、纸色绢素。如果得其结构而无锋芒者，定摹本；有笔意而无位置者，是临本；笔势不连贯，如算盘之子，则是集书。如果双钩形迹犹存，如果无精气者，入眼即可辨为伪作。

古人用墨，无论燥润肥瘦，俱透入纸素。伪作则墨气浮而不实，特别是绘画，更是如此。人物顾盼语言，花果迎风带露，飞鸟走兽，精神逼真，山水林泉，清间幽旷，屋宇深邃，桥钩往来，石老而润，水淡而明，山势崔嵬，泉流洒落，云烟出没，野迳迂回。松偃龙蛇，竹藏风雨，山脚入水澄清，水源来脉分晓，倘是如此，虽不知名，定遇妙手。若人物如尸如塑，花果像瓶中所插，飞鸟走兽，但取皮毛，山水林果，布置迫塞，楼亢模糊错杂，桥行强作断形，境无夷险，路无出入，石止一面，树少四枝，或高大不称，或远近不分，或浓淡失宜，点染无法。或山角浮水面，水源无来路，倘是如此，虽不知名，定是俗笔。以此诀来鉴别画卷，就会不大失眼了。

唐绢粗而厚，有独梭绢，阔四尺余；五代绢粗如布；宋绢细而薄，元与宋相等，第稍欠匀净。嘉兴魏塘密家所织，称为密家绢，极为静密。赵松雪、盛子昭、王若水多用此绢作画。古绢虽历世久近不同，但都丝情消灭，受糊既多，无复坚韧，以指微拖，则绢素如灰堆起，纵百破极为鲜明，嗅之有古色，其碎裂纹，横直皆随轴势；作鱼口形，且丝不毛，伪作者则相反。旧纸色淡而匀，表旧里新，薄者不裂，厚者易碎，相反的则是伪作。

《骨董琐记》

七十二手（造古纸秘技）

造纸始于蔡伦，有网纸、麻纸，徒传其名。晋有子邑纸、侧理纸（又名水苔纸，以苔为料。乾隆时，江春鹤亭得此纸，绵厚数层，连叠揭之成球，旁无端缝，购以进呈，高宗题诗其上。康熙时内库，也有一幅，与此同）、茧纸。大秦有蜜香纸（又名香皮纸，微褐色，纹如鱼子，极香而坚韧），江南有竹纸、楮皮纸、黟县凝霜纸，浙江有麦麸福杆纸，吴有由拳纸、剡溪小等月西松纹纸。唐有短白帘硬黄纸、粉蜡纸、布纸、藤角纸、麻纸（黄白二色）、桑皮纸、桑根纸、鸡林纸、苔纸、建中女儿青纸、卵纸（又名卵品，光滑如镜面，笔至纸多退，非善书者不能用）、南唐会府纸（长二丈，阔一丈，厚如缯帛数重）、澄心堂纸（肤如卵膜，洁如玉，细薄光润，为一时之甲，即卵纸，刘后村诗：当时百金售一幅，后人闻此那复得）。宋有张永自造纸（为天下之最，尚方不及）、藤白纸、砑光小本纸、蜡黄藏经笺（有金粟山转轮藏二种）、白经笺、鹄白纸、白玉版匹纸、茧纸。元朝有黄麻纸、铅山奏本纸、常山榜纸、上虞大笺纸，皆可传之百世。明时大内白笺（坚厚如板、两面砑光，洁白如玉）、磁青纸、真丽茧纸、皮纸、新安玉笺（乃绝细坚韧白棉纸，裁为小幅）、松江谭笺（不用粉造，以洁白荆以连纸、褙厚、砾光、用蜡打多样细花）、观音帘应纸，等等皆可珍可贵。

造纸蜀人用麻，闽人用竹，北人用桑皮，剡溪用藤，浇人用苔，浙人用麦麸稿秆，吴人用茧，楚人用楮。蜀地曾有布头纸，取布头机余经不受纬者，治之作纸，《东坡志林》中曾有记载。

古人造纸之法，秘不外传，却有法可循，取稚竹末梢，逾月后砍下渍在石灰池中，使皮骨尽脱，而筋独存，蓬蓬若麻，这才是纸材。将此材一断为二，捆成一包，再渍于石灰水中，渍毕纳于大锅。蒸至极热后取出，净水中浣洗，浣毕后则暴晒于地。凡是暴晒之地必须平整，阔有数顷，地上砌以卵石，洒以绿矾，不能使之荒芜。故此，凡暴纸之地不可再种田。暴毕，再渍于石灰水中，渍毕复蒸，如此往复三遍，则使黄者转而洁白。渍水中须加桐籽，或黄荆木灰，要不然则不白。待到料白以后，乃放入水碓中舂之，每时可舂三石左右。此时，还惧怕此材中混有杂物，盛于细布囊中，坠于大溪，悬版于囊中，而时上时下淘动，则灰质尽去，粲然如雪，此时纸材方成。制纸时，凿石为槽，视红幅大小，稍加凿宽，再织竹为帘，帘又视石槽的大小，尺寸有度，编得极为精细。槽与帘备下后，取纸材倒入其间，渍以水，和之以胶，以及木槿汁，取其黏性。然后两人举帘对漉，一左一右使纸成于帘中，即举而覆在旁石上，用力榨水，随后取下，炙于墙壁。炙墙也是专门制成的，垒土糊土，纳火其间，举纸者以次栉比于墙之背，后者刚粘贴上，前者已干，仍掀去再炙。凡是漉与炙，高下疾除，得之于心，而应之于手，终日不破、不裂、不偏枯。这样的匠人便称为“国工”。若非以上功夫，莫能成一纸。水必取于七都的球溪。自折梢到炙毕，需经过七十二手而始成纸。《纸槽谚》云：“片纸非容易，措手七十二。”钱塘黄兴三过常山，山中匠人秘告其术，这才得以记载。

《雪桥诗话》

售伪(伪作书画)

成化年间，有士人名白麟，专以伉壮之笔，恣意伪造苏、黄、米三家书画。人以其用笔纵横自由，无规拟之态，往往信以为真，许多行家里手也常被欺，深信而不疑，重价购去。传世的苏公《醉翁亭记》草书，即是白麟的手笔，并刻在石岩上。米芾所书的《师说》，也是此公所作。手法之高明，无人可及。

《六研斋随笔》

惊迷神技(仿制古器)

陈曼生、万廉山两位司马，都以名士而成为河官。两家广交天下朋友，宾客之盛，连裾接袂，常常是高朋数十人相聚一堂，家中的金石书画，也无不充精好。陈曼生能制宜兴茗壶，每具贵至数金而不可得。万廉山则另有绝技，爱将秦汉碑百种缩摹于端砚的背面。虽斑驳断裂却毕肖，一时惊为神技。这二位士大夫如此游心艺事，各怀骇人绝术，实在是宦途的一段佳话。

《水窗春呓》

六根手指(名壶秘识)

砂壶始于金山寺的僧人。用紫砂泥作壶具，以手指的螺纹为标识。有位吴学使者，在寺中读书，侍童供春发现了制壶之法，便学其技而成名。此后，好壶以无名指螺纹为标识，传宝董、翰赵、梁玄、时朋，称作四大名家。时朋的技艺传给儿子时大彬。大彬制壶有奇僻，毁甓以杵舂碎，使之成土，再做成壶，入炉熠火，审候以出，雅自重，遇到不满意的当即摔碎，常常是一摔七余壶，愈摔愈不满意，直到有一壶中意为止。大彬生有六个手指，他制的壶，必在柄上留下拇指印记，作为识别的标记。大彬之后，则有陈仲美、李仲芳、徐友泉、沈君用、陈用卿、蒋志雯诸人。徐友泉的名壶有：云缶、蝉觯、汉瓶、僧帽、提梁卣、苦节君、扇面、美人肩，西施乳、束腰菱花、平肩莲子、合菊、荷花、竹节、橄榄、六方、冬瓜段、分蕉蝉翼柄、云索耳、番象鼻、鲨鱼皮、天鸡篆耳等式。陈仲美别制鹦鹉杯，吴人赵壁仿造时大彬壶式，而易以锡，归复继之，锡壶才开始出现。壶为哪位名家所制，以手指螺纹为识，实是道中之人才知的秘事。

《骨董琐记》

磁诱(辨真玉)

今世真玉越来越少，有的玉器，虽然金铁不可近，但仍是用沙碾之法伪琢而成，被世人误认为真玉。倘是真玉，有一辨之绝技：用定州磁铁相诱，玉石丝毫不伤。将此法相问于皇家后苑的老玉工，玉工笑而不答，终不肯传世。

《东坡志林》

飞出一龙(古鼎伪制术)

鉴古之难，是因伪制者手段实在高明，难以凡眼识破。说是："宋元之迹，大半赝鼎"，一点儿不谬。

徐星伯家藏旧铁香炉一口，在西域时，曾伪制成古鼎，以假乱真，他曾得知秘技蚀铜铁之法：用镪水入真硇砂以及五倍子水合成，浸铜铁于内，必蚀无疑。故此，徐星伯便取蜡油画龙于旧香炉之上，题写数字，置炉于镪水中。一夜之间，铁熔一二分许。取出的香炉已俨若古鼎：地平如镜，龙飞凌空。凹凸如浮雕。携此炉到京，观者纷纷夸赞道："刀法如此之平，非秦汉以后所能。"都断定为秦汉鼎器，无人知道这所谓的"古鼎"是由镪水蚀成，那鼎上之龙，仅是脱于蜡胎而已！

《竹叶亭杂记》

秘密奏本(密写术)

《啸红笔记》中记载过这么一件事：金中都被围困，完颜承晖以矾写奏告急。为防中途失密，承晖没用墨写而用矾写，实在极为高明。金人发明的密写术，制法为：用矾及胶与铁钉共煮。用这种煮出的水写在白纸上，视之无迹，但只要将墨涂在纸背，纸面上的字便跃然而显。曾有人在康熙三十年得到一卷诗稿，有诗四十二首，自达官贵人，以至山村隐逸，一时名士，大抵皆备。初以为是拓本，细审时发现笔有浓淡，晕痕显然，这才知道是承晖用矾水所书。

《寄园寄所寄》

炉上奔兽(香炉秘制)

长安有一位能工巧匠，姓丁名缓，制作了一只眠斋香炉，又叫被中香炉，本出房风为机，可以四周自动环转。又，丁制作九层博山香炉。镂以奇禽怪兽，能自动旋转。

《锦绣万花谷》

乱真(古铜器伪制术)

伪制古铜器的技艺，秘而不宣。盗技之人经多年穿隙走缝，方能探得真技。其技如下，先以水银掺杂锡末，即成为磨镜药。将此药敷在新铜器上，使之均匀，然后，用毛笔蘸酽醋，调细硇砂敷匀，要使其出现蜡茶色，急忙投入新铜器在水中浸泡，即成蜡茶色。如果浸之稍缓，即变成其他杂色。要使铜器出现纯翠色，则不入水浸泡，而用新布擦拭，使其光莹，铜腥被水银所匮，并不表露。

另有一法：以井花水调泥矾浸一昼夜，取出烘干，再浸再烘，三度为止，名为作“角色”，即打底子。等待干燥后，以硇砂胆、矾塞水、石硼砂、金丝矾各等分为末，以青盐水化净，用毛笔蘸刷三两遍，待一两日后洗去，干后再洗，洗三五次，以颜色停匀为度。然后掘地成坑，用炭火将坑窝烧红，在火上遍浇酽醋。浇毕，才将铜器放入其中，腌以醴糟，加土覆盖。三日以后取出，铜器上即生各色斑点。用蜡打饰铜器便光莹如玉。若须颜色再深一些，可焚烧竹叶熏烤。其点缀的颜色，有寒温二法，均用明乳香入口细嚼，去掉涩味，用白蜡调和，调匀后配以石青、四支绿、朱砂各色。所谓温者，多用蜡；所谓寒者，乳香与蜡各半，用以随手点成凸起的颜色。其堆叠用硇绣针砂，其水银色用水银砂锡涂抹鼎彝边角，上罩以乳蜡以及颜色，再微露少许，用以炫耀售伪时，可用手摩玩，使香气触手以水洗去，则颜色坚附，不可骤丢。

还有一法：铜器铸成后，即入盐卤地内，埋二三年，也能变古，难以辨识，唯有好古详审之人，才有眼力知道其中的伪术。所谓眼力，不是观其色，而是听其声。古铜声微而清，新铜声浊而洪，真与假即在于此，不可混淆。

《骨董琐记》

八罐铜钱(古钱秘识)

自古以来，古金文字，惟刀币为最古。圆钱，则从周四代之宝货开始，秦之半两次之。赵仲吾，字广文。取出汉代半两二文钱给我看，文质完好，说是完县人锄地时得到八罐。我说："此钱甚多。"而其罐则为汉代物，像现在的闷葫芦罐，则是土瓦质；像穿口罐，则是缸瓦质。当设法把它搞到手，后来听说已经破损得不可收拾了，实在是可惜。真是：秦泉仿周货，面幕无郭轮。上铸半两字，重亦如其文。吕后称汉制，始行八铢钱。孝之造四铢，文犹半两延。建元作三铢，后仍行半两。视秦小且轻，录法尚模仿。昔我选刀币，下逮九府园。宝六与五铢，兹乃介其间。大者迳逾寸，小者及指环。或如泼翠话，或如涂朱殷。或两字互易，或一字从出。或系双印佩，或添明月湾。厚质为算铢，斜柄为葫芦。面背或同文，奇奇怪怪模。玩物慰闲居，零星列骨董。良友知我心，二枚当珏奉。曰安肃张氏，得来自完县。王家某业田，掘地获八罐。地不爱其宝，人不爱其情。八千脱手散，取携了无争。持珠赠与君，我欲求其椟。八厨珍备难，四簋意已足。余闻喜欲狂，癖古让君独。道里菲云遥，只恐人不熟。完邑秦曲逆，汉更名蒲阴。不知谁氏陶，用以藏吉金。当其入地时，犹是汉家土。孔方未称兄，扑满不识祖。唐、宋、元、明窑，无讥邻以下(依毛诗叶之韵)。努力好为之，莫漫计三五。得双即平分，雍斋伴铜鼓。

《乡言解颐》

天然为贵(古物辨别术)

环宇之内，万物生长，形形色色，以天然为贵。云章霞彩，才理花容，皆天然不假修饰，而点苍山石之千状万态，无所不备，尤为人们之不可测。乡人所见略同，用石头镶柜、镶桌、镶几，都称为镶石头心，但不知是一种什么样的石头。然而以石画镶器，就像用字画镶纱橱，未免有些屈材。惟其中老嫩粗细，都能因为石质之不同而显差异。而根据器物之大小、形状来适当取材，这就要靠人工技术水平之高低了。自从有了人工制作，就产生了在古器物上补缺形、作假色的现象。人们在挑选古器物时，不可不辨。我二十年来得石屏风好几种，都可以当作画来观赏。其间得宋石屏一座，石长三尺，上有鲤鱼跳龙门之状。中间夹杂着云水天地。此屏风用螺钿屑做边座，厚重浑坚，与一般俗饰大不相同。上边镌刻着一个"赐"字，右边镌刻"至道口年中元节"，左边镌刻"户部侍郎平章事臣吕端"。按《宋史》云：太宗将欲相吕端，或吕端为人糊涂。太宗曰："吕端小事糊涂，大事不糊涂。"会曲宴，作钓鱼诗云："欲饵金钩深未达，磻溪须问钓鱼人。"盖属端也。后数日，遂罢官吕蒙而相吕端了。为此，我有一感：中元令节赐平章，一座屏风点苍。鱼水心情今契合，龙门声价昔昂藏。用殊傅野磨金砺，珍擬溪入钓璜。小事糊涂当大任，安如磐石固沧桑。

《乡言解颐》

观色嗅味辨字(古铜器秘诀)

鄱阳张世南在《宦游记闻》中叙述："夏商周三代及秦汉时期的铜器，流传世间，岁月浸久，其色微黄而润泽。当今士大夫之间评论古铜器时，多以极薄为真品。这是一种偏见。实际上古器之真品有极薄者，也有较厚者，只要观其色泽，自然可见真赝。也有数百年前句容所铸，其工艺亦很精巧，为现今铸器所不能及。但毕竟黑而燥。必须是自然的古铜色，才是真正的古铜器。"又有赵斋鹆在《洞天清录集古钟鼎彝器辨》中记载："夏尚忠，商尚质，周尚文。其制器也是如此，商之器质素无文，周之器雕篆细密，这是不变定论，而夏之器则不然。我曾见到过夏兵器雕戈，在铜上面镶嵌以金。其细如发，夏器大抵都是如此。年岁一久，嵌金脱落，则成阴凹细痕。铜器入土千年，纯青如铺翠，其色在深夜子时以后稍淡，中午午时以后翠润欲滴。有的铜器长期埋在土下被土腐蚀处，或穿透或剥脱，那是很自然的痕印。有的上面有斧痕，则是假的。铜顺坠落水中千年，则变成纯绿色而莹如玉。不到千年，则绿而不莹。今人皆以重量轻者为古器，却不知器大而厚者，铜性尚未蚀尽。其重量只能减少三分之一或二分之一。器小而薄者，铜性被水土蒸淘而尽，将其击破也不见铜色，唯见翠绿彻骨。或其中有一线红色者，尚有铜声。有的传世之古器，则不曾入水土，而是流传在人世间，其色紫褐而有朱砂斑，甚者其斑痕凸起，如同上等辰砂。将其置于锅中煮沸，斑痕看得越发清晰。伪造古物者用漆调朱砂，画出斑痕，是极易辨别的。三等古铜，并无腥气，只有古器在新出土时，尚带土气，出土时间长了，土气也自然消失。如果是伪造的假古器，只要热摩手心以擦之，则铜腥触鼻。还有，所谓识纹与款纹也有所不同。识就是篆字，用以纪功。所谓铭书钟鼎，夏用鸟迹篆，商用虫鱼，周用虫鱼大篆，秦用大小篆，汉用小篆隶书，晋宋以来用楷书，唐用楷隶。三代用阴识，叫做偃蹇字，

字迹凹入。汉以来多用阳识，其字凸出，但也有用阴识的，阴识难以铸造，只能像镌刻石碑那样用刀刻。而阳识就比较容易铸造。凡有阳识之古器，决不是三代之物。所以，掌握观其色、嗅其味、识其字的诀窍就足以能够识别古铜器的真伪了。”

以上二书对古铜器的论述，固然已粲然具备。然而，我认为，藏家或清修好古之士，又不可不读经传纪录，以求其原委。如薛尚功的《款识法帖》及《重广钟鼎韵》第七卷，《宣和博古图》，吕大临的《考古图》，王俅的《啸堂集古录》，黄睿《东观余论》，董卣的《广川书跋》等书，都应当反复熟读，品味、研究、参考，而断之以经，才有可能称得上精通鉴赏古物者。

《宋稗类钞》

几可乱真(仿古铜器)

道光年间，苏州有甘、王两姓，能仿三代彝器，几可乱真。在嘉定，有位叫钱大田的匠人，能仿壶爵，与古无异。他的儿子秉承父业，深得其法。曾经为吴盘斋私铸了十种祭器，又曾为钱梅溪铸金涂塔铁券，与真品一模一样。江宁的冯锡与，能铸如意、蟾灯、带钩、铜壁、灵钟、清磬、铁箫、铁留、书镇，一律仿造商周的样式，在铸物上嵌上金银。这一绝技，甚至连甘、王、钱三家都无法相及。

《西清笔记》

残声远沉(辨玉秘诀)

李淳风所著《论辩真玉》在论及如何辨别真玉时写道：“其色如肥物所染。敲之，其声清引，宛若金磬之余响，绝而复起，残声远沉。徐徐方尽。”不久前，唐州参政之子喻，字义可，收藏一块璧，凝滑如脂，没有丝毫缺损，只是上面有两个栗子般大小的赤黝，那是由于墓棺中尸体分泌所染。轻击之，其声清韵悠扬。正如淳风之说，此璧与当今世上所见之水苍玉相比，简直不可同日而语。

《宋稗类钞》

磨之不热(识犀角秘术)

犀的贵贱，以其纹粗细而定。贵者有通天花纹。有人说通天者是其病，其理不可知。通天犀脑上的角，长且锐，有白星彻其端，能出气通天，则能通神，可破水骇鸡。抱朴子说过：“通天犀有白理如绵者，以盛米，鸡见即骇。”用通天犀角刻成鱼，衔之入水，可使水开三尺，俗称离水犀。犀以黑为本。其色黑而黄者叫正透，黄而有黑边者叫倒透。正者世人贵之。南中有假冒犀者，检验方法是，磨之渐热者是假。真犀性凉，磨之不热。

《宋稗类钞》

真山实水(鉴赏秘诀)

荆州，王华字，善于临摹古画，曾作《汀中八景图》出售，说这是石田翁真笔。这幅画画的是衡湘山水，幽奇浩远。洞庭以南，潇汀以北，南峁九嶷，遥相对峙；绘出烟云万状，尺幅千里，气派浩大，蔚为壮观。有一位叫朱章的人用三百两银子买下，视为珍宝。后来，有一位吴江人，叫张清之，一见此画，当即指出此画是件赝品。朱大为悔恨，携画退王，迫王退出银两，王不答应，于是涉讼于县衙。当时的县令徐公对朱说："收藏书画是件难事，为此事而涉讼，实在也太庸俗了。难道，你不知道前人的笔墨字画多数是假的吗？古今之鉴赏家受骗者过半，然而，受骗者必多方掩饰，自以为水平高，目力胜人。他说是假的，我独识为真品。因为自愚即可愚人。这就是自古以来收藏家之秘诀。你想效仿古人，却未得其法，岂不贻笑大方？何况细观此画，并不比石田翁的笔意相差多少。作者能模仿真品，将湘中的真山实水、浩瀚美景再现于画中，实在是一件大好事，又何必去计较其真假呢？你不妨按我说的话仔细想想，此画难道不也足以珍重的吗？"朱听了徐公的话，很高兴地撤诉而归。

善作赝品者，本来就能以假乱真，也是一种奇技。假如朱吝惜银两一定要退画的话，实在是不学无术。而徐公能推心置腹，一语道破了鉴赏家的秘诀，调解了朱王的纠纷，真是使骨董行中增添了一段佳话。

《墨余录》

齐砖魏瓦(古砖秘辨)

悔余所著《邺中咏古》有诗云："齐砖魏瓦人争托，想见当年土木妖。"自注曰：魏铜雀瓦，色青内平。印工人姓名，皆八分书。用以制砚，注水数日不渗。据笔者所知，齐起邺南城，砖瓦都用胡桃油油过，当油处有细纹，曰琴纹；有白花，曰锡花。古砖大者方四尺，上有盘花鸟兽纹、千秋万岁字。所纪年号，不是天宝，就是兴和。还有一种砖筒承檐溜者，花纹、年号与砖相同，内圆外方，也可以用来制砚。王荆公有诗云："陶甄往往成今手，尚托虚名动后人。"到了宋朝，魏瓦齐砖已不可多得。

《骨董琐记》

宣德换永乐(漆器识伪)

明朝永乐年代，在棂星门之西有一果园厂，制造漆器，是用金、银、锡木做胚胎，制成品有剔红、填漆二种。所制盘盒文具各不相同，剔红盒后有蔗段、蒸饼、河西、三撞、两撞等式样，蔗段人物为上，蒸饼花草为次；盘子有圆形、方形、八角形绦环和四角形牡丹瓣等式；匣子有长方形、二撞、三撞等式。其制作的方法是，漆朱漆三十六次，镂以红棉，底漆黑光，用针刻大明永乐年制。这些漆器的制造工艺，似乎比元朝时张成、杨茂的剑环、香草之式更为考究。到了明宣宗时，厂器的质量终于不如以前，因为有一些人私购厂内库存盘盒，磨去永乐针书细款，然后用刀刻上宣德大字，用浓金填漆，所以署有宣德落款的漆器，实际上都是永乐年代出的漆器。另一种填漆款式也是如此，填漆刻成花鸟，彩填稠漆，磨平如画，愈久愈新。填漆盒子的制作贵在于小，深者有五色灵芝边，浅者有回文戗金边，古色苍莹。这种填漆器相传极少，所以其价要比剔红高数倍。无论剔红和填漆，两种都称为厂制，世间人都非常珍重它，而不可多得。该厂之遗址，今为内务府人役所居。

《骨董琐记》

聚形之法(识古镜)

元丰中，苏东坡由齐安过古黄州，意外获得一面铜镜。镜背有铭："汉有善铜出白阳，取为镜清而明。"左龙右虎相辅，字如菽粒，大篆，款甚精妙。镜铜黑色如漆，照人微小。凡是古镜，都有聚形之法，镜中人形聚缩盈寸。

《仇池笔记》

玩珠清心(记事术)

唐朝开元年代中期，张讼为相，有人赠送他一颗珠，绀色，有光，名叫记事珠。如果有什么遗忘的人和事，只要玩弄此珠，心神顿悟。

《开元遗事》

不传他姓(仿古器物)

郡西人，胡文明，善作仿古器物，能按古式彝、鼎、尊、卣之类，制作极精，价亦甚高，其技发誓不传他姓。

《云间杂志》

贵在用火(饶瓷秘识)

饶瓷器始于唐，成于宋元，盛于明清，于是北窑始衰。饶瓷的陶土取自浮梁薪正都麻仓山，石末自湖田一二图，釉土取自新正都，长岭作青黄釉，义坑作浇白器釉。饶瓷的颜色有以下几种：

青色：叫石子青的产于瑞州；叫旧坡塘青的产于乐平；叫回青的就是

苏麻离青。明朝永乐时期始入贡，用锤击碎，每斤得青三两，上有朱砂斑者为上品，有银星者次之。用法是：用回青一两，加石青五钱，配出的叫上青，四六配比的叫中青。上青用以混水，则颜色清亮；中青用以设色，则笔路分明。

油色：是用豆青油水炼灰、黄土合成。

紫金色：是用罐水炼灰、紫金石水合成。

翠色：是用炼古铜水硝石合成。

金黄色：是用黑铅末一斤，碾成赤色一两二钱合成。

金绿色：是用炼过的黑铅末一斤、古铜末一两四钱、石水六两合成。

全青色：是用炼成的翠一斤、行子青一两合成。

矾青色：是用青矾炼红，每一两用粉五两，用广胶合成。

紫色：是用黑铅末一斤、石子青一两、石末六两合成。

浇青：是用釉水炼灰、石子青合成。

纯白色：是用釉水炼灰合成。

描金：是用烧成白胎，上全黄，过色窑加矾红，过炉火，贴金二道，过炉火二次，余色不上全黄。

堆器：在各样坯上，用铁锥锥成龙凤花草，加釉水，炼灰烧成。

五彩：在烧过的纯白瓷器上绘彩，过炉火烧成。

饶瓷之所以品贵质优，中外闻名，不仅是色彩绚丽，形形色色，尤其贵在烧窑的火候上，因此，是北窑瓷器所不能及。

《骨董琐记》

家丁盗艺(仿烧元瓷)

《天咫偶闻》云：近几年，都中古玩市场上忽然出现不少假冒元朝的瓷器，其釉水棕眼，沙底铁足，一一逼真。听说有一家丁，跟随主人官至九江，曾学其技，归来后用北方的土烧之，但不能工，很类似元瓷乃仿造之，遂大获利。鉴赏家所得之元瓷，半数是其所造，即使仿造元瓷，然而他对自己烧瓷之技也非常保守秘密。

《崔东壁遗书》称：乾隆中，磁州有人造伪宋瓷。

《骨董琐记》

瓷色如天(瓷器辨识)

王蜀报朱梁信物，有金棱碗。越《瓷器致语》记载："金棱含宝碗之光，秘色抱青瓷之响。"乃吴越钱镠所作。梁所烧之秘瓷相沿用以奉柴世宗，所以称谓柴窑。秘瓷云色如天，声如磬，精妙之极，现今再也不见了。

《宋稗类钞》

一刮即知(琴木秘识)

凡是本实而末虚的木材，只有桐树。反之，如果你想鉴别木材之本是否坚实，可取一小枝，用刀削其背，若实坚，则其本皆中虚。所以，孙枝为何贵重，就是贵在其实。用它制琴瑟，因其材坚实，故丝弦弹出的音韵有木声。

《锦绣万花谷》

琵与琶(琵琶秘识)

汉中王瑀，听康昆仑演奏琵琶，说：琵声多，琶声少，是不能弹五十四根丝大弦的原因。乐家以从下向上逆鼓曰琵，自上向下顺鼓曰琶。

《锦绣万花谷》

桐木爆响(琴材独识)

蔡邕在吴地时，有一天听得邻家屋里猛然一响，分明是桐木爆裂的声音，知是制琴良材。于是，蔡邕到邻家求此桐木，细细一看，果然是良桐。后来，他用此桐制成了琴。制成后，琴尾有焦处，故此号为"焦尾"。

《本传》

椴树寻参(寻掘人参秘法)

各类人参都有特性，《高丽人参赞》说："三桠五叶，背阳向阴。欲来求我，椴树相寻。"椴木叶酷似桐叶，树大而阴多，故人参生其阴处。

《人参谱》

甘冷良药(辨水术)

雨是天赐甘露。每逢时雨降下，多置器皿于大庭中，所得雨水甘滑不可名状。用此水泡茶煮药，皆美而有益；常年食用这种水，可以长生。其次，井水与泉水，凡是甘冷的，都是良药。乾以九二化坤之六二为坤，因此天一为水。有道士说：如果有人常年食用"井花水"（清晨初汲的井水），就像服用有毒的石硫黄、钟乳之水一样，会发疽。常可见到这种事情：取井水储存七日，水中便会有物如云母状，道士称它为水中金，可养炼丹。

《东坡志林》

滑如春水(识纸术)

梅圣俞《咏澄心堂纸》曰:“滑如春水密如茧，把玩惊喜心徘徊。蜀笺脆蠹不禁久，剡楮薄慢还可抬。”由此其纸之厚密可知；曰:“幅狭不堪作诏命,”则其狭可知；曰:“慎勿乱与人剪裁,”曰:“心烦收拾乏匮椟,”则其长可知，所以，叫做匹纸。又曰:“江南李氏有国日，百金不许市一枚。”则其贵重可知。相传淳化阁帖皆用此纸所拓,欧公《五代史》亦用此纸起稿。然而，又见诗中有“书言寄去当宝惜”，又说:“于今已逾六十载，弃置大屋墙角堆。”则拓帖、起草稿之说，恐非真事。邹炳泰《午风室丛谈》云：澄心堂纸，光润滑洁，故刘原父曰:“断水折圭作宫纸。”李伯当时作画，爱用澄心堂纸。我曾见过李伯当时这真迹，也无法辨别所用何纸。建业澄心堂，即今内桥中兵马司遗址。

《骨董琐记》

腴石孕花(名砚秘识)

戴文节《习苦斋诗集》中，有咏砚绝句二十首。序云：我来到粤中，爱砚癖好日甚，而无力不能收集精品，然而威凤之一毛，亦可藏弃，既著《蓄砚说》，复次其所爱者，系以诗。兹录其注如次：

蟠螭：古砚纵方高三寸，宽二寸，色如马肝，堂微凹，上面螭龙隐起，殿廷考试，率用此砚。粤人不能举坑，因其用古石所制，箧中唯此为旧物，所以首先要提到它。

浮藻：方砚，极净，青花浮动，是乘船过羚羊峡时所得。

温瑜：高要何石卿著《宝砚堂砚辨》，是我给他写的序，以蕉叶砚见贻，径五寸，锐上丰下，遍身玫瑰紫青花，面背有二眼，气壮而净，似乎是乾隆至嘉庆年间大西洞之石所制，赐砚余斋名。

红棉：纵方，无池，高五寸，上刻红棉花一枝，满面青花，结有玫瑰紫青花一粒，大如豆。

青霞：天砚，大不及三寸，势若飞霞，一片青天，映日照之，屑屑者若在其里，所谓微尘青花也。右角有槟榔文，最明润。

玉荑：椭圆如掌，砚心鱼脑，荡漾浮动，四面胭脂捺，间夹青花，光彩艳艳。石狠说：似为石洞石所制。

云腴：片云大掌许，玫瑰紫青花，艳艳欲活，右边有五彩钉一粒，大西洞之腴。

雪蕉：高小云癖砚。道光十三年，卢制军坤开大西洞，小云获十余精品。我到肇庆，见遗蕉砚冰纹冻，可惜砚心有绿质钉，为瑾瑜之瑕。

紫玉：片云长三寸，两面青花，左角有玫瑰紫青花甚艳，是大西洞之净者。近来很难遇见，此砚是过羚羊峡所得。

玉丝：金丝，椭圆双砚。一砚有银线，一砚有金线，质色俱良，大西右二观为罗定州考试院的供具。旧例学政得收文房供具，我来粤一概却之。

网珊：自然砚。高三寸余，两面有冰纹，一面有玫瑰紫青花，一面有朱砂丁痕。

凝紫：浮青子不对剖，径四寸，背面刻有山水极精细，满身都是玫瑰紫青花，石气甚壮。那是大西旧石所制，小云由高要寄赠给我，要我作画，以此砚酬谢，我为他作楞伽峡图。

蠹简：小砚作古简形，左边就五彩钉雕刻成一小虫，制作也很特别。据砚工说，那是大西石。

绮霞：小方砚，池上多五彩丁，质色与蠹简相同。

漱玉：石仅三寸余，冰纹冻青花，上有绿质丁、白质丁、五彩丁、金银线、白玉带、蜒蚰光，色色具备。尤其是敲击声如朽木，那是大西底石，然瑕不掩瑜，不忍弃之。

月波：砚大盈尺，细腻无声，堂碎冻，约四五寸，中有一晕如月漾微波，光耀大露，是陈麻子坑的绝品。近来鉴赏者不能辨杂坑，凡见劣石总是说麻子坑，其实麻子坑只是下老坑之一等坑，其余下老坑均不如麻子坑。

络藤：罗竹隐贻一砚。沏纹赭黄色，那是东洞冰纹。我曾见过一大西石有沙丁五点相错，形成天然梅花一枝，吴石华镌纪上方。我为之铭曰："石之腴孕花之瘿，谁其铸者天地炉。"此类皆砚中别品。

双丸：小砚作卷云势，二眼径四五分，石质亦细，留之以备一格。我酷爱石眼，先后得流云吐华月，海天朝旭，荷增生趣，云润星辉诸小砚。今又得一大砚、二小砚，竟天天摩挲，爱不释手。

我用杂坑、青花、蕉白等石凿池，池中凿石螺、石蟹等物，将清水注入，天然生动，不拘泥于古式，也可自己玩赏。

《骨董琐记》

愈工整愈俗气（宝砚秘识）

邢子愿与王伯谷书云："春中祝融不仁，延及外藏，一二研石，化为池鱼，烦公为购一枚，值可十千而杀者。"据此，可知当时端石之价十千可购佳砚，今以数十倍所购之砚，不免为下材。时下人们很看重宋砚，然而多数是伪制品，远不如明朝石砚贵重。乾隆皇帝御题砚，则所谓愈做得工整愈俗气，当等之自郐。所以每当发现砚上有款识者或制作浑璞之明石，不论价有多贵，均可收购珍藏。

《骨董琐记》

空青水碧(宝墨秘识)

孟中丞者喜爱收藏各种各样的墨，在收藏的墨中，有一锭墨为朱紫阳款，是南宋时的古物。又说有一种墨叫罗文龙墨，如空青水碧，珊瑚木难。

《白醉言》

桃花洞(烟壶秘识)

赵为叔的《烟壶考》云：烟壶，最初制造时，好像一只古药瓶的式样，所以最早称瓶，后来才称壶。烟壶都是用五色玻璃制造，先是用玻璃车渠珍珠，后来用时尚透明玻璃，微白色，色如凝脂，有的好像霏雪，这叫藕粉套，套色有红朋蓝。汉军阎研乡太守对我讲：康熙年代，套红蓝色，今仅存者，俗称三十六天罡。我居住京师已将近十年，看见过两个红色，一个蓝色，证明阎太守所说的话不假，有绿黑白者，或是蓝绿地，或者是黑地，无红地者，套蓝有红地者，然而不多见。还有兼套叫做二彩、三彩、四彩、五彩者，或是重叠套，雕镂都很精绝。凡所造作，或称皮，最著名的叫莘家皮，最精洁，其色是屑珍宝而为之，光彩夺目；叫做勒家皮藕粉地的，色白如冰雪，颜色设计得很奇异，红紫苍翠，天然间迭；叫做袁家皮的，与莘家皮相近似。另外，还有叫古月轩的，地则车渠亦具五色，上为画彩，间为小诗，在壶足上题有古月轩，其题字以乾隆年代制作者为最美。还有的雕镂仙山楼阁、珍禽异兽，点如繁星在天叫桃花洞。自此制行，遂有琢玉石、罗珍宝之类，以示夸耀，争相引重。从前造壶，取便通用，或多别异，小的只有寸许，有的小如指节。嘉庆年代以后，才开始时尚宽大的烟壶。后来渐渐大至盈握。有的富贵人家里陈设的有玛瑙烟壶，中可容二升，其初壶口直径约四分多，后来改为窄口，不得超过二分，就可使器不致旁泄。吴晚亭有《咏鼻烟壶长律》四十韵，其中有这样几句：至德绥柔远，梯航竟献奇。图经增瑞草，器谱注军持。

《骨董琐记》

宝色(章石秘识)

刻印章之石，从前时尚青田石，以名曰“灯光”的品种为贵。三十年来，闽寿山石也很出名，石质温栗，适宜镌刻，而且五色相映，光彩四射，红如靺鞨，黄如蒸栗，白如珂雪，时下竞相尚之，价与灯光石相等。但因开凿日久，山石枯竭，近来常以芙蓉山石充之，不再有以前那种宝色，其值也不及寿山石的五分之一。寿山、芙蓉山皆在福州。

《香祖笔记》

工艺制造部

盆中映星(开井得甘泉秘技)

打井最为重要的是选择一合适的地址。古人说打井前，先准备几大盆清水安放在各处，等到空气清新、月明星朗的夜晚，观察水盆中所映照出的星星，哪一盆中映出的星星最大、最明亮，就选在此盆地下开井，必定能开出甘泉。

《福寿真经》

内府藏品(木刻地图)

我奉命到边地去视察，制造木质的地势图，用来表示山川与道路情况。起初，普遍地察看各边的山脉、河流，随后就用面糊与木屑在木板上模制出它们的形状来。不多久，天寒地冻，木屑不能再用了，就用融化的蜡来制造，这都是为了使制作的地图模型重量轻而便于携带。回到官所之后，就把它们复制成木刻的模型地图，呈报给皇上。皇帝招来辅佐大臣们一起观看，于是下令边地各州都制造木质地图，造好后由内府收藏。

《梦溪笔谈》

放在指甲上(用指南针绝技)

方家将针放在磁石上磨过以后，针尖就能指南。然而常常会出现略偏东现象，而不是指的正南。将磁针放在水上，大多会摇晃不定。也可以将针放在指甲上或碗的边沿上，这样转起来尤其灵敏，但是因为这些东西坚硬而光滑，所以很容易掉下来，不如用丝悬起来的好。其方法是：用新产的单根蚕丝，用芥籽大小的蜡将丝和针粘在针腰处，然后将针挂在没有风的地方，这样，被磁化的针就会经常指南了，其中也有指北的。

《梦溪笔谈》

与白玉相比(雕贝术)

海产物中有一种“车渠”，属贝类，其中大的如簸箕，壳背有隆起的沟垄，如蚶壳一样。如用此壳雕琢成器具，其精致可与白玉相比。车渠生在南海，有文记载：“周文王被囚于汤阴时，大臣散宜生为了救文王，将所得的大贝像车渠，拿去献给殷纣王。”郑康成的注释中说：“渠就是车轮的外圈。”大概郑康成不认识车渠，所以作了错误的解释。

《尚书大传》

弯可入盒(造软剑术)

钱塘有一个人叫闻人绍，他一直将一柄剑当成宝。他让人将十枚大钉钉在木柱上，挥剑削去，十枚钉子皆断，而留在柱子上的钉子却像秤星一样平整，剑刃上却见不到丝毫的痕迹。当用力将剑弯曲像钩时，铿然作响，又马上恢复到原来一般直。关中种谔也藏有一把剑，可以弯曲起来放在盒子里，取出来以后也能恢复到原来一般直。张景阳在《七命》中论剑说："要像灵宝那样，那么伸直、弯曲就不受限制了。"自古就已有这一类的宝剑，它们不是用寻常铁而能造的。

《梦溪笔谈》

无法射穿(锻铁甲术)

青堂羌人很会锻造铁甲。他们造出来的铁甲呈青色，其表面光亮得几乎可以照见人的头发。每片甲之间用麝皮带子串起来，整个甲看起来既柔薄又坚韧。镇戎军有一件铁甲，用柜子珍藏着，作为宝物相传。韩魏公在泾原带兵时，曾拿出来做试验：让人站在五十步远的地方用强弩射它，都射不进去。曾有一枝箭扎进去了。仔细一瞧，却是扎在穿绳的孔眼中，箭杆刮铁的地方，都反卷过来了，可见其坚固程度。一般锻甲，开始很厚，不加热而用冷锻锻打，当锻到只有原厚度的三分之一时就成了。其末梢留一筷头大小的不锻，看起来就像瘊子。这是留到后面观察未锻时厚薄的，就像在开挖河渠时故意留下以备测量原地面高度的地桩一样。这种甲，称为"瘊子甲"。现在的人在锻造时，在背面都造有"瘊子"，但这已不是用冷锻精制的钢锻制的，而是用火锻后造成的，都没有用，仅仅做装饰用罢了。

《梦溪笔谈》

几乎溺死(悬崖割石法)

粤东珠池，内臣李凤，命能在海边悬崖上取鸟蛋的人，试用我的技术到达下岩，身着皮囊，夜以继日地等待，很久才能发现，取之皆如玉璞，膘裹络色，中含奇质，砍开外层，方得砚材。这种砚材从未见过，极其珍贵，才知古人所谓的子石，并不是叫紫石。所得大约有数百枚，顷刻大水涨潮，蛋人几乎溺死，泅出水面，下岩重又被水封闭。憨师分得数十枚，回来以后，送给他所要好的宰官了。今东南复见下岩，又重新恢复宣和时期的旧观，这全靠憨师之力。按：憨山其人，因与道教流派耿义等争夺劳山海印寺，被罪谪粤中，事情发生在明朝万历年代乙未年。

《野获编》

铁胆铁肾(雌雄剑秘铸)

相传昆吴山有一种野兽，有点儿像兔子，专吃铜铁。吴国武库中的兵刃都不知去向，忽然发现一对兔兽，杀掉后发现有铁胆、铁肾，才知道兵刃被兔兽所食，于是就将铁胆铸成一对雌雄宝剑，雄剑为干将，雌剑为镆邪。

《锦绣万花谷》

衣裙拂香(香玉秘制)

唐肃宗赐李辅国玉辟邪两块，各长一尺五寸，非常奇巧，恐怕不是人间所有之玉。其玉之香气可闻，于数百步之外，虽锁于石柜内，但始终不能掩没其发出的香气。有时候，衣裙误拂其玉，则芳香四溢，经年不竭。

《锦绣万花谷》

龙虎之宝(美玉绝琢)

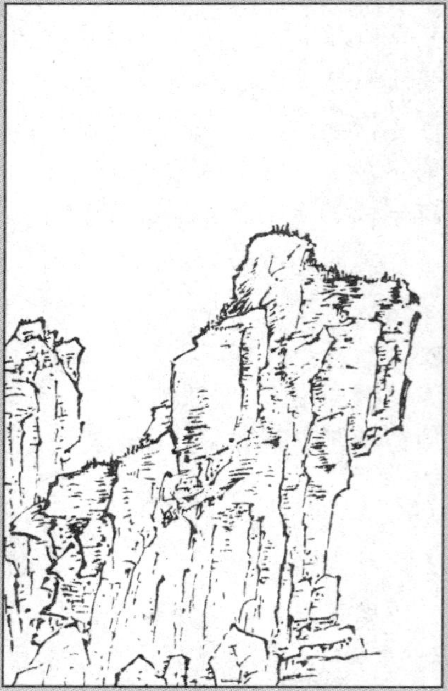

唐顺宗时，西域进美玉两块，一圆、一方，径各五寸，光彩凝冷，可照见毛发。当时，伊祁玄解方坐于皇上前，拿二玉献给皇上仔细观看，说："此乃一龙玉一虎玉。圆者是龙，生于水中，为龙所宝，若投之水，必有虹霓出现；方者为虎，生于岩谷，为虎所宝，若以虎毛拂之，立即发出紫光，而百兽被紫光慑服得服服帖帖，不敢妄动。"皇上信其言。

《锦绣万花谷》

十三科(裱画术)

裱褙字画之法有十三科：一织造绫锦绢帛；一染练上件；一抄造纸札；一染制上件颜色；一糊料麦面；一糨药矾蜡；一界尺裁版捍帖；一轴头；一糊刷；一绞练；一绦；一经带；一裁刀。糊刷棕软者谓之"平分"，棕硬者谓之"糊搠"；大小得中者谓之"黏合"，狭小者谓之"寸金"；裁尺极等阔者曰"满手"，次等者曰"三指"，又次等者曰"两指"，最狭者曰"单指"。

《辍耕录》

刻字为记(堆木秘法)

京师有神木厂，堆积着许多大木材，多数是明成祖永乐年代所遗留的旧物。木材各有其名，刻字为记，其最大者名谓樟扁头，又叫张点头，围经二丈余。还有王二姊嫌河窄、混江龙等名称，有的木材朽弃掷一旁，对面立人，尚不相见。

《茶余客话》

甲于天下(制竹器术)

用蕲竹制作器物，先要把蕲竹抽削成丝，编织出的器物甲于天下。蕲竹色莹者可做竹簟，节疏者可做箫笛，带须者可做手杖。

《楚书》

细如丝发(丝纹宝刀记)

司德用寄售者，有一把篦刀，其铁皆细花纹，这是用银片剪细，并用铁片剪细如丝发，二者放在一起千打万锤，于是便成自然之花。其刀背上的水槽处都用荆砂加工出垛。其刀把儿如金色乌木，即出于西域的鸡舌香木。此刀是大金时期水总管所造，上有渗金，镌“水造”二字。一刀值十锭，现已无此精良工艺。

《志雅堂杂钞》

借泥挖泥(筑堤绝技)

苏州至昆山县相距六十里，中间都是浅水，没有陆路，老百姓往来都要涉水，为此感到十分烦恼。很久以来，人们都想筑一道长堤，但苏州四面是水，没有取土的地方。

嘉祐年间，有人献了一条计策：在水中树两排用竹或芦苇编成的草席做成一道围堰，中间相距三尺，离这道围堰六丈远的地方再树两排草席做一道同样的围堰。将滤水后的淤泥填到围堰，等干了后，再用水车抽干两道围堰之间的积水，这样，围堰之间六丈宽的地方都露出了土。接下来，又将这六丈宽的地方留一半做堤脚，将另一半挖成渠，取的土筑到堤脚上面做成堤坝。每隔三四里修一座桥，让南北细水能互相流通。不久，堤便筑成了，到现在仍在发挥作用。

《梦溪笔谈》

巨石(移物绝技)

陕西有一年发大水，将一块巨石从山上冲下来堵住了山涧，于是涧水漫溢，横流成灾。石头有一间房子大，靠人力根本无法移动它，州县里的人为此十分担忧。

雷简夫任该地县令时，令人在巨石下挖了一个洞穴，与巨石一般大，然后用力挽起石头，将它推入洞穴，于是水患也就平息了。

《梦溪笔谈》

刀刻火熔(活版印刷绝技)

用刻板印刷书籍，唐朝人还没有广泛使用，从五代时冯道印五经开始，以后的经典书籍都采用刻板印刷了。庆历年间，有平民毕升创造发明了活版印刷的技术。其方法是，用胶泥刻字，厚薄像铜钱的边缘，每一个字做成一个印，然后用火将其烧硬，再拿一块铁板，铺上松香和纸灰等制成的药，要印的时候，就将一个铁框放在铁板上，在铁板里将字密密地排上。排满以后，就将铁板拿到火边烘烤，等到药逐渐熔化以后，用一块平面木板按在其面上，这时，铁板上的字就如磨刀石一般地平整了。如果只印三两本的话，还不算简便，而如果要印数十成百数千本，就极为神速了。一般做两块铁板，一块在印刷，另外一块则开始布字。这边印完，而布字的也已布好。交互使用，瞬息之间即可完成。

每一个字都有好几个印，例如“之”“也”等字，每个字有二十多个印，以防备一块板内有重复。不用的时候，就用纸写成标签，每韵为一贴，用木格存贮起来。如果有生僻的字，而平时未准备的，马上就用胶泥刻一个，用草木灰烧好。不用木料做字印，是因为木有纹理的疏密，沾水就出现高低不平的现象。另外，木板和药物相粘以后不能取下来，不如烧土制的字，用了以后，用火将药烤化以后，用手一拂，字印就落下来了，完全不会玷污。毕升死后，他造的印被我的侄子们得到了，至今还珍藏着。

《梦溪笔谈》

中心最不平(弹棋绝技)

《西京杂记》记载：“汉元代常好蹋球，因蹋球使身体劳累，于是便寻找与蹋球相类似而又不劳累身体的游戏，从而改玩弹棋这种游戏。”我考察弹棋绝不是与蹋球类似的游戏，而颇似“击局”，怀疑是传写错误的缘故。唐代薛高喜好踢球，刘刚劝他说：“让人欢乐的游戏很多，你何必冒着危险寻求片刻之欢呢？”此处也为“击局”，《唐书》错误地叙述为“蹴局”。今天的人已很少玩弹棋，有一卷棋谱，大概是唐代人所作，它的棋盘二尺见方，中心隆起如倒扣的盂盆，最高处为一小壶，四角微微隆起，如今大名府开元寺佛殿上有一张石棋盘，为唐代所制造。李商隐有诗说：“玉作弹棋局，中心最不平。”说的是弹棋盘中心高。白居易也有诗道：“弹棋局上事，最妙是长斜。”“长斜”是说从角上斜着弹过去，一发过半局。今天的棋谱中仍有这种方法。柳子厚谈棋时说，用二十四棋，指的便是这种游戏。《汉书注》记载：“两人对局，白黑子各六枚。”与子厚所说稍有差异，如下棋，古局用十七道，合二百八十九道，黑白棋各一百五十，也与后来的下法不同。

《梦溪笔谈》

箭袋做枕(听声绝技)

古代用牛皮做箭袋，要睡觉的时候，将其取下来做枕头。其用意就是因为箭袋中间空虚，将它挨地而枕，几里地以外有人马走动的声音都能听见，因为空虚的物体都很容易接受外来的声音。

《梦溪笔谈》

暗送金钗(塔楼止晃绝技)

钱氏在统治两浙的时候，在杭州梵天寺修一座木塔，才修到二三层时，钱氏登塔，嫌木塔晃动，工匠说：“还没有铺瓦，上面轻了，所以才这样。”于是在上面铺了瓦，而塔依旧和原来一样地晃动。无可奈何之际，工匠暗中使妻子见喻皓的妻子，并给了他妻子金钗，问塔为什么会摇动。喻皓笑着回答说：“这太简单了，只要每层铺完木板以后，用钉子钉住，塔自然不会摇动了。”工匠按法将木板钉上钉子，塔就稳定了，大概钉板上下紧束，六面联起来像箱子一样地严实。当人在塔上走的时候，上下左右都试了试，塔当然也不会摇动了，人们都夸喻皓高明。

《梦溪笔谈》

加镫强弩(良弩记闻)

熙宁年间，李定献出了一台偏架弩。它外形与弓相似，不过上面多了弩身如镫。在射的时候，用脚把镫踏在地下，使弩张开，可以射三百步远，把两层铠甲穿透。人们将这称为“神臂弓”，是一种相当锐利的武器。李定原是党项羌的首领，自愿投降归附朝廷，做官直做到防御、团练使才死。

而他的儿子们都以骁勇善战称雄于西部边疆。

《梦溪笔谈》

凹凸人面(古镜绝制)

古人在造镜的时候，如果镜面较大，就将镜面做得平；如果镜面小，就将镜做得稍稍凸起。凡是凹面的镜子照出的人面就较大，凸面的镜子照出的人面就较小。小镜子无法看到面部的全貌，所以让它稍凸出一点儿，人的面部在镜上映得小，镜子虽小却可以看到整个脸形了。在铸镜子时，要根据镜子的大小来决定镜子的凸或凹的程度，要使在镜子中脸形与镜子的大小相符，这是工匠的技巧和智慧了，而后人达不到这种水平。近来人们得到了镜，就马上将它磨成平面的，所以师旷才会发没有知音的伤感。

《梦溪笔谈》

淋上烫油(涂瓮绝术)

凡是瓮，在七月作的坯烧成的最好，八月其次，余下各月最次。

所有的瓮，无论大小，都要先涂治。有渗漏的瓮制成的东西，都不好，而且不能成功，所以制造时要特别留意。新出窑的和用热油膏涂过的瓮特别好。如果新从集市买回的瓮，一定要先涂抹整治，不能立即拿来盛水。

涂的方法：在地上挖一小圆坑(旁边开两个口，用来通风火)，在坑中升起炭火，将瓮倒扣在坑上用火熏(一定要将火调节合适，火太旺瓮容易破裂，太弱又不容易将瓮烤热)，随时用手摸一摸，如果热得烫手，就将瓮取下。将热的油倒进瓮中，转动瓮，让油缓缓地在瓮中各处流遍。一定要周到、仔细。直到油不再渗出为止。(最好的为牛羊油，猪油也可。许多人用麻子油，这是误人的。如果油不能缓缓地流遍，而只在周围抹了一遍，也不可避免瓮渗漏。常人在釜上蒸瓮，这只会得到更多的水汽，效果也不好。)然后在瓮中倒几斗热水，振荡洗涤后倒掉，再盛满冷水。几天后就可以使用。

《齐民要术》

揉花(制胭脂秘技)

预先备好地肤、蒿草等烧后余下的碱灰(若没有，用普通的草灰也可以)，用热水淋碱灰，取得清灰汁(第一次取得的灰汁，碱太浓，会损坏红花的有效成分，这种汁只能用做洗衣服。只有淋第三遍的时候，取得的灰汁，才可用来揉花。这时的灰汁碱性弱些，揉花便可以得到很好的颜色)，用来揉花，要揉十多次，直到花色完全失去为止。随后，用布袋挤出揉得的浓汁，盛在瓷碗里。另外，取两三颗酸石榴，破开皮后，取出里面的子儿，捣烂，加少量极酸的粟饭淘米水混合，并将它装在布袋里，把酸汁挤在盛花汁的瓷碗里，让二者混合(如果没有酸石榴，好的醋和上饭浆，也可以用，若连醋也没有，也可以单独用很酸的清饭浆)。将酸枣般大的白米粉，放进碗里(若末粉太多，颜色就太淡)，用一双干净无油腻的竹筷子，用力搅拌许久，然后把碗盖住。到夜里的时候，液体已澄清，倒掉上面的清汁，再把碗里剩下的浓汁倒进用生绸或热绸做成的袋子里，把袋子高挂起来。第二天，半干半湿时，把它捻成小片，像半颗大麻子般大小，阴干后，胭脂就做成了。

《齐民要术》

石上迸火(筑城墙绝技)

延州城旧时的林半县城，是当年赫连勃修筑的，至今还叫赫连城。这座城坚固得像石头一般，用刀砍还会冒出火花。城墙并不厚，但是作为防御用的马面却极长而且密集。我亲自让人去测量过，马面长都是四丈，中间相距六七丈，因为马面安排得很密，因而城墙也就不需要做得太厚了，人力也难以攻打。

我曾亲眼见过攻城，如果马面长，就可以反过来射击城下进攻的敌人，又加上马面布置密集弓箭和石头就会落到他们身上。必须使敌人不能靠近城墙，才是好方法。现在边防城墙虽然很厚，但马面都极短而且稀疏。如果敌人能够攻到城下，这时城墙再厚最终也是危险的。其中还有不少城墙角都削成圆形，称为团敌，这更加无益。守城者全靠依着马面两边的楼角来射箭投石，以保护城墙基脚，只要使敌人感到防备的地方很多，敌人自然不能够存身立足，像赫连城的城墙，是很值得效法的。

《梦溪笔谈》

井口淋水(采盐绝技)

陵州的盐井，有五百多尺深，井壁都是岩石，井口和井底比较宽大，井的中部稍窄一些，人们因此将它叫做“杖鼓腰”。过去，从井底到井口都用柏木做成壁衬，嵌在井壁的四周，沿着衬木放下绳子，才能汲到盐水。井旁还有一架专门用来绞绳的大绞车。

年代一久，衬木会逐渐腐烂，经常需要更换新的，但是井中阴气袭人，人一到井里便会中毒身亡，根本无法施工。只有等下雨时，井里的阴气随雨浸到地下，才稍微可以动手，但天一放晴，就得停工。后来有人设计了一个木盘，盘中盛满水，盘底有一些小孔，让水从孔中像雨点一样往下洒。把木盘设在井顶上，称为雨盘，让它整日不停地往井里洒水。这样经过几个月，壁衬便焕然一新，陵井也就能够重新利用起来了。

《梦溪笔谈》

先冷后冷(制透光镜绝技)

世上有能透光的镜子，镜的背后刻了铭文，有二十多个字。其字写法极为古拙，没有人能将其读出来。把镜子放在太阳光下，则镜底上的花纹和二十多个字透到墙上，十分清晰。有人说，这是由于在铸造的时候，铜敷得薄的地方先冷。而镜背上有花纹处较厚，厚的地方则后冷，而铜收缩要多一些。其背面的字在镜面也会隐隐出现。我认真地看了一下镜子，认为他的说法是很有道理的。然而我家也有三面镜子，又见到别的人家收藏的镜子，都是一样的字，其字和花纹没有丝毫的差别，样式都很古老，只有那一面镜子能透光，其他镜子虽然也有很薄的，都不能透光。由此推想，古人在造这面镜子的时候可能用了其他的方法罢了。

《梦溪笔谈》

梅瓣点点(制扇绝艺)

姚翼，字伯右，善画梅花，品性极为风流。他所制作的扇子，旁人无法效仿，称为一绝。每制一扇，必取钟山梅瓣粘于扇面，使扇上梅朵点点，梅香暗浮，并用笔添画梅枝于扇上，使梅花扇看起来极有生韵。当时，人们都称其为“姚梅”，对他制的梅花扇仿效甚多，却不得神韵。

《香祖笔记》

九猴得九子(异获奇闻)

据《续夷坚志》记载：临淄有一农夫郑某，在耕田时，得到一枚方寸铜印钮，上刻九只猿猴，每只细小如豆，仔细观察，小猴从形态到细微之处无不详尽毕备。郑某原来没有儿子，得此印钮后，先后生了九个儿子。

《香祖笔记》

鸭游大盘(铸铜绝技)

昆陵有一户大姓人家朱氏，收藏了一只古董大盘，盘中凹处有鸭形浮现，铸艺极为高妙。后来，又有一位渔人在湖上捕鱼时，打捞起一只铜鸭，朱氏贱价买到家中，将铜鸭合于盘中凹隔的鸭形，竟然不差分毫。向盘中注水，铜鸭竟会浮起，并在盘中游动如浴。朱氏这才知道是得了宝物，且对如此精湛通灵的铸铜技艺大为叹然。

《香祖笔记》

沸水入井(盛夏制冰法)

三伏天，想得到冰的时候，可以找一个水壶装满井水，塞紧盖子，放入锅中煮沸，然后再将水壶拿出吊入水井中，壶中的水就会变成冰，这是个简单而又可行的办法。

《本草纲目》

仙人入镜(铜镜绘影绝技)

想要在青铜镜上显出人像，可用竹汗(用炭火炙烧青竹，竹中冒出的水珠即是)、头发灰(须洗去油脂后的头发烧得)、龟屎(把乌龟放在玻璃瓶内，再用镜子反射日光照之，龟屎就会流出来)、蛤蟆油等四种原料配制而成，再用笔蘸以上配方在镜中画人像，再放到太阳下晒干，再用滑石粉磨去画像，然后用醋磨之，最后用水银磨洗，铜镜就会变得异常明亮，所绘的画像便留在镜底，使人以为是镜中仙人，栩栩如生。

《游宦纪闻》

狗胆加鱼胆(纸船自动术)

平时手工制成的纸鱼、纸船放在水上，只有风吹才能漂动。现有一法可以没有风纸鱼、纸船也会动：取雄狗胆一只、鱼胆一只，将两种胆汁搅匀，把胆汁涂在纸鱼、纸船的底部，然后放到水盆中，纸鱼、纸船转眼就会漂动，极似真鱼、真船。

《游宦纪闻》

茶油涂刃(刀剑防锈术)

刀剑磨过之后，用山茶油涂抹一遍再放入鞘中收藏，一个月观察一次。如果是油气还湿润，但刀剑上的光度变暗的话，可擦几遍磨刀石粉，然后除去石粉，再涂一些茶油后收藏，就可避免刀剑再生锈。

《行厨集》

大萝卜擦（旧羊皮变新术）

用新鲜大萝卜一个，除去萝卜皮，蘸上松香水或滑石粉，频频用力擦拭，那么羊皮上的黑污就可以完全除去了，羊皮衣裤就如新的一样，然后再将羊皮衣裤放到阳光下晒半日，以免羊皮含了萝卜汁受潮变黄。

《古今秘苑》

榆树皮捣汁（假山石补碎绝技）

园林之中石块断裂异常难看，其实有办法可治：当假山破碎时，可以把一些榆树皮捣烂取汁来接合一下就可使破石异常坚固，不再破裂，或者将独头蒜根捣烂放到破碎处接合，亦可天衣无缝。

《古今秘苑》

先蜡后醋（蛋壳雕刻秘法）

取一些黄蜡熔化，加入绿矾末少许，用新毛笔蘸汁，随心所欲地在鸡蛋壳上画上山水人物花鸟鱼虫及正草隶篆等书法，过后晾干。再将蛋壳放进酸醋浸一天，然后取出来，这时的蛋壳就俨然是一种精美的雕刻品了。

《古今秘苑》

随意点药（竹上制斑秘技）

取卤砂五钱研成极细粉末，再用绿矾四钱、胆矾三钱、石灰五钱一起研得极细，放入浓草灰汁中调匀，再取普通的竹子并刮去竹青，随意点上药汁即成斑点，与普通斑竹无异。若想在竹子上绘画，这种药汁同样可用，若单用卤砂石灰充米醋调匀后画到竹子上也行，但效果要逊色些。若在水中溶解少量绿矾，用新毛笔在竹制品上任意作字画，然后拿到火上稍稍烤炙一下，字画就变成了墨色，永不脱落。但如果绿矾过重，字画的颜色就成了茶褐色。

《文房肆考》

埋入米堆（揭裱画免水秘术）

若要揭开已经装裱好的书画，通常是用水湿透画纸，然后取下，此法很容易造成字画损坏。今有一很好的方法是：将书画埋于稍微有些潮湿的米堆中，过一夜后，若见书画中稍有湿润，即可轻易地将已装裱好的书画取下，而书画绝无半点儿损坏。

《文房肆考》

荸荠同煮（铜玉器变软秘法）

铜器玉器都是很坚硬的东西，如果想在上面刻写字体或雕刻画像是十分困难的。若是把铜器玉器放到水中，加入荸荠同煮一段时间，铜器玉器自然会变软，即可随意雕刻字画，过后又自然地恢复它们的硬度而不变软。

《文房肆考》

同煮虎杖草（竹子变软术）

用竹子来编织工艺品时，经常苦于不能使它柔软，现有一使竹子变软的方法：用虎杖草与竹同煮两个小时，就可以随心所欲地编织竹器了，而且不会断裂。也可用鲜黄芩叶煮竹子，效果也同样。

《行厨集》

香案供木（造屋开工法）

大凡破土动工建房造舍都有一套规矩，先看黄经选取一吉日，摆上香烛供品祭拜天神和地神，再将做正梁用的木头拿出来，锯下一段，供在香案上，礼拜之后，取一张红纸并写上“开工大吉”四个字，端正地贴在这段木头上。再另取一张黄纸用写“开工大吉”四字的笔，在黄纸上写下“姜太公在此”，将此帖贴在工匠造房的地方，就无所禁忌了。

《福寿真经》

搅几千遍（泡石灰秘法）

有一泡石灰的好方法，将成块的放入预先挖好的坑内，注入清水，用棍钩之类的工具不住地搅拌几千遍，石灰就自然稠粘，然后拣去坑底未化的粗块。搅和好的石灰要用清水浸着。过十天半月后方可取用，存放越久越好，但不可让它干涸。泡石灰时若不搅和，则沙散难用；浸的时间短了，其中的小石子一时泡不开，粉墙时就会出现泡钉，砌墙也就不会牢固。

《福寿真经》

不可颠倒(干燥木料法)

造房建屋的木料必须预先堆放在通风干燥阳光充足的空房中，待过一至二月后木料干透，除去了潮湿之气方可派用场。木料摆放时还必须注意：上梁木要根朝左梢朝右摆放，主人要留心这点，若是放倒错了，则主人家中必会人口颠倒不吉。

《福寿真经》

恩宠龙鸾(后宫女红术)

三国时期，魏文帝所喜爱的美人薛灵芸，是常山人。父亲名业，是赞乡亭长。母亲陈氏，随业住在亭旁，生活非常贫苦，只得聚集四邻妇女制麻织布，勉强度日。灵芸年方十七，容貌绝世。当地居民中的少年，常常夜间来偷看灵芸美容，始终见不到人。后来，常山郡守谷习，听说亭长的女儿是绝世美人，而家里却非常贫穷。时逢文帝选美入宫，谷习即以千金聘之献帝。灵芸得知此事，哭别父母，全家悲愤累日，泪下沾衣。到登车上路的时候，灵芸以玉制唾壶装眼泪，壶中即显红色。从常山出发，到京师时，壶中之泪已凝如血色。

帝以文车十辆迎接。车轮都包了黄金，套在牛脖子上的曲木都描绘丹画，曲木前用杂宝扎成的龙凤，车和牛都装有百子铃。车行时，叮咚哐当，响于林野。所驾都一律是青色骈蹄之牛，此牛都是司吐国所献，足如马蹄，能日行三百里。道路两旁烧石叶之香，此石一层一层叠起，状如云母，烧时发出的光和气能避除恶厉之疾，是腹题国所献。灵芸乘坐之车行至距京师数十里时，只见前方膏烛之光，相续不灭。车队陡然塞满道路，坐起蔽遮星月，当时人们称谓“尘雷”。又筑土为台，高三十丈，台下点满蜡烛尘，名叫“烛台”，远看好似排排星星落地。又在大道一旁，每隔一里置一铜表，高五尺，以表示里程数。路上行人歌道：“青槐夹道多尘埃，龙楼凤阙望崔嵬。清风细雨杂香来，土上出金火照台。”此是妖辞。置铜表于道侧，是土上出金之义；以烛置台下，则是火在土上之义。汉火德王，魏土得王，火伏而土兴之意。土上出金，是魏灭晋兴之意。

灵芸未至京师十里时，帝乘坐用雕玉制作的、用人拉挽的专车，坐在车上观察道路上车队行人之盛况。帝嗟叹曰：“昔者言‘朝为行云，暮为行雨’。今非云非雨，非朝非暮。”因此将灵芸之名改为“夜来”，入宫备受宠爱。后来外国又要献上火珠龙鸾之钗。帝说：“明珠翠羽尚不胜，况乎龙鸾之重！”于是叫该国停止进献此物。

夜来在宫中，极善于针线之功，虽处于深帏重幄之中，即使不用灯烛之光也能裁制立成。因此，不是夜来所缝制的服装，帝则不肯穿着。宫中称她为“神针”。

《征文玉井》

疑是真龙(铸镜秘术)

唐代天宝三年，五月十五日，扬州进献朝廷水心镜一面。此镜纵横九寸，青莹耀目。背面有盘龙长三尺四寸五分，其形态异常生动。玄宗御览后就很喜爱，也很惊异。进镜官扬州参军李守泰奏道：“铸镜时，有一老人，自称姓龙名护。老人须发皓白，眉毛如丝，垂下至肩，穿着白衣衫。有一小童相随，年十岁，穿黑衣，龙护喊他玄冥。老少二人是五月上旬突然来到扬州铸镜工场的，来时神采异常，无人认识。老人对镜匠吕晖说起，自己就住在附近，少年想学铸镜，即与少年一起来看看如何铸造。老人还说自己懂得造真龙镜的秘诀，想为少年造一面。为了让他们造出宝镜，用来献给皇上，于是同意他们二人进入炉所，老人要求关闭所有门户，不准闲人入内。经过三天三夜，门左忽然洞开，吕晖等二十人入院内寻找，龙护与玄冥二人均无影踪，遍寻无着。忽在镜炉前找到一纸素书，用小隶字体写道：镜龙长三尺四寸五分，法三才，象四气，禀五行也。纵横九寸，类九州分野。镜鼻如明月珠焉。开元皇帝圣通神灵，吾遂降祉。斯镜可以避邪，鉴万物。秦始皇之镜，无以加焉。歌曰，盘龙盘龙，隐于镜中；分野有象，变化无穷；兴云吐雾，行雨生风；上清仙子，来献圣聪。吕晖等人阅素书后，遂将铸镜炉移于船中，于五月五日午时，在扬子江上铸造之。未铸前，晴空万里，天地静谧。兴造之际，左右江水忽高三十余尺，如雪山浮江。又听见龙吟声，如笙簧之声，达于数十里外，询问诸位老师傅，查阅古老记载：‘自能铸镜以来，未有如斯之异也’。”玄宗听罢，诏有司，令特别指定专人专库掌管好此镜。至天宝七年，秦中大旱，自三月不雨至六月。帝亲自来到龙堂祈祷求雨，不应。遂诏吴天观道士叶法善问曰：“朕一向敬事神灵，以安百姓。今骄阳如火，久旱不雨，朕甚忧之，亲临祈祷，为何仍不见雨？卿见过真龙与否？”法善对曰：“臣亦曾见过真龙。臣闻画龙四肢骨节，一处得似真龙，便有感应，用以祈祷则雨立降。若画得不像真龙就不会灵验。”帝即诏中使孙知古，引法善道士到内库去看何物似真龙。法善遍视内库，忽见扬州所进水心镜，于是赶紧返回奏曰：“此镜背面之龙是真龙。”帝亲临凝阴殿，并召法善祈祷镜龙。顷刻间，见殿栋上有白气两道，向下接近龙镜，龙镜上龙也有白气，向上接近梁栋，一会儿工夫，白气充满殿内庭外，遍散整个城内，甘雨大作，七日而止。秦中喜获丰收。后来，帝诏画出镜龙，赐予法善。

《异闻录》

群蝶闹宫(制金玉器)

唐代有位叫韩志和的匠人，善于雕刻。能用木料雕成鸾鹤鸦鹊之类飞禽，饮水、啄食、鸣啼与真禽无异。置机关于腹内，机发能凌空奋飞，高可百尺，远至一二百步外，方始降下，又克制木猫儿，能捕鼠雀。当朝飞龙使很器重韩志和，喜欢他聪明灵巧、才智过人，将其人和作品禀报皇上。皇上看了以后非常高兴，命赏赐韩志和。志和又雕制了一张踏床，高数尺，上绘彩画，镶金镂银，雕龙绣凤，叫做见龙床，闲放在那里时，不见龙显，当踏上床前垫脚板时，龙之鳞须爪角俱出。将此床献给皇上试用，皇上以足踏之，则雕龙张牙舞爪，活跃起来。皇上见了恐畏不已，遂令撤去。志和立即伏地请罪，称臣愚昧，惊吓了皇上，罪该万死，臣愿另献薄技，以娱陛下耳目，以赎死罪。皇上笑着说，你还有什么玩意拿出来为朕试一试。志和从怀中取出一桐木做成的方匣，数寸见方，其中有许多蝇虎子。约百余只，均呈红色，据说是吃丹砂之故。志和将其分为五队，令作梁州之舞。皇上一看就乐了，召宫廷乐队为其伴奏，这些虎子闻丝竹声越发盘旋宛转，无不与乐曲节奏协调一致。每当乐曲中插白致词时，则隐隐如蝇声，一曲终了，只见依次累累而退，好像也有尊卑等级之分。志和伸手引虎子于掌上，虎子能猎蝇于数步之内，有如鹰雕捕雀，罕有不获。皇上称赞其技很是可观，即赐以杂彩银器，而志和出宫门后全部转送给别人。

后来又为皇上做了一只宝厨。不到一年，志和竟不知去向。后来，皇上在殿前种植千叶红牡丹，花开香气袭人，人间未有。从此宫中每夜有数万只黄白蝴蝶飞集于花间，辉光照耀，直到天明方去。宫人竟以罗巾扑之，皇上令在宫中张网捕捉，遂获数百只，让宫女尽情追捉以为娱乐。天明一看，所捕之蝶都变成金玉，其工状之精巧，无与伦比。宫女用丝缕缚其脚，用来做首饰，放在粉盒里，夜晚则粉盒射出亮光。有一夜打开宝厨一看，里面藏有许多金屑玉屑，有的已即将化为蝴蝶，宫中方觉是志和所施技巧。

《杜阳编》

人马在镜中(制方丈镜)

唐中宗下令在扬州制造方丈镜。铸铜做成桂树形状，金花银叶，帝常骑马自照，人马都在镜中。此镜技艺如神工，出于扬州何匠之手，无人可知。

《朝野佥载》

皇帝吓了一跳(造华清池)

唐玄宗于清华宫大兴土木，营造华清池，规模宏大，极其豪华。安禄山于范阳征得大量汉白玉石，雕琢成鱼龙凤雁、石梁和石莲花等献给皇上。这些石件雕镌得非常精巧，简直难以相信是人工所为。皇上大喜，命以石梁横于池上，以石莲花出于水际。完工后，皇上驾临清华宫，来到汤池，解衣淋浴，将要入池时，鱼龙凤雁都好像奋麟举翼，状欲飞动。皇上惊恐，立即命令撤除鱼龙凤雁，而石莲花、石梁尚存。后来，又曾于宫中造长汤池数十间，屋宇九曲环迴，壁上修筑纹石；又造镂银漆船和檀香水船置于池中，船上楫棹均饰以珠玉；还在汤池中用玉石和檀香木垒成假山，状似洲，所造之精，前无古人，后无来者。

《潭宾录》

马头人(制生辰车)

唐代如意年中，武则天称帝期间，海州进献一巧匠，制造了一辆十二生辰车。每当车辕回旋面朝向正南时，则午门开启，马头人出现四方回转，十二生属对准时区，则各自出现，不差毫厘。又造木火通，用铁盏盛火，可以辗转不翻。不知此匠人姓甚名谁，技艺又传归何徒？

《朝野佥载》

仙女接驾(造观文殿)

隋炀帝杨广下令造一座奇特巧妙、天下独一无二的观文殿（相当于当今的国家图书馆）。观文殿前两厢各有十二只精制的书橱，书橱前设有五香木重床，均为雕栏砌玉，装饰着花鸟禽兽。床上春夏铺用象牙薄条编成的有九曲图案的席子，秋季铺凤绫花褥子，冬天则加上棉被和毛毡。炀帝常驾到书堂看书。在这十二间书堂内，南北都开有闪电窗，玲珑相望，其雕刻之工，奇妙之极，光彩溢目。每三间开一方门，门户上悬挂着锦绣翠幔。门上有两位飞仙美女，门前暗设机关，当炀帝乘车即将驾到时，则有宫人脚踏机关，机发而仙人飞下，立于堂户两侧，捧幔而升。两扇门自动打开，书橱之门亦缓缓启开。这一切都十分自然逼真，全靠内中机发之力。炀帝若驾出，则书橱、门户、幔帐相继垂闭，恢复原状。而且出入每间书堂都是一样启闭自如。书堂内所藏之书，都是古今名著，其属辞比事均条目有序，文理畅通，而且抄写正确，文字之间，无点窜颠倒之误，装订华净精细，可谓冠绝今古，乃天下旷世之名宝。自汉代以来，直到南北朝梁帝时期，天下文人才子所有的撰著都无法相比。所收藏的新书之书名，多是隋炀帝亲自制定。臣民每进献一书，必受帝之赏赐。

《拾遗记》

虚腾而起（造子午台）

秦始皇要建造云明台，广征四方珍贵木材和奇特的砖瓦泥沙，又招募天下能工巧匠。不久，他便从南方得到烟丘碧树，郦水燃沙，贲都朱泥，云因素竹；从东方得到葱峦锦柏，缥遂龙杉，寒河星拓，阮山云梓；从西面征来漏海浮金，浪渊羽壁，条章霞桑，沈唐员筹；从北方搞到明阜漆，阴坂文梓，褰流里魄，音海香琼，珍异是集。造此云明台的有巧工二人，都能将椽木虚腾而起，运作锯斧于云空中，只见子时启动，至午时已完工。故秦人又把云明台称作子午台。

《拾遗记》

龙口吐珠(制地震仪)

张衡，字子平，后汉年代人氏。他发明并制造了著名的候风地动仪。这座地动仪是用精铜铸造的，圆径八尺，盖合隆起，形如酒樽。外表铸有篆文和山龟鸟兽之状。中有都柱，傍行八道，内中均设置机关，外有八龙，龙首朝下，各衔铜丸。下有八只蟾蜍，张口朝上，对准龙首，作承接铜丸之状。此地动仪的构造极其精密，内中齿牙机械非常细巧，都隐藏在樽中，覆盖周密无隙。如果某地发生地震，就会龙首吐丸，蟾蜍在下衔之，震动激扬，在一旁的值班守候者因此而发觉某方发生地震。此地动仪的巧妙之处，还在于地震发生在哪个方向，朝那个方向的龙仅一龙发机吐珠，而其余七龙则安然不动。因此，循一龙吐珠的方向，可知地震之所在。候风地动仪制造精良，合契若神，后汉以前的书典记载，从未发现有这样的精巧仪器。曾经有一次，一龙吐珠而地不动，京师有人都怪此仪没有起作用，数日后，有驿者传来信息，果然发生地震，于是众人皆佩服此仪无比神妙。

《后汉书》

大旱三年(制木鸢)

鲁般，敦煌人，所处年代不详。他是位能工巧匠，非常善于巧牟造化。曾在凉州营造佛门建筑。他能制造木鸢，造成了，乘在上面，敲击木楔三次，就能起飞，他常乘木鸢飞回家。没过多久，他的妻子就怀孕了，父母盘问其妻为何有了妊身，妻详说其故。其父为此天天守候，终于得到木鸢，击楔十余次，乘木鸢飞到吴国会稽，吴人以为他是人妖，就把他给杀了。鲁般又重新造了一只木鸢飞往吴会，收殓父尸。鲁般怨恨吴人杀死父亲，就在肃州城南制作一尊木仙人，使之举手遥指东南方，吴地因此而大旱三年。吴人非常困惑，令术士卜卦，方知是鲁般所为。于是，筹集名贵宝物共数千金之巨，送给鲁般表示谢罪，鲁般这才断木仙手。当月，吴地终于下了大雨。后来，当地人一直时兴祈祷鲁般的木仙。六国时，公输班也曾制造木鸢，用以窥察宋城。

《酉阳杂俎》

得道(制木羊)

三国时，有位蜀国羌族人，姓葛名由，能用木头刻制成羊而卖于街市。有一天，葛由乘着木头羊入蜀城，蜀城的富豪人士，都跟随他上了峨眉山之西的高山峻岭——绥山。据说跟他上山的人都行修得道，一去不复返。

民间俗传，说道："得绥山一桃，虽不能成仙，也足以引以为自豪。"所以山下立祠众多。

《法苑珠林》

风靡一时(制细木家具)

明代民间日用家具，起初只用银杏木制金漆方桌和普通凳椅。自莫廷韩与顾宋两公子从吴门购得细木书桌、禅椅之类后，细木家具才开始时兴起来。隆庆、万历以来，即使是奴隶、差役之家，都用细木家具。那些制作家具的木匠小民，都互相竞争。将自己制造的精细嫁妆、杂器等木制家具陈列在街市上，供人挑选购买。而纨绔豪奢的富家，又觉得普通灵寿木做的家具不够显贵气派，凡床橱几桌，皆用花梨木、樱木、乌木、相思木与黄杨木制造，极其精致巧贵，花费万钱，风靡一时。更奇怪的是，像皂快这样的小差役，偶得一住房，即用木板装饰整修居室，还畜养宠物，陈列盆鱼花卉，室内摆设细桌拂尘，号称"书房"。真不知皂快读什么书。而这些细木家具的制法，却偶得传世。

《日间据目抄》

一夜成塔(建造术)

清朝乾隆年间，帝南巡至扬州。当时扬州的盐商纲总头领是一位姓江的，帝在扬州的一切供应都是由江某承办。有一天，帝驾临大虹园巡游，玩到一处，对左右说："此处与南海之琼岛春阴非常相似，可惜没有喇嘛塔。"江某听了以后，赶紧用万金贿帝左右随员，请他们画出喇嘛塔之图纸，并且急忙召集能工巧匠，连夜筹集建塔材料，一夜之间，就将塔造成。第二天，帝又来游园，见塔巍然屹立，非常奇怪，以为是假塔，走近一看，果然是砖石土木构成。询问左右，得知其故，叹道："盐商之财力实在是大啊！"后世，园遭寇乱，已成瓦砾，而此塔至今尚存。

《四朝野记》

绵被生香(制香炉)

长安有位能工巧匠，姓丁名缓，曾制作过很多奇珍异宝，尤以下列最为著名：一是常满灯，四周有七龙五凤，还衬托着芙蓉莲藕。点上此灯，满堂映辉，异常绮丽。二是卧褥香炉，又叫被中香炉，此炉制法本是出自房风，后来失传，到了丁缓手中方重新设计制造，香炉内机械构造精巧，能四周自动旋转而炉体始终保持平衡，可以放在被褥中，因此得其名。三是九层博山香炉，炉上镂嵌许多奇禽怪兽和花鸟鱼虫，这些灵物都能自然运动。他还制造过一种风扇，叫七轮扇，安装七个大齿轮，圆径盈丈，互相衔接，一人运作，满堂生风，令人寒战。

《西京杂记》

掌中金光(制扇术)

有位能人，名石季龙，善工造。曾制造过一把精细的扇子，名叫“云母五明金薄莫难扇”。采用纯金、云母等名贵材料，将纯金打得像蝉翼那样薄，两面用彩漆画上仙人、奇鸟、异兽，其五明方中辟方，三寸或五寸，随扇大小，用云母嵌贴其中，再用极细的缕丝缝合。此扇即使完全收拢掩摺，也能放射出明澈的金光，看上去如金可取，故名莫难。季龙外出时，常带此扇乘轿，出入交际场所，众人见之，无不啧啧称奇。可惜的是，此扇制作之技，无人继传。

《邺中记》

折翅为扇(制扇术)

静江人善捕飞禽，并能折其翅膀做成扇子。夏日使用羽扇，清风徐来，分外凉爽。制作羽扇的羽毛必须先进行漂洗处理，将羽毛理顺，用线系住，张挂室内，等肉干筋定，方可使用。鹫，就是大雕，用其羽制扇，羽长数尺，黑色多风，勇士用之，颇为壮观；鹭，是一种水鸟，翼大尾短，羽毛洁白，制成羽扇，质轻而风细，多为士人所用，用红色胶漆涂其筋骨，颇为雅尚；交趾人又用鹤羽制扇，另装扇柄，随身携带，蛇不敢近。据说交趾这个地方多蛇，鹤能吃蛇，蛇闻鹤之气，必远避之。

《岭外代答》

扇妖(制扇骨)

吴中折扇，凡是紫檀象牙乌木为扇骨的，都不过是俗物，唯以棕竹毛竹为之者，才可称作怀袖雅物。扇面重金，也不足为贵，唯有扇骨合时尚者为最贵重。往时，制扇骨的名手有马勋、马福、刘永晖等人，所制之扇，价值数铢。近年则有沈少楼、柳玉台，价涨至每柄一金。而蒋苏台制作的扇骨尤称绝技，一柄价值三四金，满市争相购买，如同大古董一般，被人称为“扇妖”。

《野获编》

王五痴(铸佛像)

王五痴，明末人氏。明灭亡时蓄明制钱数万贯。清兵入关后，王五痴已知铜钱无用，尽数将钱熔化，铸成佛像。所铸之佛，都是巨躯，并有“五痴”题字。周孝子子佩茂兰，写有王五痴积制钱为佛像五躯送供虎邱禅院寺。五痴所铸之佛像，肥体丰身，为众多铜佛罕见，其技秘不外传，故寺院中极少可见心宽体胖之佛。

《宝素堂金面书画编年录》

掺蟹黄(用漆秘术)

漆最怕蟹。(据《周经本草》载：蟹黄能化漆为水，糊涂漆疮用之。)苏东坡曾请漆工来家中漆器，漆工用手抓蒸饼而食，昏昏然中了漆毒，急忙以蟹黄去喂，漆工才慢慢醒过来。用墨掺入漆中，最是上等漆。但是，必须用少许蟹黄拌入才可使用，不然的话，其漆坚顽，刷起来很不顺畅。此乃漆工不传之技。

《仇池笔记》

服松脂(养颜秘术)

松脂以真定出产的为佳。(据《本草纲目》记，松脂亦名松香、松胶。气味苦，甘温无毒，主治痛疸恶疮，头疡白秃，疥瘙风气。安五脏，除热。)用细布袋盛起，泡在水中，沸汤大煮。见得浮于水面的松脂，用笊篱捞取，重新投于新水中；久煮不出的，弃而不用。投入白茯茎末，杵罗为末。每日取三钱，匕箸口中，用少许熟水漱口，仍如常法揩齿，然后啜少许熟水咽下，再漱齿。此术可牢牙、驻颜、乌须。

《仇池笔记》

状如香炉(古棋局记)

古人下棋之局，已失传。李颀的《弹棋谱》中记道：“蓝田美玉清如砥，白黑相分十二子，是棋以玉为之，其数十二也。”古弹棋设局，状如香炉，其中隆起。义山有诗：“玉作弹棋局，中心亦不平。”王建《宫词》云：“弹棋玉指两参差，背局临虚斗著危。先打角头红子落，上三金字半边垂。”华阴杨牢六岁咏弹棋局，诗云：“魁形下方天顶凸，二十四寸窗中月。”终不知其制法。

《考古图》

手眼八万四(塑佛像)

唐人杨惠之，以塑像而技惊天下。杨初学绘画时，效法吴道子，画艺甚高，后改学塑工，渐扬名朝野。他塑的大义净三藏言于楞伽山，山中一切兽禽，望而生畏，都不敢至山。他塑成的观音像，有手眼八万四千，堪称精绝无双。凡经他所塑的佛像，都告诫后人不可妄加涂饰。可惜的是，仍有俗工修治其像，失去了杨惠之的本意。他的盖世绝技也从此湮灭，继者无人。

《太平清话》

玉指沾香(雕梅核)

永嘉时有位闺妇，能在青梅核上雕刻，镂以花鸟，十分纤细可爱。以手托核，玲珑如小盒；两片相合，则浑圆如梅，谓之梅篮，一时传为神工。刻核雕石，本是匠人之技，而此梅篮却出于深闺佳人之手，更为叫绝。且是玉指沾香，所刻梅篮虽无活枝，却可闻得梅香暗浮，难怪李太白作诗吟道："珍盘荐雕梅"。

《琅琊漫钞》

闺楼宠物(水磨竹器)

苏州人濮仲谦，身怀绝技，专工水磨竹器。如扇骨、酒杯、笔筒、臂搁之类，妙绝一时。也磨紫檀乌木象牙，但不多见。他曾为柳夫人制作过弓鞋底板二双，纤纤一握，玲珑可爱，滑爽爽的木屐，犹闻脂粉之香，堪称闺楼宠物。

《五色瓠》

直逼秦汉(铸镜秘术)

铸镜炼铜最难，先将铜烧红，打碎成屑，盐醋捣荸荠拌铜埋入地中，十七天后取出，入炉中化清，每一两投磁石末一钱；次下火硝一钱；再投羊骨髓一钱，将铜倾在太湖沙上，别种沙不能用，如前法六七次愈妙。待铜极清，加碗锡，每红铜一斤，加锡五两，白铜一斤加六两五钱，所用水，以梅水（雪水）和扬子江水为最佳。白铜炼净，一斤只得六两，红铜得十两，白铜为精，铸成后开镜，要好锡一钱六分，好水银一钱，先熔锡，次投水银取起，入上好明矾一钱六分，研细备用。若要制成"水银古"用胆矾水银等分入新锅，烧成豆腐渣样子，少许涂在镜上，再用火烧。若要制成"黑漆古"，开面后上水银，入皂矾水中浸一日取起。别的颜色须在黄梅天制造。上色后放置在湿地一月之久，方可移动，则诸颜色与秦汉物二百计不能落矣。

《快雪堂漫记》

手擎七级浮屠(造铜器)

砀山刘贞甫，制造铜器精巧绝伦，被传为“圣手”。他曾为万年少造过准提像一座，此像高二寸许，造了三年才成功。像有手臂十八条，每臂各持一物，一手擎七级浮屠，每级四面各佛一尊，法像庄严，所谓神工鬼斧。刘贞甫曾为宋荦雕刻图章二枚，一枚为龟纽，一枚为天鸡纽，俱精妙可玩。刘氏之技，无传人。

《筠廊偶笔》

丹墀验技(裱葫芦内壁)

朝廷中需要裱画工匠，吴郡特送四人进京。初到宫内，便发下细腰葫芦一只，命令在葫芦内壁裱糊一纸。这无疑是强人所难，非神仙之功而莫为的。工匠们良久未说一语，望着葫芦苦苦思索。忽有一人沉思半日，猛然说道：“有办法了！”于是，他立即将葫芦蒂切去，将砸成细屑的碗瓷倒入其中，让三人轮换摇晃。不多久，葫芦内壁被打磨得十分光洁，然后倾出碗屑，再将白棉纸浸一个晚上，调成浆，即倾入葫芦内，晃动摇匀后再倒出，待到浆汗已干，再灌再倒，如此数次，然后进御。葫芦送至丹墀之上，皇帝命人把葫芦破开。只见葫芦内壁遍裱白纸，丝毫看不出补缀之痕。皇上大为赞赏，将这四位吴郡工匠留在了朝中，专事裱工。

《京师偶记》

背纤翻山(轿缆)

凡是扬帆、索缆，都是水中行舟的事。然而，在云、贵做官的官吏，乘坐轿子上山，也必用纤夫。纤用染色的长布制成；承应上司的时候，则是用全帛之纤。山高路陡，乘轿而上，只得借此纤绳之力才能行走。在山东，路途中可常见推小车的人，顺风时则在小车上张帆，以助车行。有人曾以此作了一副对子：“笑看南俗轿牵缆，好对北方车挂帆。”在甘肃宁夏，多有沙山，当地老百姓也使用以缆挽轿的绝技。

《曝杂记》

死不瞑目(塑像)

新安人郑笔锋，以塑像而名声四传。他的绝技是仿照真人塑出佛像，无不逼真传神。纵观南朝神像，独以金乙总管像为最绝，周太尉的塑像次之。按塑像的传统，凡神像的耳、目、口、鼻其高下大小都一律匀称，而这金乙总管与太尉的塑像却不同，看上去像活人似的，与真人一般无二。著名道士会左髻昙阳子羽化数年，无数人来找郑笔锋，求他为道士塑一神像。可是，当郑笔锋刚刚允诺，即猝然死去，死时难以瞑目。他的塑像之艺，也随之绝传。

《梅花堂草集》

了无痕迹(补古铜器)

有人将古铜器一件，可分为数器，各有真青绿，虽是内行人也难以辨认。某进士得过一只宋瓷碗，偶然把玩，发现有一处微微软绵，便去问匠人。匠人对他说，此处是修补过的，不可再碰，不然会脱落。这位进士再看宋瓷碗，见它釉色青润，修补处毫无痕迹可寻。于是他想：工匠之巧已经达到如此境界，不用说一只碗，那本身就泛着青气的铜器，就更容易修补了。若要记载，当属徐守素、蒋彻、李信，修补古铜器如神，无人可及。

《金陵琐记》

木犬吠贼(木制品)

有个叫黄履庄的人，年少而聪慧绝顶，尤其喜欢别出心裁，善作各类技巧。七八岁读私塾时，黄履庄背着先生，偷来一把木匠的小刀，用来锥凿木头人，所雕之人长寸许，放在桌子上，木人便自行走，手脚互相摆动，如人行走，围观者无不惊奇，称黄为神童。到了十岁，黄履庄便专制小物以自我欣赏，见到的人都纷纷以重金买去。黄履庄体弱多病，经不得折腾，不久也就罢手了，因此传世之作并不多见。

戴文昭曾经见黄履庄作双轮小车一辆，长三尺余，约可坐一人，不需要推动，就能自行，以手挽动轴旁曲拐，小车便继续前行，随行随挽，每日可行八十里。他作的木狗，放置在门侧，蜷卧如活犬一般，有人入屋，触动机关便狂吠不止；吠出的声音与真犬无异，无论怎样狡黠的人，都无法辨出真伪。他作的木鸟，放在竹笼中，能够自己跳舞飞鸣，鸣声如画眉，非常动听。所作的水器，将水置器中，水从下朝上飞射如线，高达五六尺，长久不断。黄履庄所制奇物之巧，在他去世后就失传殆尽了。

《归田琐记》

烟飘行辕(发丝帐幔)

孙权的爱妻赵夫人，是丞相赵达的亲妹妹，生得姿色绝佳。赵夫人尤擅长绘画，手艺工巧闻名天下。她能够用纤纤玉指把五彩丝线编织锦缎，缎上云霞涌动，龙蛇腾空，一派仙界气象。她所编织的锦缎以小见奇，大幅的一尺见方，小幅的仅有一寸见方。宫中的妃嫔们无不叹服，称她是“机绝”。

赵夫人进宫事主之前，孙权常常哀叹自己未能征服魏国、蜀国，尤其是在征战的空隙间，希望有一位善画的人，把山川河流的势态和行军布阵的图形，一一绘画出来。赵达丞相得知孙权之意，便向他推荐了自己的妹妹。孙权于是便叫赵夫人画一幅巨图，绘尽九州五岳的地形。赵夫人听罢一笑，说：“绘画离不开丹青，但丹青这东西很容易褪色磨灭，无法长久保存。我对刺绣略有小技，可在一方丝帛上绣出列国形势以及山岳、河海、城邑、行城的图像，不知大王是否同意我这样去绣？”孙权听夫人这么说，十分高兴，让她快快绣来。不多久，赵夫人果然不负所望，把绣成的丝图捧给了孙权。这精巧绝伦的丝图，绣尽了千里之疆，可谓是丝丝缕缕无不酷肖逼真。宫中的人称其为“针绝”。

赵夫人还有一绝，便是最闻名天下的“丝绝”。孙权居住在昭阳宫里时，每逢盛夏酷暑，总觉得疲困，夜间难以安然入眠，时常掀起紫绡帐幔，透一透凉风。赵夫人见丈夫苦夏难挨，便左思右想，发誓要织出一幅比紫绡帐幔透气的丝帐送给丈夫。于是，有一天她对孙权说道：“这紫绡帐算不得太好。我正在穷思苦想，要是能有一种丝帐，从帐里往外看如清水般透亮，却又挡得住蚊蝇，更能使凉风习习而来，透帐而过，这就是最合你使用的丝帐了。”孙权对夫人的想法大感惊奇，十分称赞，盼望她早日如愿。没多久，赵夫人果然想出了一个绝妙的办法。她把自己的一绺乌发铰下来，每一根头发剖成数丝，再用神胶粘接编缀起来。她使用的神胶产自郁夷国，是专用来粘接弓弩的断弦的。赵夫人将这种神胶接成的头发丝织纱罗，神奇已极，数月后织成了一大幅，然后又裁制成帐幔。当这淡黑色的帐幔悬挂起来后，顿时便让人觉得满厅流淌起一片轻烟，悠悠忽忽，似乎有凉风

阵阵吹来，令人顷刻觉得浑身凉爽，无比适意。孙权不由大喜，从此以后再也不离这幅帐幔了。行军打仗时，他总随身带上它，作为行辕帐幕。这帐幔轻轻展开，有一丈来宽；卷起，只有粉拳一般大小。见过此帐的人，无不称赵夫人为“丝绝”。

自从吴国出了赵夫人的这“三绝”，天下奇物中，再也没有什么东西能比它们更精妙了。后来，那些贪宠求媚的人，向孙权大进谗言，说赵夫人以妖技鬼术惑乱君主，于是，赵夫人被废黜冷宫。不用说，她的旷世绝技也随之而废。吴国灭亡以后，“三绝”也就只留其名而不见其物了。

《王子年拾遗记》

腊月雪(糨糊不蛀法)

用寒冬食用的面粉和腊月雪调成的糨糊，不会被蠹虫蛀咬。又，宋王文宪家用皂荚研成的末置于书中，可辟蠹虫。

《香祖笔记》

以玉代炭(宫中取暖法)

唐武宗会昌年代，夫余国进贡火玉三斗，色赤，长半寸，上尖下圆，光照数十步，积累起来可用以燃鼎，置之于室内则不必给炉中添炭。

《锦绣万花谷》

银龙吐水(计时绝法)

李兰的漏刻法是：用一个容器贮水，用铜做一只渴鸟，状如钩曲，慢慢地引器中水于银龙口中，吐入计算时刻的权器，每漏水一升，秤重一斤，经时一刻。

《锦绣万花谷》

金裹锦镶(制席术)

石季龙，善编席。他做的席，用金裹五香，夹杂着五彩线，编成蒲皮，四边缘之以锦。

《锦绣万花谷》

半月草(织草布)

蓐叶草，高五丈，叶色红，茎如金，形如半月之势。因此，也叫半月草，不开花，不结果，质地温柔，可以织布、做席。

《锦绣万花谷》

磨石为镜(月镜古制)

周穆王时期，有一种用石做的镜子，此石色白如月，照面如雪，因此叫做月镜。

《拾遗记》

看清须眉(古镜绝制)

淮南子说：古时明镜之始，镜面蒙蒙然不可明察人物。后来，粉之以玄锡，磨之以白旃，则人之须眉鬓发，方可看清。

《锦绣万花谷》

暴雨浇不灭(御灯不灭法)

汉武帝燃芳苡灯于阁上，光色发紫有白凤黑冠黑龙马来戏于阁。又曰，用丹豹髓白凤膏磨青锡为屑，再用淳苏油拌和，照于神檀，夜降暴雨，灯光不灭，用麟须拂拂，即有霜娥赴灯。云云。

《锦绣万花谷》

麦子剃了头(编草帽术)

古人云："首戴茅蒲"，又有人叫"青箬笠"，都是用来蔽日遮雨的。南方人多用竹笠。北方人则用麦莛编成，叫做草帽。每当农家麦收以后，收麦之家的亲属们往到农户家收集麦莛，将其根铡下当柴烧，拉下粗皮及黄不堪用的滑楷，可以用来和泥。经过爬梳、挑选，将其中最精白者，掐成辫子状，然后用丝线沿缘缝成细草帽。草帽有各种形状，圆屋宽檐者，叫马连波；高屋窄檐者，叫香河高，看上去好像没有缝隙一样，也没有一点儿瑕疵。草帽的优点很多，尤其好在戴久而帽檐不下垂。上品一般约值斗酒十斤之价，其次递减，这是六十年前的价值，而今已经没做草帽的工人了，因此也很少见到草帽了。粗者一般家常用，还有人编成无屋帽圈，男女都可戴用。有人为草帽写了一首歌谣："麦子剃了头，齐把莛杆投。掐成辫子编作帽，贱者卖几百，贵者卖几吊。粗粗拉拉不卖钱。编了草帽编帽圈，男戴草帽耕垄畔，妇戴帽圈来送饭，稚子戴了去放牛，老翁带了上渔舟。归来共饭黄昏后，数数帽圈够不够。"

《乡言解颐》

沟深沟浅(制钱板子)

用长方木板两块，刳成两道槽，如同剖开的竹形，标准是能容纳制式的钱一百文，共计十行，这叫钱板子，又叫钱比子。钱庄把钱板子用铁丝系绳串起来，甚为便捷。有人为此作过赞美歌谣："沟儿深，沟儿浅，不过一百老官板。找零儿，补底子，不如问问钱比子。"这真是：效他刳木不成舟，滚滚财源欲节流。何必挂叉师玉局，且当编埒作金沟。筑成阿堵绳须缩，认去麻沙字未锓。一百青铜舒掌较，拈来恰在个中收。

《乡言解颐》

牛骨入池(池水不涸法)

北宋崇宁年代，西都大内御花园中池水易涸，有人说，将牛骨置入池中，池水可不涸，依言置之，果然池水不涸。当时范时老、董役亲眼所见。

《邵氏后录》

驾船于木梁(造龙船绝技)

宋禄，两浙献龙船，长二十余丈。船上造宫室层楼，室内设御榻以备皇上游幸。年岁长久，船舱内外破旧损坏，需要修理，而水中不能施工。熙宁中，宫室黄怀信献计在金明池北挖一个可以容纳龙船的大槽。槽内打若干对大桩，桩上横置大木梁，然后车水入槽，将船划入槽内，置于木梁上方，再把槽内的水车干。船即坐于梁上空中。待修缮竣工后，复用水浮船，撤去梁柱，然后在水槽上建造一大屋，用以泊船，避免日晒雨淋。

《宋稗类钞》

钟馗捉鼠(木机绝技)

宋庆历中，有一术士姓李，多巧思。曾经刻过一尊钟馗木雕，高二三尺。右手持铁简，以香饵置左手中，鼠缘手取食，则左手扼鼠，右手运简，毙鼠。李将此雕像献给荆王，王让李住在自己门下。一日，会大使说："今夜将发生月食。"李说："我有办法祭天祷月，让月食消除。"王将信将疑，命李一试。李作法后，是夜，月果不蚀。王大奇，以李为神人。

《宋稗类钞》

以水沥井(盐井挖掘术)

陵州有一口盐井，深五百余丈，井壁都是石质，上下都很宽大，唯独中部一段稍狭，称谓杖鼓腰。井凿成时就从井底设柏木为杆，接出井口。自木杆垂绳索而下，方能至水，汲水毕，则用井口旁设置的大绞车绞上。因年岁长久，井杆摧败，人们想更换新的井杆，无奈井中阴气袭人，下井者总是死去，实在无计可施。只有等下雨天人才能下，方稍可施工。返晴复止。后来有人想了个办法，在井口做一个木盘，盘底打上若干细孔，盘中贮满水，让水从小孔中沥入井中，有如雨点。此盘设于井上，谓之雨盘。向盘中不断加水，使水下井，终日不绝。如此经过数月施工，井杆为之一新，使盐井继续生产，恢复盈利。

《宋稗类钞》

百鸟之羽(织羽毛裙)

羽纱和羽缎，出自海外荷兰、暹罗诸国，康熙初，每次入贡只有一二匹，现在福建、两广一带已多起来，是集百鸟之绒毛织成。据《翼物汇苑》载，唐代安乐朝公主使尚方合百鸟之毛织成裙，正视旁视，各为一色；日中影中，各为一色。而且百鸟之形状都能看见，可见古代就已经有这种织物了。又据《南史》记载，齐文惠太子织孔雀毛为裘，华贵无比；据说武后有集翠裘以赐幸臣之举，这都属于此类织物。还有，满刺加哈烈出一种锁袱，又名梭服，是用鸟的细毛织成，其花纹甚细，有如丝织品一样美丽。现在，闽中最多，价不甚高，非羽纱羽缎所能相比。

《香祖笔记》

瓶中爬龟(玻璃品记异)

徐太尉彦若有一次到广南去，在将要上船渡小海时，于浅滩拾得一个玻璃瓶，瓶中有小龟，长约一寸，在瓶中往返旋转，片刻不停。有胡人识得此龟，说:“这是龟中之宝。”

《虚谷闲钞》

轻若飞燕(制飞车绝技)

元代至正年间，平江有漆工王某，善巧思，能造奇器，曾用牛革制成一舟，形狭而首尾都是尖的，可容二十余人，内外均饰以彩漆。收藏时，可将舟折叠，置于一箱中，名为皮舟。又曾造一飞车，两旁有翼，内设机轮，转动机轮则升降自如。上置袋，使风力自后而前，鼓翼如同挂帆，跨山越岭，轻若飞燕，一时可行四百里，飞得愈高，速度愈快，真是奇制。曾传说越王有铜船，卫丘有竹船，白鹄石制成舴艋，然而都不如皮舟，革质软而实用，触山石无损，入涧谷无碍。至于飞车之制造据闻出自奇肱氏，有人说出自周饶国。

《墨余录》

愈圆愈好(空中取火术)

一根木头，将其削得很圆很圆，举木对准太阳，另一手拿一支干燥的艾草，置圆木之后的影子中，则可将艾草点燃。

《博物志》

屋瓦漏泥(制白糖术)

明朝嘉靖之前，世上还没有白糖，福建人所熬的都是黑糖。到了嘉靖中期有一个制糖作坊，偶然间屋瓦缝隙的泥土落在制糖的漏斗中，结果糖缸中上面的糖色白如霜雪，其味甘美异乎平日，中间的则为黄糖，下面的则为黑糖。制糖人感到很奇怪，取泥压在糖上，经过多次试验，都是如此，于是白糖从此才开始问世。

《广阳杂记》

枪金枪银(髹木雕)

嘉禾斜塘有一位叫杨汇髹的人，身怀枪金、枪银的技术，其法是以黑漆为底，用针刻出山水、树石、花竹、翎毛、亭台、屋宇、人物等，然后用雌黄铅粉，用金箔、银箔敷在上面，加工而成。

《辍耕录》

俘匠而归(雕漆术)

雕漆，是在宋朝庆历年代才开始有的，那时候雕漆叫做犀皮，又叫做西皮、西毗，分戗金与剔红。戗金就是用细针戗出山水、人物、亭观、花木鸟兽，用钻子钻其空处称谓攒犀。其滑地如仰瓦、光泽坚薄、色如胶枣者，叫枣儿犀。其色黄滑地圆花有云而坚薄者，叫福犀，是福州所产。元朝时期，西塘彭君宝所制造的，非常有名。另外一位叫杨汇的人所制造的，虽然剔之深峻，而层数甚多，然而其膏子不坚，黄地者最易浮起脱落。宋朝剔红器，朱厚色鲜，红润坚重，金银作素，剔剑环香草者最佳。如果是黄地剔山水、人物、花木、飞禽、走兽者，虽然细巧，但易浮起脱落。元朝时期，张成、杨茂所制造的，大多朱薄不坚。有一种假冒剔红者，是用灰团起剑环及香草形，用朱漆漆上，名曰堆红，又叫罩红。明朝时，云南大理人很擅长制造此种伪剔红。李君实所著的《紫桃轩杂缀》记述：髹漆银铜诸器，滇南者最佳。因为唐朝时期阁罗凤侵犯蜀(今四川)，俘蜀之能工巧匠而归，故至今仍能善于制造。即常言道滇匠源于蜀匠之巧，然而，可惜的是今亦失传。

《骨董琐记》

姜娘子铸铜(铸铜器术)

南唐后主在升州句容县设置官场，铸造铜器，所铸铜器上都是小云雷花纹，其质薄而轻，其色漆黑，上面有监场官的花押(签字)。元朝，杭州的姜娘子、平江路的王吉，仿造句容所铸铜器，都很出名，但花纹较粗，姜娘子铸造的比王吉铸造的较胜一筹。

《骨董琐记》

壁坚如铁(壁画久存法)

《韵语阳秋》云：当文康公在世时，之诚常随文康公到汝州，曾去过韵兴寺，观赏吴道子画的两壁壁画。一壁画的是维摩示寂，文殊来问，天女散花；另一壁画的是太子游四门，释迦降魔成道，笔法都非常奇绝。壁是用黄沙捣泥做成，其坚如铁。之诚颇疑画壁何以能经久不坏，读了此文，方才知晓，明、清以来，画壁之风顿息，是因画家不知此法，也是画家只习惯在盈尺缣素上作画，而不懂画壁妙法的缘故。

《骨董琐记》

欲坐欲卧(门楼绝造)

东都相国寺门楼是唐人所造。国初木工喻浩说：“说是唐人所造，其他方面都是有可能的,唯一不能理解的是此楼的卷檐。”每当有人走到卷檐下，仰而观看，立久了就想坐，坐久了就想卧，求其理而不得；门内两座井亭的造法，近代木工也无法理解。该寺有十绝，此仅为其中二绝。以上见陈师道《后山丛谈》。之诚按：欧阳修《归田录》记述，喻浩作预浩，据说开宝寺塔在京师诸塔中最高，而制度甚精，乃都料匠预浩所造。塔初成，望之不正，而势倾西北，有人怪而问之。预浩说：京师地平无山，而多西北风吹之，不到百年当自会正。其用心之精妙，乃国朝以来木工中仅此一人而已。当今的木工都仿效预都料之法。预浩著有《木经》三卷,传行于世。

《骨董琐记》

木殿一区(建造术)

重建太和殿，自乙亥年六月二十五日，工师和工人开始集中施工。李少司空贞孟元振说，有位老工程师姓梁名九，年逾七十，负责此项工程的董将作。自前代到本朝初年，大内兴造诸工程，都是由梁九董其事。一日，梁亲手制木殿一区，以寸准尺，以尺准丈，还逾数尺许，而四阿重室，规模悉具，恐怕这是当时独一无二的绝技。在明朝初期，有位工师名冯巧，造宫殿，自万历年代到崇祯末期，终于老了。梁九在冯门下工作数年，始终没有得到冯的技术传授，而终日服侍其左右，毫不懈怠，益发恭敬。有一天，梁九独自一人在冯巧身边服侍，冯巧对梁九说：“你确实表现很好，是个人才。”于是尽传其技术奥秘。巧死后，九遂隶籍于冬官，代执营造之事。

《居易录》

一枚断锁匙（刻印术）

王虚舟，客居淮阴，岁暮将归，渡江至松石斋，与叔祖虚谷先生告别，等待船夫未至，看见桌上有断锁匙一枚，遂取出匣中石，用断匙代刀，刻“虚谷”二字，字体苍秀中饶有生动之致。刻毕，印出，俨然似用秃笔书写。据说边寿民、程水南诸位之印章，皆为其手笔。

《茶余客话》

指令时刻（壶漏构造）

古人计时用浮漏之壶，称为“壶漏”。清朝乾隆丙寅年四月，重制壶漏。浮漏之制有求壶、废壶。复壶用以播水，建壶用以受水，玉锤用以滤水，铜史用以指令时刻。后来所谓的天壶，就是过去的求壶之遗制，制天壶就是过去的复壶之遗制，平水壶就是过去的废壶之遗制，分水壶就是过去的建壶之遗制。至于龙口玉滴，铜人抱箭，也就是过去的玉锤、铜史之遗制。自宋朝以来壶漏大略相同，唯过去的旧制是每日十二时，分为一百刻；今则分为九十六刻，区别在于此。

一座壶漏的构造包括：上面一层有播水壶三个，形方，分别叫日天壶、夜天壶、平水壶。下面一层有分水壶一个，形方；受水壶一个，形圆。上面三个播水壶依次漏水于受水壶，受水壶上面有一铜人，抱漏箭，下面安装一箭舟，水涨舟浮，则箭上出，水盈箭尽，则泄于池。

《清稗类钞》

猪牙鹿耳（古铜鼓花纹）

广西地下常发现埋有铜鼓，开荒耕地者经常可以得到。鼓为正圆形，鼓面平，鼓腰曲，状似烘篮，又类似用璧玉做的座位。上有若干蟾分居其上，蟾都好像蹲着，一大一小互相对视。上面的花纹，圆的为古钱，方的如竹席编纹，或为人字形，或为圆形中间有孔，或如佛塔、如玉林，或如猪牙、如鹿耳，各分其类，组成有条理的纹路。合其众纹统观之，又很像细画图阵之形，制作工巧精密，非常好看好玩。铜鼓大者阔七尺，小者也有三尺，当地神祠佛寺一般都有。州、县用以击鼓报时辰，或夜报更点。五岭一带人常私自买回家，重新埋在山里，也不知何故。据《广州记》云：“俚獠铸铜为鼓，唯以高大为贵，面阔丈余，不知所铸果在何时。”马援南征时，得骆越铜鼓，冶铸为马。可以证实铜鼓铸在西京之前。铜鼓虽然不是夏、商、周三代时的青铜器，但三代时已经具有铸造工艺了。还有一种极小形铜鼓，只有二尺许，极其可爱好玩，当今已不多见，也许是被爱好收藏古玩的士大夫们搜求无遗了吧！

《岭外代答》

蒸书(救水淹书册秘术)

书册若被水淹所浸，可先在大蒸器中蒸过，再取出置于日下曝晒，待尚有一二成湿时，用重物压于平处，等全干后即可，色中微渍，但无损坏。

《宙载》

可用七年(制纸褥)

云南腾越州，善于出产纸褥，一条纸褥可用六七年之久，坚滑顺软，没有什么东西可以与其相比。广东始兴的清化山人，也能制作纸褥，但不如云南的纸褥柔软耐用。贵州曾出产过纸砚，使用多年而不坏，并可入水洗涤，也算是纸中一奇。

《斯陶说林》

狱中献计(建飞桥技)

青州城西南都是山，城中横贯一漾水，把青州分为两城。起初，在水中植柱造桥，但每年六七月间，山洪暴发，水位骤涨，水冲桥柱，桥常毁坏，已成为青州一大灾害。宋明道中，夏英公守青州，想解此忧患，探得监狱的罪犯中有智者，能筑桥。遂请其出狱，想方设法，重建桥梁。采用的绝技是：叠巨石加固两岸，取大木数十相连贯，架为飞桥，中无桥柱。此桥历经风雨而不坏。

宋庆历中，陈希亮守宿，因为汴桥经常毁坏，损坏宦舟，伤害人畜，于是下令效仿青州所造飞桥。后沿汴水都是飞桥座座，俗称虹桥，为两岸往来带来极大的方便。

《渑水燕谈录》

入窑变玉(陶工绝术)

宋朝时期，江西窑器出自庐陵之永和市。有位老人姓舒，善制各种玩具窑器。舒翁之女尤其如此，号称“舒娇”，其炉瓮诸色，几乎与哥窑等价。我曾得到一只盘和一只盎，质苍白而光黝然，注入水，经久不变，一看便知是古物。相传陶工制陶器入窑变成玉，陶工们怕此事传于皇上，便封穴逃往饶州为业。故今景德镇陶工，有很多是永和人。

《吴炳游记》

百圾碎(青瓷秘烧)

龙泉县龙泉窑出产的青瓷颇有名气，以绿色匀净、裂纹隐隐、有朱砂底者为佳。后来，置龙泉入庆元县，窑地遂属庆元，离龙泉有二百里远，而今人每遇新出之青瓷窑，仍称之为龙泉窑。实际上青瓷窑址在琉田地方，按龙泉旧志记载，经营琉田窑的窑主名叫章生二。凡瓷出自生二窑者，必青莹如玉，现在已很少见，因此价值昂贵。一瓶一盘，动不动就要十数金。其兄章生一的窑所出之器，浅绿断纹，号称百圾碎，尤其难得。世人称其兄之器为哥窑，称弟之器为弟窑，或称章生二。

《浪迹续谈》

火之魂魄(窑变)

瓷器之中，有同是一质，遂成异质；同是一色，遂成异色的奇事。这全是水土所合，决非人工之巧所能办到的，谓之窑变。数十窑中，烧制瓷器有千万品之多，而窑变之品实在难遇一窑。《博物要览》中写道：官哥二窑，时有窑变，像蝴蝶、禽鸟、麟豹，本色釉外变成红紫色，实在是火之变化，理不可解。也有一种说法，这种奇之变，是窑中火魂所为，魂飘无定，缠惑难料，因此只可相遇而不可相求。

《稗史汇编》

琴棋字画部

萤火虫百只(夜光画秘制术)

取萤火虫百只、云母石二钱，一起研成粉末，稍加清水和之，然后取新笔在纸上画画，之后将和好的粉末涂在画上，一月之后画面有光，涂十二次以后，画面上有如星星闪烁。

《古今秘苑》

龟尿穿木(字透木绝技)

古人在设立地界标签或其他标记时，因担心别人用利器削或改变木制标记的字迹，就用龟尿在木头上写字，此字迹可穿透木心，而不易被改变。

《古今秘苑》

小中见大(摹影术)

大字最难写，如何将大字写好，今有一妙法：将要写的大字，先取一张纸写成小字，用一根长针穿挂起来，钉到预先贴在墙上的大纸上。垂挂好后，点上一盏灯，借助灯影将小字放大到大纸上，字要大到多少，可随意将写有小字的纸在长针上移动，直到自己满意为止，然后用炭画将放大的字影描下来，大字就写成了。若想放大人物、山水画像，都可以借用此法。

《福寿真经》

一抹即掉(去字绝技)

要想去掉纸上的字迹，可用菖蒲根、谷子石碾成粉末，清水调和后抹在字迹上，等它干后擦去，则字迹就不见了。

《福寿真经》

何处逃遁(写真异人记)

闽人，曾波臣，善绘人像，所绘人像以传神而远近闻名，如镜中人，是写真之绝技，《图绘宝鉴》中称其开辟门庭，前无古人。在此人之前，只有戴文进之善写真，也称得上为妙艺。相传永乐间，文进初到南京，将要进入水西门时，转眼之际，为他挑行李的脚夫挑着行李逃之夭夭，莫知去处。文进遂向酒家借纸笔，追绘其像，集中众脚夫来认，众说："这就是某某人。"同往其家，果得行李。又相传还有一善绘人像者叫吴小仙，春日同几位王孙游杏花村，酒后口渴，向竹林中一老妪处讨茶喝。第二年，复至其处，妪已过世，小仙自想心存，遂援笔绘其像，所绘与妪在世时无异，妪之子见像后，为之失声痛哭。

《浪迹丛谈》

吴道子画佛背光(做圆秘术)

《名画录》上说："吴道子曾经画佛像，将圆形的光圈留着不画。在一次大的聚会时，他面对众人举起手一挥，圆形就顺着他的手运动而画成了，观看的人没有不惊叹的。"画家画这样的东西自然是有方法的，只要用肩膀靠着墙壁，尽着手臂的长度将手一挥，自然就画成了一个圆形。笔画的粗细，就以一个手指隔着墙壁作为标准，笔画自然就是均匀的了，这并没有什么值得奇怪的。吴道子画的妙处并不在这里，只是为了使那些俗人的眼睛惊奇罢了。

《梦溪笔谈》

和尚神算(围棋局数秘算)

小说记载：唐朝的和尚一行曾算过围棋局的总数，一共有多少局，他都算出来了。我也仔细考虑过，这当然不难，但数字太大，不是世上所有的数字能表达的。现在我大略地说一下，大凡见方二路中，用四个子布棋，可以变出八千十一种局。见方三路中，用九颗棋子布局，则可变一万九千六百八十二局。见方四路中，用十六颗棋子布局，可变四千三百零四万六千七百二十一局。见方五路中，用二十五颗棋子布局，可变出八千四百七十二亿六千八百八十万九千四百四十三局。(按照古法：十万为亿，十亿为兆，万兆为秭。而算家都是以万万为一亿，万万亿为一兆，万万兆为垓。我们现在只以算家的计数方法进行计数。)见方六路中，用三十六颗棋子布局，可变换十五兆九十四万六千三百五十二亿八千二百零三万一千九百二十六局。七路以上布局的，变化的局数无法计下来。如果要将棋盘三百六十一路的变局全记下来的话，大约要连写五十二个万字才是局的大概数字。(五十二个万，最下的是万局，第二应是万万局，第三应是万亿局，第四应是一兆局，第五为万兆局，第六为万万兆局，万万兆称为一垓，第七是垓局，第八为万万垓局，第九是万亿万万垓局，再下去就无法计数了。但五十二次万倍相乘后，所得的积数就是总数的大数，零头不算在内。)下棋的方法是一路可以变三局，以后不管布局是横是直，只要增加一个子，都用三相乘，直至增加三百六十一子时，依旧与三相乘，就是总局数。还有一种算法是：先算出靠边一行的布局数，以此为标准(其十九路，因而有一十亿六千二百二十六万一千四百六十七局)，每加一行即以此为标准累乘，一共有十九行，连乘以后也能得出棋局的总数。还有一种算法：先用自身的数相乘(可得出一百三十五兆八百五十一万七千一百七十四亿四千八百二十八万七千三百三十四局，这是两行共三十八路变化的总局数)，下位放在旁边，用下位乘上位，又用下位乘下位，将它作为上位，又放在旁边，以下位乘上位，以下位乘下位，再加一法，也得到了上边的数字。计算方法多种多样，却只有这种最为便捷快当(只需五次运算即得出三百六十一路棋局总数)，即使有千万变化，不会超过这个数，围棋的局数就全了。

《梦溪笔谈》

虞卿斗马(下棋战术)

四个人分两方下围棋，有一种方法可以让我方必胜。那就是，让我方棋术较差的人在敌人能手之前，要求他只管急攻，且只攻击对方非救不可的地方，使敌方较强的人受到牵制，无力顾全大局，再让我方较好技术的人去战对方技术较差的人。这是虞卿斗马的方法。

《梦溪笔谈》

隔纸熨烫(除字画油秽秘法)

如果字画上沾了油秽，可用海螵蛸、滑石各二钱，龙骨一钱五分，白芷一钱，放在一起碾为细末，然后将细末铺在字画油秽处，隔纸熨之。若油秽长久，则可先用清水浸透，再用此法也能去除油秽。

《福寿真经》

冷透再收(晒书秘法)

到夏季的伏天，清晨太阳一出，就将书朝天翻开，置于阳光照得到的地方，晒到午后将书翻覆后再晒，傍晚时分将书收起，等到书籍冷透后方可叠入箱柜。如果书还有热气，就不可收藏，定要待书冷透。一切字画及衣裤鞋帽都可用此法晒后再收藏。

《福寿真经》

芸香飘屋(藏书避蛀秘术)

防蠹之法有许多种：有用樟脑的、有用香蒿的、有用烟叶的、有用花椒的，但总不如用芸香有效果。用芸香防蠹的方法是，伏天晒书后，将书堆满柜橱并打开柜橱门，放一火炉在空处，燃一炉炭火，烧起芸香，待芸香烟雾满室缭绕几个时辰，再关好柜橱之门，这些被芸香熏绕过的书则虫蠹不生。

《福寿真经》

雪水熬糊(书画不蛀秘技)

把腊月里的雪水存贮起来，裱书画的时候，用雪水熬面糊，这种雪水面糊裱出的一切书画，永远不会蛀。

《福寿真经》

添入黄蜡(虫鼠不侵书画法)

在裱字画的时候，把生矾末、花椒末、黄蜡一起放入糨糊内，这种糨糊裱出的字画则虫鼠不侵。

《福寿真经》

捣三万下(合墨秘法)

合墨法：用好的醇的烟用力捣匀，捣完以后，用细绢筛，放入缸内筛掉草屑沙尘。筛下的烟子同细沙尘一样轻细，然烟子极为轻微，不适应露在外面筛，很容易飞散，不能不小心谨慎。每一斤墨烟，用五两好胶浸在梣皮汁里面，梣皮是江南的樊鸡木树皮，这种树皮浸入水中后水变绿色，可以解胶，又能增加墨的色度，再将五个鸡蛋的蛋白(不要黄)放入里面，用一两真朱砂、一两麝香，另外整治，细细地筛，然后混合均匀，加入铁臼里面，宁可干硬一点儿，也不要太湿。大约捣三万下，也越多越好。合墨时间不能超过二月、九月，温暖的时候，墨很容易碎，每锭墨的重量不能超过三二两，大致原则就是这样。墨锭宁可小，也不要作得过大。

《齐民要术》

宁小毋大(制笔秘术)

制笔法：韦仲将所著的《笔方》中说："先要用铁梳梳理兔毛和羊青毛，去掉其秽杂毛，使它不弯曲杂乱。"做完这一切，将其分开，用梳背拍打让其整齐，毫尖和头上都必须做到排扁极均匀、平正、好用。衣用羊青毛，将羊青毛缩拉到离兔毫头下二分的地方，然后合扁，再卷动至极圆。卷好后，尽力将其扎紧。

将整理好的羊毛放在中央，或用衣中心——叫做"笔柱"，有的将其称作"墨池"或"承墨"。再用毫青团在羊青毛外，和作柱的方法一样，使中心整齐，也使其均匀平整。用力捆扎，放进管中，宁可让毛长而让笔加深，宁小不要大，是制笔的关键。

《齐民要术》

层层有序(唐曲绝奏)

唐代诗人元稹《连昌宫词》中有这样一句诗："逡巡大遍凉州彻"，这里所说的"大遍"，是指包括有序、引、歌、哨、催、衮、破、行、中腔、踏歌等演奏层次的大曲。其中每一层次中又包含了几十段，每段又要多次反复演唱。如果只是选段演奏，便称为"摘遍"。今天人们演奏的大曲，都是选段演奏，而不是原来的"大遍"了。

《梦溪笔谈》

妩媚吴娘笑是盐(杖鼓曲记)

唐代的杖鼓，本来叫"两杖鼓"，因为它在演奏时两头都用鼓杖敲击。现在的杖鼓，改用一头敲，一头用手击拍，这实际上是唐代的"汉震第二鼓"。当年唐玄宗与宋璟都很擅长演奏这种鼓乐。它的乐曲大多是独奏，如《鼓笛曲》等。今天的杖鼓，常常只用来打击节奏，远不及技艺高超的独奏那么美妙动听。从前的古曲目都早已散失殆尽。前些年王师南征时，在交趾曾得到一支名叫《黄帝炎》的曲目，这就是从前的杖鼓曲。唐代的杖鼓曲还有《突厥盐》《阿鹊盐》等。唐代诗人施肩吾曾经在诗中写道："癫狂楚客歌成梦，妩媚吴娘笑是盐。"这就是当时对演奏情形的真实写照。现在的杖鼓曲谱里还有这支鼓曲。

《梦溪笔谈》

四善之木(选琴材秘术)

琴虽然都是用桐木做成，但桐木必须是存放了多年，待木中的水分完全挥发之后，做成的琴声音才激扬优美。我曾见过一张唐初制成的路氏琴，木质都已经枯朽，几乎承受不起手指的安抚，可它的音质却非常清脆。我还有幸看到越人陶真道保存的一张越琴。传说是用古墓中破旧的杉木棺材做成的，琴声非常刚劲挺拔。吴地有个叫智和的和尚有一张琴，琴色微碧如玉，琴轴是用有纹理的宝石做的，其制作工艺和音色都达到十分完美的境界。琴腹上有唐代著名书法家李阳冰题写的数十个篆字，“南溟岛上得一木，名伽陀螺，纹如银屑，其坚如石，命工制成此琴”，字迹苍劲古朴。做琴的材料，一般说来应具备轻、松、脆、滑四个特点，这叫“四善”。但木质坚硬如石，还可以用做琴，这我就不明白了。《荒录》上说：“海南岛琼管一带有比较多的咭陀树，都是十分稀有的木材。”我怀疑“伽陀螺”就是咭陀树。

《梦溪笔谈》

极尽妙理(临帖一绝)

世人在临摹字帖的时候，大多会为其笔的走势而牵制，失去了原味。应当横行临摹，完全不去管点画，而只是按旧迹运笔，然后才能极尽它的妙理。

《梦溪笔谈》

四箱断鼓槌(唐羯鼓记)

《羯鼓录》序言中谈到羯鼓的声音时，这样形容道：“鼓声紧促而且传得很远，与其他乐器声极不相同。”唐代时的羯鼓曲，今天只有郑州的一位老人还能演奏。他演奏的曲目有《大合蝉》《滴之泉》。我在鄜延时，曾经听他演奏过。泾原的承受公事杨元孙将这件事上报朝廷，玄帝下旨召这位老人进宫。杨元孙领旨到鄜州时，老人已经去世。从此，唐代流传下来的羯鼓曲便失传了。如今乐部中虽然还有羯鼓曲名，但已是名存实亡了。那急促而高远的鼓声，再也听不到了。唐玄宗曾经与李龟年谈到羯鼓时说：“敲坏了的鼓槌有四箱子。”用力如此猛烈，当初演奏羯鼓时的技艺就可想而知了。

《梦溪笔谈》

火色为贵(烧棋子术)

滇南广制围棋之子，以永昌为第一，原因是水土有别。烧制棋子的方法堪称一绝：以黑铅七十斤、紫英石三十斤、硝石二十斤为一料，可制棋子三十副，而工本费已有三十六七两之多。棋子出炉，其色以白如蛋青、黑如鸦青者为上。若是烧出鹅黄鸭绿之色、中外透明的棋子，就是白送给人也没人要。烧棋者的郡庠生李德章为第一，世传火色，绝技从不授人。

《南中杂记》

大蒜汁调色(瓷绘着色秘术)

盛名天下的金花定碗，以画见工，色彩极为艳丽，且所描之画，无论怎样磨蚀，永不复脱。历来密守其技，且不说同行难以得术，非子婿也难得真传。然而艺界难补隙漏，秘术终被传播，原来金花定碗是用大蒜汁调色描画，然后再入窑烧，其色永不脱落。

《志雅堂杂钞》

智和“响泉”(名琴小传)

秀州祥符院有一僧人，佛名智和，保存着一具古琴，其色微碧，纹路极细，调整弦线的轴是用石料做成的。此琴制作精巧，音韵清越。琴的中部由李阳冰用篆体镌刻三十九字，其大意是：“南溟夷岛产木名伽陀螺，木纹横如银屑，其坚如石，遂用以制此琴。”沈括所著《笔谈》、朱长文所著《琴史》都提到此琴，就是唐相汧公李勉所制“响泉”。“响泉”之名见于《李勉传》。宋元祐末，僧人智和圆寂，州官向朝廷报告他的事，并将其琴匣送礼部尚书，由符太常登记保管，有些爱琴之士时常去弹奏。

《渑水燕谈录》

青丝绣画(发绣异人)

高邮有位妇人，姓王名瑗，是进士李炳旦之妻，自幼通经史，工书画，尤其善于用头发丝绣观音菩萨。曾经为亲戚在绢上用头发丝素绣璎珞大士像。她把一根头发一分为四，用发丝绣的画，精细入神，不见针线痕迹。宛如绘画，观者莫不叹为绝技。

后来，年高至大耋，曾有人歌颂她说：“父家为王相国，夫家为李相国。高山深林，必蓄非常之宝。书法则卫夫人，画法则管夫人，闲情逸致，应登大耋之年。”一时传为盛事。

《清朝野史大观》

见火凸起(灰画术记)

唐代有位能工巧匠名叫张崇，能够画灰画，腰间携带作画的工具材料，能作龙鱼鸟兽之形态，画好以后，用火烧之，则灰画见火即凸起，百擦不去，如陶似瓷。此技随张崇之亡而亡，无人后继。

《朝野佥载》

蛾眉争宠(蛾绿螺记)

隋炀帝时，宫女媚美，纷纷争画长眉，为此，宫中的司官吏每日发给螺子黛五斛，号“蛾绿子”。李贺写道：“蛾绿攒晓门。”即是此事。又据记载，隋宫中凤舸殿御女吴降仙，善画长蛾，宫内争为长蛾以仿效，官吏日供螺子黛五斛，号“蛾绿螺”。宫制蛾绿螺之技，无考。

《南部烟花录》

周大胡子(刻竹异人)

周颢，字芷岩，嘉定人，不应科举，尤工绘画。嘉定先有朱松邦父子，专以画法刻竹，其后有沈兼、吴之璠，也以刻竹闻名。周颢学刻竹之技后，咸精其艺屡屡别出新意。他所作的山、水、树、石、丛竹，用刀如用笔，其皴法浓淡凹凸，生动深邃，当时被传为绝品。周颢生了满腮大胡子，极为嗜酒，性情奇特，享年八九岁。

《初月楼闻见录》

揉铁如泥(铁画异人)

芜湖铁工汤鹏，能揉铁作画，花竹虫鸟，曲尽生辉，又能作山水屏障。喜爱汤鹏手艺的人，用木框将铁画屏障框起来，悬挂在厅堂的墙壁上。更有出意奇巧的，将四面画屏合成一灯，锤铸之巧，可谓前所未有。汤鹏死后，他的绝技就失传了。仁知朱文藻有诗赞美道：“乍看似墨泼绢素，山水人物皆空嵌，风飘秀色动兰竹，雪撑老干撑松彬。华轩逼人有寒气，盛暑亦欲添衣衫，最宜桦烛晓春夜，千枝万蕊发翠岩。元明旧迹共缔视，转觉黯淡精神减。”

《冷庐杂识》

谁枕酒甏入梦来(陇西玉雕记异)

陇西有一尊用玉雕刻的人像，长三寸许，枕甏酣卧。玉质莹净异常，一甏红如宝石，被人以千金购去。又有一只玛瑙杯，杯旁隐隐显出红日一轮，杯中注入酒浆，红日便西沉，泛起一片溶溶之光，如同红日浴海。此杯名叫“海天落照”。另有玉关帝一尊，赤面白身，相传为柴氏之物，在王石园的家中，有十二生肖皆为良玉雕琢。其中有马一匹，五色斑斓，随其形色而雕，是一件真正异宝。陇西一带，能出诸多宝物，已实不易，而要将雕玉技艺传世，更属登天。战乱不止，沧桑巨变，纵有盖世之绝技，也是枉然，故此，玉人良马，愈见其贵了。

《归田琐记》

天鹅独飞(宋太宗棋术记)

宋太宗日理万机，闲暇之时，很喜欢弈棋，并精心揣摩棋阵，自己创制三副阵势：一是“对面千里势”；二是“天鹅独飞势”；三是“海底明珠势”。对当时的近臣，一概颁赐这三势棋图。因此，王元有诗写道：“太宗多才复多艺，万机余暇翻棋势。对面千里为第一，独飞天鹅为第二。第三海底取明珠，三阵堂堂皆御制。中使宣来侍近臣，天机秘密逼鬼神。”故特记其事。

《宋稗类钞》

玉蟾吸烟(玉雕记异)

姑苏城里有一士人，家有玉蟾蜍一枚，张口蟠伏着，腹中是空的。每当焚香时，将玉蟾置于香炉边。烟尽入腹中，久之，烟又冉冉从蟾口喷出。

《香祖笔记》

斑竹帙(护帙记)

《群碎录》说：包书的布套叫帙，古人在书卷外面必裹之以帙，就像现在的裹袱之类。宋真宗取卢山东林寺《白居易集》，命崇文院写校，包以斑竹帙送寺。我曾于秀水项氏家见过王右丞的一卷画。外面用斑竹帙裹之，说是宋朝之物。其内用薄缯沿袭起来，防止书在帙内磨损，故帙字属巾字旁。

《香祖笔记》

牛栏内外(二色画记异)

《昨梦录》记载南唐李后主有一幅“牧牛图”，献于宋太宗，图中日间见一牛食草栏外，而夜间则见牛宿栏内。太宗以询群臣，为何如此，皆莫知之，独有僧人赞宁说：“这是因为用海南珠脂调和色料画的，因此只有夜间能见；用沃焦山石磨色画的，则只在昼间能见。此画是用二色各画一牛所致。”据我所知，珠脂别无经见，沃焦山亦非人迹所能到达之处，恐怕这是灵机一动，一时采取的辨别之说，以应对答吧。邱至纲《俊林机要》则以为，取含胎尚未结珠的大蚌中如泪之液，取出后立即和墨，欲使日见者于日下画之，欲使夜见者于月下画。此说法似尚近理，然而，珠泪恐怕也难得到。此事毕竟未经亲自试验，不敢盲目断其是非。

《浪迹丛谈》

皇上巡灯(南宋正月灯会记异)

南宋时期，紫禁城中继九月观赏菊灯之后，就时常举行灯展预赏，张灯结彩，曲折绵延，甚为壮观。进入新春正月，夜间灯火日盛，每年元宵灯节都有新意。各式各样的灯往往张挂在复古、膺福、清燕、明华等殿，以及宣德门、梅堂、三闲台待处，临时取旨，起立鳌山。灯的花色品种极多，每年都以“苏灯”为最美，大者直径有三四尺，都是用五色琉璃制成，做成山水人物、花竹翎毛，五颜六色，非常奇妙。后来，福州所进之灯，都是用纯白玉所制，光耀夺目，如冰清玉壶，爽彻心目。近几年来，新安所进之灯益发珍奇，虽有圈骨灯架，但都是用琉璃所制，号称“无骨灯”。朝廷曾令其制造琉璃灯山，高五丈，用机关令其上人物活动自如。造好灯山，再结大彩楼以贮之。又在殿堂梁栋窗户之间的涌壁上，制作出表现各种故事的灯来。如龙凤喷水，蜿蜒如生，遂成为诸灯之冠。殿之前后都设有玉栅帘，宝光花影，不可正视。内中有乐队，丝竹琴瑟，屡奏新曲，声闻人间。殿上铺设五色琉璃阁，都是游龙戏凤于百花丛中。小窗间垂小水晶帘，流苏宝带，交映璀璨。正当中设有御座，恍然如同身在月宫广寒清虚府中。至二鼓时辰，皇上乘坐小辇，驾临宣德门，观赏鳌山。推挽小辇的人都是倒着向后行走，以便观赏灯山。只见金炉脑麝如祥云，五色荧煌炫转，照耀天地，鳌山之灯有数千百种，极其新巧，怪怪奇奇，无所不有，中间有五色玉栅排成“皇帝万岁”四个大字。其上有许多伶官乐伎奏乐，称念口号、致语。其下构筑一个巨大的露天舞台，百艺群工，竞演奇技。百余内人身穿各式服饰，化装成街坊清乐傀儡，载歌载舞，缭绕于灯月之下，京尹官预先挑选若干生长标致、衣着华洁、能善歌叫者等在外面，既而取旨，宣唤市井舞队和市食盘架车入内。于是，先等在外面的歌叫者，齐声歌呼宣唤，市井舞队和进献市食盘架车闻声竟入。首先进献皇上，妃嫔、内人皆以金银珠宝争购之，卖者往往得值数倍，有的一夕竟成富者。如此一直到深更半夜，才取旨宣放焰火百余架。于是乐声四起，烛影纵横，此时皇上才起驾回宫。

《武林旧事》

水动灯动(南宋灯艺记)

南宋时，元夕灯节，灯品之多，以苏州、福州进者为最。新安虽晚出，但亦精妙绝伦。所谓“无骨灯”者，其制作方法是用绢囊贮粟为胎，烧缀而成，将粟除去，则如同玻璃球一样，景物奇巧，前无其比。又做一大屏，灌水转机，百物活动。赵忠惠在吴任太守时，曾叫人做春雨堂五大间，左为汴京御楼，右为武林灯市，歌舞杂艺纤悉曲尽，动用千工而成。此外，还有鲩灯，则刻镂金珀玳瑁以饰之；珠子灯，则以五色珠为下垂流苏，或为龙船、凤辇、楼台故事；羊皮灯，则镞镂精巧，五色妆染，如影戏之法；罗帛灯之类尤多，或为百花，或细眼，间以红白，叫“万眼罗”者最为奇巧。此外，还有五色蜡纸、菩提叶，若沙戏影灯马骑人物，旋转如飞。又有深闺巧娃，剪纸而成，尤其精妙。又有以绢灯剪写诗词，时寓讥笑，及画人物，藏头隐语，及旧京诨语，戏弄行人。有一贵邸出新意，用细竹丝编织成灯，外面加以整饰，疏明可爱。穆陵非常喜欢，令其制作百盏，限期完成。然而限期日近，势难卒成，遂以黄草布剪镂，加之点染，与竹无异，只用了两日，百盏灯已做成进御了。

《武林旧事》

细针拱画(工艺画奇林)

钮玉樵，字秀。他说，有一位叫秋山的人，很会画画，特别善于拱画，凡是人物、楼台、山水、花木都能在纸上用指甲和细针拱出，其设色之浓淡，布境之深浅，可与古名画媲美。按：近来在闽中见到过一种织画。是用各色破纸织成，山水、人物、花鸟布置设色，各方面都很完美，妙不可言，简直与刺绣没什么两样，很难看出是用破纸织成的，这也是一种奇技。

《香祖笔记》

一年制一灯(伞灯绝术)

上海一年一度的元宵灯会上，以伞灯为别致。这种灯作成伞形，有圆形，有六角形，多用磨得像蝉翼那样薄的锦笺缀成，上面镂有人物、花鸟等，细得有如蚕丝，做得非常精致。做一个伞灯，需要花一年时间，虽费百金也在所不惜。但在灯会上，伞灯出现最迟，每次都是等其他各种花灯尽兴以后，在百花生日前后，伞灯才开始兴盛起来，形成灯会高潮。多至两三百盏，并以五彩吴绫折枝花灯相间，偶尔还点缀着禽、鱼、蝉、蝶，在伞灯之间穿行，飞舞若生。灯会上还扎彩为亭，高达三四丈，名谓抬阁，饰以龙凤，用云石做麟甲，上下通明，光照数丈；有的二层，有的三层，每层都有秀丽的孩童扮演杂剧，例如扮演《长生殿·玉环拜月》。在兽炉中，香烟一缕，冉冉升起，烟际出现月宫，嫦娥立于殿左，左右立侍女，各执宫扇，扇上立牛郎织女二星。看着看着，好似身临霄汉，飘飘欲仙。群灯过处，绵延数里，光耀如昼，笙箫鼓乐声，彻夜不绝。但是，自从上海通商后，不再有此盛大场面了。张秋浦所作《岁事衢歌》中曾写道：“月夜笙箫步绿塍，珠帘垂处小楼凭。吴绫输與谈笺纸，妙擅江乡算伞灯。”另据记载，伞灯之制，纸之贵于绫。所谓“谈笺”，邑之土产。

《清波小志》

李昭骨（制扇骨异人）

据顾东江集记载，明朝成化、弘治期间，留都的扇骨以李昭所制者品质最优。有一次，笔者曾前往徐建庵司寇为宫坊时，徐送给笔者一把金陵仰氏扇，笔者作诗一首表示谢意，诗中有“旧京扇贵李昭骨”之句。第二天，徐与笔者相遇于朝班，徐问笔者，李昭之出处何在，笔者只根据东江集记载回答。后来，当我读到《金陵琐事》，才知道李昭、李赞、蒋诚所制扇骨最精，徐守素、蒋澈、李信修补古铜器如神，恨当时不能举此以答之。

《香祖笔记》

真赝难分（刻书记异）

世间传说，明朝吴江震泽王氏临摹宋朝刻本《史记》，即弘治时期尚宝少卿王廷哲所刻。据说，有一书商持宋椠求售，需三百金，廷哲就本重摹，一月完工，无丝毫差异，拿去给书商，换取其真本，书商也不能辨别真本与赝本。

《骨董琐记》

吮粉研朱（堆纸画异人）

王秋山，善作拱画，凡人物楼台、山水花木，都能用手指甲和细针在纸上拱出，高出于纸只有一分左右，大劈小衬，吮粉研朱，设色浓淡，布境深浅，无一不效法古名画，其技绝神，无人能传。

《觚剩》

小宛贴扇（贴绒画传记）

《随园诗话》云：如皋女子石氏学仙，是戊辰年进士石公如松之女，许配沙又文，能诗文，工书画，善琴棋。如皋的传统剪彩贴绒花鸟，是从学仙开始的。华亭王兰荪，字慧珠，嫁诸生程班，也善贴绒花卉，为世间所称赞，不知二女孰先孰后。尚书泮曾莹作《董小宛贴梅扇子歌》，说剪彩巾绒这门工艺由来已久，并非石氏始创。

《骨董琐记》

醉后方手巧（篆刻家记异）

明朝时期，金陵李文甫，善于镌刻象牙图章。歙人方仲芳，善刻黄杨章。莆田林晋白，善镌水晶章，他往往是在醉后刻制，纵横任意，甚至连自己也不觉得是在水晶上镌刻。据他自己说，不饮酒则腕指无力，而且只有喝得昏昏然才能心灵手巧，刻出好的图章来。吴中有位周尔森，其子周以先，父子二人善刻玉章，然而用的是沙碾法。只有歙人江皓臣制玉章始终用刀刻，技艺娴熟，易如画沙。他说：坚者易于取势，玉质坚硬，切玉后，总觉得刻石如腐。客死于温陵的黄相国家，收存着印章谱一帙，其妾宝藏之。据曹秋岳说：自从江皓臣死后，世上不再有能刻玉的人了。

《骨董琐记》

鸟兽龟龙(制纽扣异人)

张日中，字鹤千，是毗陵的旧家子弟，拜蒋列卿为师学制纽扣。北方汉人，多数用象牙与木料制成纽子，能出新意。有鸟兽龟龙之类，蜿蜒之状，活泼生动。过了不久，后起之秀杨玑能与张日中并驾齐名，而陶碧、周斌都不能与他相比，张还善于兼制模印。

《骨董琐记》

王蟠巧思(匠中异人)

吴人王蟠，字鹤洲，精装潢，举世无人匹敌。早年由衍圣公，到成大名、梁真定两相国之门，所见其古玩甚多，兼得其叙论，以此善于鉴别。王蟠除装潢书画之外，尤擅长制造各种器物，如笔筒、香盒、香盘、炉垫、棋奁、图章匣之类，款式新奇，工雅精妙。晚年侨居白门，自己不再动手制造，作品多出于子孙妇女之手，制法虽然是蟠所亲授，但终难得其三昧。十年前曾专访吴兴，现已逝世。

《退谷丛书》

阔板竹骨扇(扇骨记异)

明朝万历三十八年六月九日记：盛德潜用正德年代中吴人刘永晖所制的阔板竹骨扇一柄赠予笔者，说：扇工虽琐细，然而，如此浑坚精致者，其制作方法，实在是一种绝技。

《味水轩日记》

神耗而死(宋太宗金带小史)

据说宋太宗得一巧匠，而且太宗帝亲自督视其在紫云楼下造金带共得三十条，这位巧匠为此神耗尽而死。太宗帝把一条赐给曹彬，把一条给自己御用，谕驾崩后随入熙陵，其余二十八条命贮藏入库，号称“镇库带”。又说，中兴之十三祀，有来自海外，忽然拿出紫云带，只以四寸宽的腰带给笔者看，其金紫磨，光艳溢目，与通常的金不相同，其上花纹则为醉拂林人皆面带笑容，不到一寸长，但眉目逼真，宛若生动，即使是吴道子的画，也不能与其相比。花纹上还有云七级，层层可见，缕篆之精，其细微之象，几乎入于鬼神而无法形容。而且从前各种金带都不大，此带乃独大至十二绦，是在往时为穹极臣宝。

《铁围山丛谈》

碧水点葱郁(料丝灯记)

料丝灯出自滇南，以金齿卫者为最，它是用玛瑙、紫英石等药捣成屑状，再煮腐如粉，然而只有用市北方天花菜点之，方可凝聚，而后缫之为丝，再织成极薄的绢状，上面绘上人物、山水之类，极其晶莹可爱，价亦珍贵。因为它是靠煮料成丝的，所以叫料丝。用料丝做成的灯，就叫料丝灯。(按：明朝薛慧，字君来，有《咏料丝灯》云：淮南玉为碗，西京金作枝。烟空不碍视，雾弱未胜持。碧水点葱郁，彩石染葳蕤。霞叠有无色，云攒深浅姿。焚兰发香气，对竹映红滋。明月讵须侈，夜光方可嗤。——摘自《列朝诗集》)

《骨董琐记》

摩挲喷画(盲匠神技)

平阳贾叟，双目失明，能刻神像。交城县中寺有一佛像就是他所刻，仪相端严。寺中僧人说，贾叟刻前先立木胚，用双手在胚上摩挲，意有所会，运力如风。由此，我想起赵州有一位没有眼睛的僧人，能喷墨水和彩色于画布上作画，毛提举家用有一画，画有一虎蹲大树下，旁边卧一青彪，虎目烁烁如金，望上去毛发森立。

《续夷坚志》

扁舟一叶(雕核异人)

虞山王叔远有绝技，能在核桃上进行种种微雕，栩栩如生，细如毫发，无不明了。一日，偕陈良卿、屠用明一同来到笔者家春波新第，送给笔者核舟一枚，长仅八分，中作篷栊，两面共有舷窗四扇，每一扇都有窗枢，可开可关，开则内有阑干。船首有一老人，皤腹匡坐，左右各有一方几，左几上有一书卷，右几上有一炉，老人手夹一册。船尾有一人侧坐，一枝橹置于篷上。一旁有一茶炉，茶炉下有一孔，茶炉上有一茶壶，壶有嘴有柄。所雕人物眉目衣折都非常清晰可见。四扇舷窗上每扇有二字，共曰：“天高月小，水落石出。”船底有款“王叔远”三字，下面还有一枚小印章，如半粟文，云：“王毅印”。

《六研斋笔记》

东坡游舫(雕核镂玉异记)

姑苏城内有位金姓老人，其貌甚朴，却有刻棘镂尘之技。在他的微雕作品中，有一件最为奇异，即用核桃一枚，雕成东坡游舫。舫之形上穹下坦前舒后奋。中则方仓，四围左右，各有花纹，短窗二，能开阖。启窗而视，仓内有一几三椅，巾袍而多髯、坐而倚窗外望者，为东坡。着禅衣冠在东坡对面，而俯于几者，为佛印大师。几上纵横列三十二牌，宛若正想抹牌之状。一少年坐于舱隅，横洞箫而吹者，则是相从之客。舫首一童子，旁值茶铛，平头短襦，右手执扇，弯腰扇火。舫尾一老翁，椎髻芒鞋，斜立摇橹，舱外撑篙篷缆之具，无不俱全，舷槛檐幕之形，无一不周。细测其体，大小不过两指甲模样。康熙三十七年春，江南巡抚宋公荦家藏有一器，其左侧舷窗损坏而无人能够修治，听说金老之名，赠银十饼，请金老修复。金老说：“此亦为我亲手所制，世间同我目力，同我心思者有之。然思巧而气不静，气静而神不完，无一与我巧同者。我有四子，唯第三子稍传我法，而未得其精，何况他人呢？”

又，芜湖朱人瞻为高陵县令时，携有家藏白玉笼，长宽二寸有奇，四面都作连锁格眼，上下为卐文，较旁稍疏，外有一童子伏而俯窥，笼中有一猿，坐而仰视，意态俱极生动，其雕镂之精巧，疑为鬼神之功。

《觚剩》

暗中摩挲(微雕异人)

江都于啸轩，善微雕，能在一寸见方物体上刻千字，索价一二百金。东洋人、西方人竞相求之而难以获得。啸轩曾官至知县，清朝亡后，弃官卖艺为生，其刻法无所传授，随意而为，每字每行一笔刻成，即不寻行，能在黑暗中摩挲，一气呵成。一般人竭尽目力始可辨认，井然成行，无一败笔，真是一招绝技。

《骨董琐记》

蚊眉(朱氏微雕)

嘉定练川朱氏，祖先本是新安人，宋世迁居松江郡。其家族，自名叫鹤的人开始，才分居于乡间。鹤，字松邻，精通古篆，善刻印章，兼作精雕微刻，可在不到一寸大小的物体上，雕刻山水、人物、楼阁、鸟兽等，没有一处不因势象形，出人意表的。有行家良工见到他的作品，都说自己的技巧几乎比不上他。鹤的性情孤洁，与俗寡合。他的作品在当时已经不易得到，现在世间所传之珍品如松邻簪，是鹤亲手所制，被爱好古董的收藏家仍然珍藏着。鹤的儿子名缨，字清甫，能继承父业，受父熏陶，深得巧思，每作务求精诣，所以他的技艺益发日臻妙绝，人们都叫他小松。曾作仿唐吴道子画，镌刻罗汉像，作念珠一串，其刀锋细得好像蚊子的眉毛，无不飞扬欲动，各具情态；他所制作的盘盏器皿、图画、雕刻均被人们珍藏世袭。缨自少年时即行为端正，言动有礼。弱冠时，友人乘其酒醉，召妓女与其同室而反锁门户，缨始终不为所动，所以人们都很尊重他。然性唯嗜饮酒，中年后，常入醉乡。每当完成一个作品，总是一醉方休。其子名稚征，字三松，亦精其技。然不轻易制作，每制一器，总要花费一年左右，有时家人催促他快些，他说："我难道是个牟利的人？怎么能够辜负祖传盛名，唐突落指，粗制滥造，便散布人间呢？"人们都说，小松出名而掩松邻，三松出名而掩小松。其实松邻之名，晚年始噪，至小松而盛，三松则继其余。当今嘉定竹刻之名独具一格，据说是得之于朱氏技法。

《墨余录》

一粒芝麻(微雕异人)

邓彰甫，又名邓耀，江阴人，祖先是安南人。善细书，他所书写的《洛神赋》纵横仅寸余，但缕析丝分，毫芒彪柄，八法精劲，行伍井然，一般人需竭目力方能辨认。他还能在一粒米上书一绝句。据说为王梦楼所称赞的施生雨亦善细书。在古人中，好像后汉有位师官，能在方寸间书写千言，梁鹄受其法，见重于魏武。彰甫恐怕也能驾驭此绝技，在方寸间书写《闽小记》。福清郭曾去拜访过他，见一页纸上，尽书陶诗全部，笔笔仿真，一丝不苟。此外，某书记翁覃溪，每逢元旦，在一粒芝麻上书写“万寿无疆”四字，晚年目力渐衰，还能书写“天子万年”四字。

《池北偶谈》

瓦盆子掷虱(稻画异人)

西京有位田叟，自起绰号瓦盆子，已七十多岁。他所作《尧民图》，是用青缣作图底，用稻桦皮做成的画。此人作画时，常在暗室中取一小孔采光照明，边与主客谈笑边作画，曾假从袖中掏出数只虱子，乱掷到客人衣服上，客人以为是真虱子而在自己衣服上寻找捉取。其技如此，性格刚毅，自神其艺，不轻易作画送人，当他不想作画时，即使给他千钱，他也不画。稻画不曾见于书载，此人当为首创。

《续夷坚志》

东坡泛赤壁(微雕记异)

明代有一位微雕巧匠，叫王叔远，曾送给朋友一枚核舟，刻的是大诗人苏东坡泛舟赤壁。核舟头尾长约八分多一点儿，高度只有二粒谷的样子。中舱是敞开的，用箬篷盖住。旁开小窗，左右各四，共八扇。启窗而观，雕栏一览无遗。关起来看，则右刻“山高月小，水落石出”，左刻“清风徐来，水波不兴”。是用石青粘上去的。船头坐三人，中间峨冠而多髯者为苏东坡，佛印(了元和尚)居右，鲁直(黄庭坚)居左。苏、黄共阅一手卷，东坡右手执卷端，左手抚鲁直背；鲁直左手执卷末，右手指卷，如有所语。东坡露右脚，鲁直露左脚，各微侧，其两膝相比者各隐卷底衣褶中。佛印很像弥勒佛，袒胸露乳，矫首昂视，神情似与苏、黄二人不相关联。弓右膝，屈右臂支船，而竖其左膝，左臂挂念珠倚之，念珠历历可数。舟尾横置一楫，楫左右各有舟子一人。居右者椎髻仰面，左手倚一衡木，右手攀右趾，若啸呼状；居左者两眼平视，面容沉静，右手执蒲葵扇，左手抚炉，炉上有壶，作听茶声状。船背稍平，题名于船背，文曰：“天启壬戌秋日，虞山王毅叔远甫刻。”其字色黑，细若蚊足，然勾画清晰。又用篆章一，文曰：“初平山人。”其印色丹。通计一舟，共有人五，窗八箬篷、楫、炉、壶、手卷、念珠各一，对联、题名并篆文共有三十四字。总长不到一寸，是用桃核修狭做材料，精雕细刻而成。

《虞初新志》

雌黄(制黄纸术)

古人写书，都是用黄纸，所以称谓黄卷。颜之推说："读天下书未遍，不得妄下雌黄。"雌黄与纸色相类似，所以用雌黄二字来泛指书卷，表示写书用的黄纸与普通用的黄纸有所区别，避免误解。今人已用白纸写书，而有些好事者仍多用雌黄二字指书，实在是不伦不类。然道、佛二家写书仍用黄纸。《齐民要术》记载有制雌黄的方法，也许有人问：古人何须用黄纸？殊不知有它一定的道理，因为用蘖木的汁做黄色染料染纸，可以防虫蛀纸张。当今朝廷、官家之诏敕、告示多用黄色，所以私家避不敢用。

《宋景文公笔记》

小儿惊塔(微雕记异)

王叔明，能以径寸之木，精雕细刻成宫室、器皿、人物，而没有不相似的。他还曾用木头刻过一座天封塔。塔高约三寸许，周长八分多一点儿，六角形，共七级。塔外刻成唐砖宋石，色灰，就好像数百年前之物。塔顶盖铁瓮，作锈色。旁缀野花秋树，树作盘曲状，而花若发幽香。铁之侵蚀纹，石之剥脱纹，砖之腐坏纹，花之吐艳，木之落叶，均似真无假。塔内轩室敞开，共十四层，间隔以木板，有旋梯旋绕各层而上。门内坐一头陀，旁置一桌，左肘依桌，右手执扇，袒胸而多髯，好像很怕夏末残暑未消的样子。桌旁墙中绘山水人物。塔顶层有三人，各依一窗，一老者俯首攀栏；一少年作惊骇状，隐身塔中，半露其面；另一人神情与二人不同，椎髻仰面，斜依栏杆，右足向外，若啸呼状，左臂挂衣，衣势斜扬，如清风吹拂，衣裳飘忽不定。这样的微雕功夫，堪称一绝。

《清朝野史大观》

急不择纸(生纸熟纸)

唐人出产的纸，有生纸、熟纸之分。熟纸研妙辉光，生纸非有丧事而不用。退之与陈素书云：送孟郊序用生纸写成，并非不恭，实在是言急，不能择纸而写。熟纸与生纸的制法，今无继承者。

《邵氏后录》

"进入蓬莱宫"(双龙墨配料)

双龙墨用料，历来是御中之秘，偶见诗词中透漏点滴，也属凤毛麟角。苏东坡在诗中写道："鱼胶熟万杵，犀角盘双龙。墨成不敢用，进入蓬莱宫。"可见所制御用双龙墨中，鱼胶与犀角，便是制墨二料。

《锦绣万花谷》

双脊龙(李廷圭墨技)

李超，易水人氏。唐末，李超与儿子李廷圭流亡在歙州。歙州地界，长满了千年古松，李氏父子因此而留居下来，以制墨而名扬天下。李氏父子所制墨锭，有剑春圆饼面，墨上布满龙纹，堪为绝技。嘉祐中，仁宗宴近臣于群玉殿，并以李氏墨恩赐诸臣，说道："此乃新安香墨，贵如珠玉，诸臣要好好珍惜。"此后，凡是翰林承旨，赐物大都是李氏父子的宝墨，其中尤以李廷圭的"双脊龙"为绝品。

《渑水燕谈》

子孙无边(九子墨)

陆士龙写给兄弟的书信中说道：民间有一种礼俗，成婚者，送九子墨祝贺，以讨多子之彩。并在祝词中写道：九子之墨，藏于松烟，本性长生，子孙无边。

《文房四宝》

金管银管(三品笔)

南北朝时期，梁元帝为湘东王棠记录忠臣文士文章之美者，笔有三品。忠孝全者用金管笔书写；德行精粹者用银管笔书写；文章赡丽者用斑竹管笔书写。

民间除竹管笔外，绝少见金管笔与银管笔。金银笔管制作之技，梁后无记载。

《树萱录》

枯木为管(蒙恬笔制)

番禺诸郡，多以青羊毛为笔，或用山雉丰狐之毫、鼠须、鹿毛、狸毛。董仲舒答牛亨之问，说道："蒙恬以枯木为管，鹿毛为柱，羊毛为被，以成笔。"

《树萱录》

何必金玉(王羲之评笔)

王羲之《笔经》说道："有人以绿沉漆竹管及镂管见遗，斯亦可玩，讵必金玉哉？"绿沉漆竹管与镂管，后世罕见，其艺早失。

《初学记》

独卧古柜中(补砚异人)

韩风子，钱塘人，又名云善，身怀补砸绝技。凡是石砚，虽然百碎但只要不丢失碎屑，补后仍像没有损坏。风子也能修补古铜器，唯补砚为绝精。家居蒲桥，四面土墙，门若狗洞，夜宿无床，独卧在一口古柜之中，与人说话无尊卑之分，得钱即去酒家，一举而尽，被称作异人。其补砚之技，亦在古柜中独操，无人可见，故难以传世，必绝无疑。

《研北杂志》

珍珠三两(制宝墨术)

宝墨不多见，以李廷圭为最，而其制墨之法，如云锁山门，难以窥见。

宝墨源起宫帏之中。后梁、南唐、二蜀，其主皆好文章，各地置笔墨纸务之官，梁有张遇，蜀有李仲宣，南唐有李廷圭父子。廷圭墨，形制不一，有圆饼龙盘而剑脊者；有四浑厚长剑脊而两头尖者；又有如弹丸而龙盘者，用的都是金泥。原墨一料，用珍珠三两、玉屑一两，捣万杵而成。故此，所制宝墨刚坚能削木，坠于水中，经月不坏。使用时先以水浸磨处，否则会损坏砚面。

《七修类稿》

王墨蔡墨(制墨术)

王晋卿造墨，用的是黄金、丹砂。墨成，价与黄金相等。世家造墨的三衙人氏蔡焰，造墨另有绝术，除烟煤之外，一物不用，只是在制作时得法而已。蔡焰的墨，黑而有光，价不低于王晋卿。胡人说，犀为黑暗，象为白暗，这种说法可以命名于墨，也可以命名于茶。

《仇池笔记》

小儿双睛(佳墨诀)

今世论墨，唯取其光亮而不取其黑，是为弃墨，黑而不光，索然无神气，也是无用之物，不如弃掷。要使墨锭光清而不浮，湛湛然如小儿双睛，这才是上等佳墨。

《仇池笔记》

用来写经(羊脑笺)

羊脑笺是以宣德瓷青纸来制作的。以羊脑和顶烟墨窨藏多年，然后取出来涂纸，砑光成笺，黑如漆，明如镜。自明宣德朝开始，此笺专用于写经，历久不坏，虫不能蚀。此后，仍无法料知能否继传？

《西清笔记》

黄连汤洗笔(养笔秘法)

毛笔用过以后，洗净其墨，再回用硫黄水洗，以舒其毫。苏东坡以黄连煎汤调轻粉蘸笔头，候其干后再收藏。山谷以川椒、黄檗煎汤磨松烟，染笔藏之，尤佳。又，东坡作墨，用高丽煤、契丹胶为之。

《文房宝饰》

胎发人须(笔史小考)

世俗都说蒙恬开始制笔,其实并非如此。《尚书中候》中说到“神龟负图，周公援笔写之”,还有《援神契》中说到“孔子作孝经,簪缥笔”。可见，周、孔时期已经有笔了。成公绥在《弃故笔赋》中写道:“有仓颉之奇生，列四目而并明。乃发虑于书契，采秋毫之巅芒。加胶漆之绸缪，结三束而五重。建犀角之圆管，属象齿于纤锋。”这就说明，笔的制造，到仓颉时期技术已经很完备了。又有《淮南子·本经训》写道:“仓颉作书，鬼夜哭。”高诱在其后注道:“鬼或许作兔，兔恐取其毫作笔，害及其躯，故夜哭。”制笔通常用兔毫，或羊毫、鸡毛、鼠须、狼毫、貂毫。此外，《中华古今注》说有用鹿毛者,《朝野佥载》和《树萱录》说有用鹿毛、狸毛者,黄山谷的《笔说》中提到有用猪毛、獭毛者，白香山诗中提到有用鹅毛者，王荆公诗中说有猩毛者,《博物志》中记载有用雉毛者,王佐《文房论》说到有用猪毛者，唐齐已诗中写到有用胎发者,《南物志》记载有用人须者。在《笠译丛书》中的哀茹笔工诗和《林通集》中的美葛生所作茹笔诗都说到“茹笔”，茹笔即制笔，因为笔工终日以含毫不停。现今制笔者尚守此法，但以口舔之使圆，而茹笔之说法，已很少有人知道了。

《浪迹丛谈》

纸色如卵膜(宝纸记)

纳兰成德的《绿水亭杂识》中说道:“文衡山曾见过一种纸，广二丈，赵文敏不敢作字，题记而已。不知纸工是用何种工具如何制成此纸。”王东溆的《柳南续笔》中说:“太仓王文肃，家有宋笺，长十丈。米元章以细楷题其首，说此纸世上少见，让我等以后留给善于书法的人用吧。后来米公请董思翁书写，思翁欣然从命说道:‘米老所说的善书者，不是我还有谁呢？’于是将此纸书写满幅。”据笔者所知，南唐有一种纸叫澄心堂纸。陈后山说这种纸色如卵膜，坚洁如玉，这必然是陈亲眼见到过以后才说的，然而这种纸在宋代已称罕见，故刘功父有一首诗写道:“当时百金售一幅，澄心堂中千万轴。后人闻此那复得，即使得之亦不识。”就是讲的这种纸。在我家的藏书中，有李龙眠的《白描罗汉卷》，文二水为此书写的跋，认为此书的纸是澄心堂纸，其坚白都与其他纸不同。还有李后主的行书册，则纸质稍厚，色又微黄，可能是当时朝廷规定纸色不必一律，所以，一定要说澄心堂纸是白色，那是没有根据的。

《浪迹丛谈》

霍小玉赠纸(乌丝栏纸)

宋朝用的纸中，有一种纸堪称绝品。制作时纸上用黑色绢丝嵌成一条一条的界道，这种纸就称为乌丝栏。据《异闻集·霍小玉》传说，霍小玉取蛛丝缝于囊中，出越为姬。将乌丝栏素段三尺授予李生，李生多才思，能提笔成章，出口成诗。

《锦绣万花谷》

猩猩毛(笔毛小考)

谢在杭《文海披沙》记述的制笔所用之毛各不相同。种繇、张芝、王右军制笔都用老鼠的胡须，欧阳兰台用狸毛做心，萧祭酒用胎毛做柱，张茂先用鹿毛，陶隐居用羊须。郑虔说，用麝毛做的毛笔，一支可书写四百张纸，狸毛笔可书八百纸。还有丰狐、响蛉、龙筋、虎仆和猩猩毛、狼毫笔，虽然是奇品，但在醇正得宜方面，不及中山兔毫。若其源用鸭毛、雀雉毛，只是取其五颜六色，显得好看而已。当今，浙江吴兴之兔毫笔，佳者值百钱，而羊毫笔仅二十分之一，贫士多用之，然而柔软无锋，书写流畅。臧懋循想用貂鼠毛，辅以兔毫，说钟、王所用的鼠须，肯定就是用貂鼠毛做的，此笔稍肥，举落运用，不尽如人意。以上是谢在杭所记。据笔者所知，近日湖州专用羊毛制笔，特别柔软无骨。貂很珍贵，专为贵人裘毛之用，笔工当何从购之？

《香祖笔记》

黄鼠狼毛(御笔绝制)

元时，都城有一老人姓张，名进中，字子正，善制笔。他制的毛笔，管用坚竹，毫用鼬鼠，精锐宜书，很有特色。鼬鼠又名黄鼬，俗称黄鼠狼。吴兴赵子昂、淇上王仲谋、上党宋齐彦这几个人都与进中老人很友好。皇上经常要用笔，非进中老人所制不用。每当他亲自将笔献入宫廷，每次必定得到赐酒。当今京师尚未有以善制笔而出名的人。

《香祖笔记》

东宫旧事(纸砚记)

海宁北寺巷有一位程姓的人，能以石砂和漆制成纸砚，其色与端溪、龙尾无异，且历久不敝，艺林珍之。晋东宫旧事，皇太子初拜，给漆砚一枚，即此纸砚的传制品。

《骨董琐记》

绢囊沉河(澄泥砚秘制)

唐朝澄泥砚出自虢州，每年进贡十砚。制澄泥砚之法：先用绢缝成囊袋置于汾水中，过一年以后取出，极细之沙泥已充实于囊中，用此细沙泥陶制成砚，研墨水不干涸。

《骨董琐记》

墨兵墨妖(制墨记异)

程君房、方于鲁都是歙县人，善制墨。于鲁著有《墨谱》六卷，分为国宝、国华、博古、法宝、洪宝等六类，上自符玺圭璧，下至杂佩，凡三百八十五式，请名手摹绘，备极精巧，并系以题赞。君房亦著有《墨苑》十二卷，分为元工、与地、人官、物华、儒箴、缁黄六类，用以争名。《墨苑》内绘有中山狼，就是为了诋毁方于鲁的。后来程的墨介入内王当致之神庙，方非常妒恨程，当程因杀人而入狱时，方力挤之，程突然不食而死。沈德符曾叹程、方为墨兵墨妖。方于鲁能作诗，与汪道昆唱酬，入丰干社著有《佳日楼集》。程字幼博，又字大约，方字建元。此外，与程、方齐名者，有携李陈氏，所造有烟霞侣墨，陈就是大年堂药铺的主人。还有叶玄卿、吴去尘也都很有名。清朝初期歙人中有一位岁贡生叫曹素功，字圣臣，能传程、方之法，制造的墨有紫玉光、天琛、苍龙珠、天端、豹囊、丛尝、青麟髓、笔花、岱云、寥天一、薇露、浣香玉、五珏、文露、紫英、漱金、大国香、烟兰十八种，盛行于世，后来的制墨者都继素功之法而宗之。素功曾收集平时人们投赠之诗文，生版《墨林》二卷。

《骨董琐记》

以银为佳(墨匣)

昔日，砚匣都以漆匣为贵，明朝人使用檀术砚匣，然性渗不利于研。唐朝彦猷所著《砚录》称，青州红丝砚，必用银为匣始佳，亦有用锡者，据说能够润研。卢蔡生所制沙研极轻便，然制作俗恶，雅人一般不用。近来日本人却很重视沙研，价遂奇昂。卢研与漆匣，自当有别。

《骨董琐记》

纤纤玉指耐春凉(顾砚)

摘录顾二娘制砚的传说五则：

《随园诗话》云：何春巢在金陵得一块端砚，背面有刘慈的绝句一首："一寸干将割紫泥，专诸门苍日初西。如何轧轧鸣机手，割遍端州十里溪。"跋曰："为吴门顾二娘制斯砚，赠之以诗，顾家于专诸旧里，康熙戊戌秋日，春巢寄调一剪梅云云。"按：其实此诗系黄莘田所作，刻在《香草斋诗》卷二上，并注意：我有一块砚石出入怀袖将近十年，今春携带入吴，吴门顾二娘见了很喜欢，为我制此砚。我喜其艺之精，而感其意之笃，作诗以赠，并刻于砚背，以便使以后传砚者有所考证。铭曰："出匣剑光射人青花砚，文章有神。与君交如饮醇。纪君寿，如千春。"所以，不是刘慈窃取黄莘田的诗，就是制假者托其名，这是无疑的。只怪子才与莘田相距不远，怎么没有及时详考呢？春巢、刘郎、何郎之同，更是蒙蒙然，孰是孰非，难以断定。

黄莘田著《题陶舫砚铭册》中有杂诗云：古款遗凹积墨香，纤纤女手带干将。谁倾几滴梨花雨，一洒泉台顾二娘。注曰：余田生的蕉白砚，陈德泉的井田砚，十砚翁的青花砚，陈德泉的井田砚，皆吴门顾二娘所制。当时顾已去世，陈句山太仆和莘田诗之韵，亦作一首：淡淡梨花黯黯香，芳名谁遣勒词场。明珠七字端溪吏，乐府千秋顾二娘。

张祥何著《偶忆篇》云：我藏有一块宋朝坑鹅池砚，为吴门顾二娘所制，山水浑朴，双鹅戏池，乃富春相公所赠。铭曰：琢者谁？顾二娘。宝者谁？董富阳。州戴随直军机房，甲戌冬赠华亭张，归铭墨池旁。

舒仲山手批《随园诗话》云：乾隆丙午年，福州画师姚根云，赠送给钱方砚，刻经句一首云：绣出端州石一方，纤纤玉指耐春凉。摩挲细腻玲珑处，多谢吴门顾二娘。

阮吾山著《茶余客话》云：吴门顾二娘、王幼君治砚，名闻朝野，信今传后无疑。大约明朝以前，砚材易得，其式样大多端方正直，有文饰者罕见。后来才开始以片石制行砚，依片石之大小，形状之各异而各式竟兴。刻山水、鱼虫、花卉于池上。由于顾二娘制砚闻名，所以砚上没有款识，不易辨别。因此，凡细书八分款“吴门顾二娘制”六字者，大抵都是假的。乾隆贡砚，雕刻尤其精细，当今极被东洋人所看重，而顾砚已不甚被人称道了。

《骨董琐记》

邹氏说砚(琢砚秘诀)

清朝初期，吴郡顾德麟，号称顾道人，读书未成大器，但却善于雕琢石砚，凡出自其手者，无论是精工镌凿的端溪龙尾，或是随意镂刻的蠖村常石，都很自然、古雅、有致，名垂于世。德麟死后，艺传其子，子不寿，媳邹氏袭其业，人们都称她为顾亲娘。她曾对人讲起琢砚之诀窍，她说：“砚系一石，琢成必圆活而肥润，方见镌琢之妙，若呆板瘦硬，那是石之本来面目，琢磨出来有何用处？”她的意思实际上是仿效宣德时铸造香炉之思路。她所雕琢之砚，既古雅，又华美，其名更盛，当时无一人能够赶得上她。邹氏无亲子，但有养子二人，皆得其真传，可惜一养子早死。后来，邹氏死后，仅存一养子，名顾公望，号仲吕，此人实际上是邹多之侄而冒者，公望亦无子。

《闻见偶录》

范公石(砚材小记)

淄州的淄川县有座梓桐山，山上有处石门涧，石门涧出一种石头叫青金石，石色青黑相杂，其纹如铜屑。或许就是自然铜，纹理细密。范文正公早年居长白山，往来于此曾见其石。北宋皇祐年代末期，公得知青石，派遣石工取青金石制砚，极发墨，很类似歙石，今东方人多用之。或叫范公石，然而不耐用，用久了则不免断裂。

《渑水燕谈录》

一点如漆(古墨记略)

将古代制墨者其铭、其法、其人详记如下：

制铭：永徽二年镇库黑曰“唐水部员外郎李造制”者乃诸李之祖；李廷圭墨曰“臣廷圭四和墨”；柴列的墨，作成玉梭形状，铭曰“柴殉东瑶”；东坡墨曰“雪堂义墨”，又曰“海南松煤”“东坡法墨”；支离居士苏解浩然墨。大观年间刘无有取其制铭，令沈圭作数百丸。晁季一墨曰“寄寂轩造”；

大室常和墨曰“紫霄峰造”；东鲁陈相的墨作成方块样，铭曰“洙泗之珍”；嘉禾沈圭墨铭曰“沈圭”。对胶十年如石，一点如漆。

胶法：西洛王迪采用远烟鹿胶，极轻，并有龙麝气。真定陈瞻遇异人传授和胶法，就山中古松取煤用胶，置之湿润不蒸，每斤只售半千。至宣和年间，每斤值五万。此法传其婿董仲渊、张顺。嘉禾沈圭用漆烟，取古松、煤杂脂、漆泽烧之得烟，云韦仲将法，只用五两胶。李氏渡江，始用对胶，而密不传。一日，与张处厚于居彦实家造墨，而由于出灰池失早，墨皆断裂。彦实觉得所用墨科极精佳，不忍丢弃，于是蒸浸以提取故胶，再和以新胶，墨终成，其坚如玉石，因此已经掌握了对胶法，即再和胶。九华朱勤善用胶，作软剂出光墨，李承宴亦作软剂。黄山张处厚、高景修，起灶作煤，制墨用远烟鱼胶。常和、汪通辈二人买烟，令之用胶，只是各用印号而已。蒲大韶的墨用油烟如点漆。沣衡用海南松煤，三衢蔡瑶，杂取桦烟，独为最下品。

墨工：北宋崇宁年代以来，墨工如张孜、陈昱、关圭、关真、郭遇明，皆精于制样。墨工之名，多相蹈袭，例如：沈圭之后有关圭，张遇之后有常遇、沣遇，张谷后有沣谷、叶谷，陈瞻之后有梅瞻父子，制墨之法相传者有：沈圭之子宴，常和之子遇，沣谷之子遇。

《春渚纪闻》

翘轩宝帚(宝笔记)

宜春王从谦，喜书札，学习晋一的楷法，使用的是宣城诸葛笔，一支价值十金，书写起来，劲妙为当时之冠。从谦将笔号称“翘轩宝帚”。以上见郑文宝《江表志》。近世笔工有，宣州诸葛氏、常州许氏，皆世其家。安陆成安游，弋阳李展之徒，尚多驰名于时。以上见朱域《萍州可谈》。(之诚按：诸葛笔至宣和年已衰落。以上见蔡绦《铁围山丛谈》。)

《骨董琐记》

非它不用(制笔记异)

元朝时，有位张建中，字子正，善制笔，笔管用坚竹，笔毫用鼬鼠毫，制作精锐，适宜书写。吴兴的赵子昂、淇上的王仲谋、上党的宋齐彦，均与张是至交。皇上、内府经常需要用毛笔，点名非张建中所制者不用。张每次持笔入大内，必蒙赐酒。当今，京师已经没有善于制笔而闻名的人了。

《居易录》

盗了四百年(宋纸绝传)

明万历四十二年正月十二日记，海门寺大悲阁，旧贮藏《藏经》西函万余卷，其字卷卷相同，可能是一人所抄。其纸幅度大小红印，日金粟山藏经纸，其间有北宋元丰年号，证明此乃五百年前的纸张。纸的内外皆蜡，无纹理，与日本纸相类似，造法今已不传，想即是古时所谓白麻做的纸。当时溆浦通番，也许是从日本进口以后再加蜡的。后来，这些《藏经》日渐被人盗尽。金粟山位于溆浦城南十二里，山上有金粟寺，金粟山藏经纸即在此山所造。

《味水轩日记》

十月煎胶(兖墨秘制术)

宋代之墨，以兖墨最为出名。《蚕尾集·书兖墨》云：宋时最贵为兖墨。王氏《谈录》云：公在彭门，常派人取来兖州最好的煤，亲用手糅合成各种形体，光色与“廷圭”不相上下。晁氏《墨经》云：兖州陈朗，其弟陈远，其子惟进、惟迨，与易水奚氏并称。苏东坡曾说：兖人东野晖所制之墨，每枚价必十千，确实不是一般普通墨所能相比的。其制法的特点是，十月份煎胶，十一月份造墨，以不用药为贵。泰山组徕龟蒙凫峄和密州之九仙山，以及登州之劳山，都盛产松，总称东山。东山之松，色泽肥腻，质性沉重，品惟上上。兖墨的制法，今已失传，即使询问那些知名文人墨客，也无法了解到。

《骨董琐记》

三百年老松(朱氏制墨)

据升庵著《丹铅总录》云：元代朱万初善制墨，单纯用松烟制造，而且取料多取有三百年树龄的摧朽之残余，而树之精英仍不泯灭的轻松用之，绝非普通之常松。虞文靖赠诗曰：“霜雪摧残涧壑非，根深千岁斧斤违。寸心不逐飞烟化，还作玄云绕紫微。”又云：万初之墨沉着而无留迹，轻清而有余润，其品在郭圮父子间。又跋其后曰：近世有人制墨参油烟代替松烟，姿媚而不深重。万初既以制墨而称显，又得真定刘法的造墨法于石刻中，他认为刘之精艺深心尽在于此，必须无误于后世。笔者曾经说过，油烟墨姿媚而不深重，如果要用松枝燃烧取其烟制墨，则二者兼有。宋徽宗曾用苏合油搜烟制墨，宋灭后，被

金章宗购之，一两墨价值黄金一斤，无论谁都无法仿造，人称“墨妖”。

《骨董琐记》

来自风涛间(砚材绝选)

蓬莱海边驼矶岛出产石砚，色黑，非常发墨，也不损笔，只是其温润不如端砚，有些制造得非常别致，可供陈设于几案间。牧斋著《初学集·驼矶砚铭》记载：姚宽西溪丛语曰：登州驼矶岛的石头可以琢磨成砚。此岛为海运航线必经之地，新城王季木遗予驼矶砚，为之铭曰：“海岛有石，取以琢砚。涉波风涛，登于书案。世无淮安，畴复海运。睛窗摩挲，使我三叹。”

《骨董琐记》

寒溪沤纸(制冷金笺)

温公有《送冷金笺与兴宗诗》云：蜀山瘦碧玉，蜀土膏黄金。寒溪漱其间，演漾清且深。工人剪稚麻，捣之白石砧。就溪沤为纸，莹若裁缪琳。风日常青和，小无尘渣清。时逐贾州来，万里巴江寻。

《骨董琐记》

青色莲花(种花秘技)

杜牧在湖州任刺史时，得知有户染匠家中的水池中生有青莲花，便命收取莲子送到京城，种于池沼。没想到，本是青莲，到了京城就变成了红莲，使皇上大失所望。杜牧为此又找到了湖州的这户染匠，问其究竟。染匠说道：“我家有三世治靛瓮，先以莲子浸在瓮底，大约浸一年，然后再种，必开青色莲花。倘若用开了青莲花的种子再去种，当然又返还本色，仍为红花了。”将浸过的莲子给了杜牧，送京植入池中，果然开出青色莲花，一时惊为神功。

《北梦琐言》

闺宠(剪花术)

旧都大街有剪诸色花的艺人，手艺极为精妙，可随心所欲地剪出各种人影兽像，无不酷肖；剪出的字形无不神情具备，丝毫不谬。更叫绝的还另有一人，是个翩翩少年，能于衣袖中剪字，常见他藏剪刀于衣袖中，运手而铰，纸屑纷纷落下，即刻将剪成的字样取出袖来，递于众人。除了剪字，这少年所剪花卉，更是无比精巧，深为闺楼宠迎，声誉独擅一时，无人可及。

《志雅堂杂钞》

鲜妍如许(养花法)

兰，春不出，夏不日，秋不干，冬不湿。此花最喜欢鱼腥水。凡浇灌不可过于频繁，频则根烂。水在根下一过而已。蚂蚁最喜食兰花的根须，可用油骨引去，或用闽中阿鲎鱼尾（又名鲎帆）插于土中，也可去蚁。土底不可太紧，紧则不能发畅，且不易过水。

牡丹，最喜肥，种时根下宜用猪羊肠胃铺垫，则开花鲜茂。根总宜于暖。牡丹又名“鼠姑”，根下常埋死鼠，开花则茂。

梅花，花开后必生叶，叶乃另生之枝，须将开过花的旧枝剪去。待到新枝长至六七寸时，又将尖掐去，至冬方能有花，且夏天落叶。如果任其长发，则到了夏天不落叶，或焦枯而死。花总生于叶之根，夏天一叶即冬天一花。夏五六月曝日，宜早晨不宜中晚，切忌。

碧桃，盆中碧桃，开花后将其残枝剪去，留新芽，清明时移栽土地，霜降前入盆，迟数日再入室。新条也须掐尖，方能有花。

荷花，种藕是不会开花的。须选择细如手指且又较长的花根，植之方可有花。种下的是花根，不用河水、河泥也能照旧开花。市肆间卖的，都是藕，不是生花之物，只能供作蔬菜而已。

《竹叶亭杂记》

诗引花(荷花盆栽术)

张晓山，字子纲，中翰，善养盆莲，自置老瓦盆，购佳植栽之，应时而开，较池中之莲花，地近而影真。然而，四周比邻人家的人从未见过。一日，张来我家，请我做诗，我就为他写了一首绝句：“延陵公子（即吴红生中翰）招我觞，花开衣袂如薰香。何从得此六郎貌，道是荷花原姓张。我与子野居望衡，未看佳卉闻芳声。莲社条规许饮酒，胡为不请陶渊明。”第二天，张便邀我赴花筵，并赠我一盆莲花。俗话说：请神符要灵，符灵来得快。试问读者，你相信吗？这正是：一纸吟成急就章，果然招我饮莲觞。渊明入社心先醉，子野栽花影亦香。佳种寻来真似玉，仙葩开处白于霜（内白莲最佳）。尊前细认何元立（何銮金亲家），旧雨相看鬓发苍。

《乡言解颐》

牛尿催花开(护花绝法)

宋时，武林马塍藏花之法非常独特：纸糊密室，凿地作坎，覆盖以竹，置花其上，用粪土和以牛尿、硫黄，然后置沸汤于坎中，候汤气熏蒸，则扇之过一宿，则花放。现在，京师之园丁也采取这种办法。我曾以此法藏盆花过冬。要使明年花树不败，则酬其直，唯有桂花不能如旧。据《西湖志余》说，桂花必清凉而后放，办法是把桂花放在石洞中突出的岩石之间，暑气不到之处，鼓入凉飕飕的风，桂乃开花。

《香祖笔记》

铁屑护根(铁树开花秘法)

《岭海见闻》记述：铁树生于海底石上，树干类似珊瑚，其旁有蚌守之，所以，往往在海底取得铁树，则可兼得珍珠。实际上是铁树与珊瑚同类，都生于海底。然而，珊瑚大者五六尺，小者不过尺许，可用铁网捞取，珊瑚在水中是软的，见风则硬，起初呈白色，尔后渐黄，见阳光后，则变为殷红如丹砂。按王济雨舟所记，云官横州于一指挥家中的园圃中，亲眼见到过铁树，历历详述其六十年开一次花的情景。

我在羊城学使署，也见过铁树，高大并不比一般树特殊，属木本，并非玉石之属，只要以铁屑培护其根，则生长茂盛，与其他树木用水浇灌之差异，就在于此。这与前面所说的有所不同，难道是名同实异的两种树吗？

《岭南海见闻》

秦川真种(异品兰花)

上海每年都举办花会，其盛况莫过于兰。爱好兰花的园艺家不惜多金求购名种。四方花客捆载而来，故得独富。每当春暖花开季节，各种兰花竞放，成集于豫园，争奇斗胜，清香沁人。贵重的品种有一品、五兜、翠蟾、玉蝶等，都是水仙、梅瓣中之异品。更有金雪、朱墨之奇，巧蝶、虫兰之异。花名百种，一室争妍，诚为佳事。近几年来，金秋菊会也是盛况空前，不减春时，菊花品种繁多，千姿百态。传统名种，石崖新种，几乎搜罗遍尽。有一富商，用二十金觅得一秦川真种，视为珍宝而蓄之。到第二年此菊再放朵时，色不过深紫，有如墨汁染色，识者赞不绝口。

《墨余录》

安世房中歌(古乐辞轶名)

《京西杂记》载：戚夫人善于鼓瑟击筑，并会演唱《出塞》《入塞》《望归》等曲辞。这些曲辞，都是远在《十九首》、苏、李之前就有了。同时，这些乐辞和《安世房中歌》，可以称得上是汉诗中最古老的。说《晋·乐志》是李延年所作，不知有何根据。现在，在乐府吹笛子的郭茂倩的《乐府诗》所载，则说乐辞最早始于六朝刘孝标、王褒等人，而古乐辞未流传至今，实在可惜。

《京西杂记》

色如黄玉(纸做的箫)

闽开寺前，有一人能用纸卷成箫，周亮工获得一管，色如黄玉，扣之铿然，将其请善于吹箫者一一试过，无不称善。或题之曰：外不泽，中不干，受气独全。其音不窒不浮，品质在用佳竹制成的箫之上。将纸箫赠予刘公，公还写了一首纸箫诗，以称赞纸箫。

《骨董琐记》

声中有雌雄(洞箫绵制)

黔平溪郑氏，用竹制作洞箫，其分寸节度，都符合古制，其声清越，听起来好像有雌雄。家传祖技已有数百年，必须在夜间万籁皆静时制作。摘自宋于廷《平箫曲注》。按：平溪即今之思县，今最贵重的要数玉屏箫，是用紫竹做的，外表加以刻镂，别无他奇，现在也没听说过思县人善于制箫的传说。

《骨董琐记》

八音并奏(乐器箱)

戴文魁，是天下之巧人，他将各种乐器纳入一柜之中，一经发机而引之，则八音并奏，移宫换徵，不差分毫。此人貌极丑怪，据说都下诸位贵人特别喜爱他。他所制弓戏，也极其生动，近日所时尚者，都是能百戏杂艺人，而优秀戏子更加受人爱戴。

《京师偶记》

浑身都奏乐(演奏绝技)

乾隆年间，有位善耍杂技的人号称坛子王，为了培养有经验的杂技老手，三个儿子皆世传其业。乌程人朱锦山，能陈二十四种乐器于面前，能用嘴和四肢手足操作，演奏出正确的音节和旋律来。又能奏各种曲调，间以拇战等声，并且十分完美绝妙，曾在和珅官邸中做事，将败，在先一年辞去其职。嘉庆乙亥年，赵亿孙在吴兴座上见到过他，仍操旧业以糊口。亿孙为他赋过一首长歌。

《骨董琐记》

玉指击鼓(伴奏术)

古越，民间有一种风俗，在举行宴会饮酒作乐时，有擅长歌舞技艺者，击鼓盘伴舞助乐。圆盘似鼓，故名鼓盘，圆径一尺六寸许，艺人左手抱盘，靠着衣服，以右手五指交替弹出有节奏的鼓点，一人独奏一盘，或数人合奏数盘，舞者应着节拍，翩翩起舞。

《墨娥漫录》

玉奴娇声(琵琶[illegible])

杨贵妃善琵琶，以沙逻檀为槽、龙香板为拨。故此，郑愚津写诗道：“玉奴琵琶龙香拨，犹歌促酒娇声悲。”龙香板为琵琶拨，不详其为何故。

《坡注》

瑶池燕(古琴曲)

苏东坡说：古琴中有一曲为《瑶池燕》，其词是这样的：“飞花成阵，春心困，寸寸别肠，多少愁闷。无人问，偷啼自愠残妆粉。抱瑶琴，寻出新韵，玉纤趁，南风未解幽愠。低云鬓，眉峰眉晕，娇和恨。”

《坡集乃廖明略词》

雷氏琴(古琴品级)

蜀中雷氏，制琴最佳，普天下无不知晓。雷氏所制之琴，最佳上者，称为“玉徽”，次者称为“琵琶徽”，再次者称为“金徽”，又次者称为“螺蚌徽”。雷氏的制琴之技，无嫡传，存世不永。

《国史补》

响泉韵磬(制百纳琴)

刘禹锡语，李勉好雅琴，所制之琴堪为独有：取桐丝精者杂缀，号“百纳琴”，其尤绝者称为“响泉韵磬”。

《坡诗注》

蟹行鸾鸣(弹琴秘诀)

弹琴之技，秘诀不可不知，其诀为：凡弹琴轮指，称为“蟹行”，侧转指，称为“鸾鸣”。若是全用指甲，则声干而多思；全用指肉，则重浊而不匀。

《琴书诀》

非云非烟(古琴曲调)

世传琴曲共有十小调，皆是隋代贺若弼所制。一为“不博金”，二为“不换玉”，三为“峡泛吟”，四为“越溪吟”，五为“越江吟”，六为“孤猿吟”，七为“清夜吟”，八为“叶下闻蝉”，九为“三清”，第十调已不知其名。琴家盗名贺若而已。

太宗尤爱操琴，改“不博金”为“楚泽涵秋”，改“不换玉”为“塞门积雪”，并命词臣探题制词。当时，苏易简探得“越江吟”，其词为：“非云非烟，瑶池宴，片片碧桃，冷落黄金殿。虾须半卷，天香散，春云和孤竹，清婉入霄汉。红颜翠态。烂漫金舆转，霓旌影乱，箫声远。”

《冷斋夜话》

夜夜奏乐(仿喉音谱曲)

许州有一位老僧，自从四十岁以后，每当夜间熟睡时，喉间便会发出一种奇声，如鼓簧之乐，十分动听，且又具韵节，堪称许州一绝。当地的伶人为了得到他的声音，偷偷地躲在他的卧榻旁，等到他睡熟了，即谱其声。将他的声音用来配置丝竹，无不与古奏相合。和尚每夜睡觉醒来，却浑然不知，二十余年中，几乎每夜都被人偷录喉音，以谱曲而传世。

《酉阳杂俎》

声声入黄泉(弹琵琶绝技)

欧公被贬谪到术阳当副职时，有杜彬者善弹琵琶。有一天，公请彬来饮酒，席间请彬弹奏一曲，彬正色谢曰：不能。后来，彬将酒置于桌上，突然起身回还，过了一会儿，听到轻微的丝弦声，断断续续，由远至近，久之，彬抱器而出，右手不断弹奏，公大喜。后来，欧公有诗曰：坐中醉客谁最贤，杜彬琵琶皮作弦。自从彬死世莫传，玉连锁声入黄泉。

《锦绣万花谷》

鸡筋作弦(弹琵琶绝技)

唐朝贺怀智善弹琵琶，用鹍鸡的筋作弦，用小铁片拨弹，音韵奇特。东坡有句诗曰：鹍丝铁拨世无有。

《锦绣万花谷》

夜宿华阳亭(琴曲绝弹)

嵇康喜爱闲游，有一次游洛西，日落西山，暮宿于华阳亭，拿出琴来弹奏。入夜后，忽有一客出现在华阳亭，自称是古人。二人交谈起来，谈到音律之事，言词清朗，其人对音乐颇有造诣。深夜，向康索琴弹奏了一曲“广陵散”，声调绝伦，于是教授康学会此调，并且要求康不传别人，康请客人说出姓名，客人不语而去。

《锦绣万花谷》

杀气逼人(弹琴奇声)

蔡邕到邻人家赴宴饮酒，到了那里，见有一位客人弹琴，邕听见琴声中夹着杀气，吓得急忙返回，主人赶紧追出来问邕为何离去，邕回答说，刚刚我听到弹琴者的琴声中有杀气，觉得很奇怪，也许是我见到了螳螂方捕蝉，这杀气难道是杀心形于声吗？

《锦绣万花谷》

耍和尚(失传戏目)

南宋灯节时，有歌舞队能演出各种戏，他们的首饰衣装，相当奢靡，珠翠锦绮，炫耀华丽，如傀儡、杵歌、竹马之类，多至十余队。舞队演出的戏目有：

大小全棚傀儡	查查鬼	黄金杏
贺丰年	瞎判官	遏云社
快活三娘	绯绿社	抱罗装鬼
免吉	沈承务	胡安女
一脸膜	凤阮嵇琴	十斋郎
李大口	猫儿相公	扑蝴蝶
洞公觜	回阳丹	刘衮
长瓠敛	细旦	火药
河东子	瓦盆鼓	货郎
吃遂	黑遂	焦锤架儿
王铁儿	乔三教	鼓板
大憨儿	交椅	乔迎酒
夹棒	乔亲事	扑旗
麻婆子	屏风	乔乐神
男女竹马	乔捉蛇	狮豹蛮牌
大小斫刀鲍老	男女杵歌	乔学堂
地仙	乔宅春	耍和尚
子弟清音	交衮鲍老	乔像生
教象	乔师娘	散钱行
诸国献宝	女章清音	独自乔
粗旦	穿心国入贡	打娇惜
孙武子教女兵	村田乐	旱划船
快活三郎	六国朝	装态
四国朝	踏橇	

其戏目甚多，不可悉列。

《武林旧事》

宫中飞蜂蝶(古代魔术)

宋庆历中期，张九歌居住在京师，即使是寒冬腊月，也总是只穿着单衣。燕王觉得很奇怪，经常召见他并给他酒喝。一年以后，张来见燕王，对王说："我将要远游，所以特来告别。今献一小技让王开开心。"乃取锦缪一段，剪成小块，重叠起来，再剪成许多蜂蝶状，随剪随飞去，莫知其数。过了一会儿，随着张的呼唤，蜂蝶翩翩飞回，仍然变成锦缪。王看了很高兴。问张："你能算算我的寿命有多长吗？"张说："王爷的寿命能与开宝寺浮屠齐坚。"后来浮屠遭灾而损，果然王亦随即而亡。

《宋稗类钞》

鼓环掉落(古乐器绝技)

燕龙图肃，有巧思，初为永兴推官。知府寇莱公喜欢舞柘枝，很珍惜伴舞奏乐用的一面鼓。有一次，鼓环忽然脱落，莱公怅然，询问诸匠，均不知如何修复。燕把鼓拿来一看，把环脚装上，用锁簧插入，则不脱落了。莱公大喜。燕之为人最大特点是博学多才。他的漏刻法最精，远近闻名，现在的州郡往往都可见到。

《宋稗类钞》

蚂蚁列阵(戏禽虫术)

武林，有玩杂耍者，能调教禽虫之类，使之做出各种各样的戏耍，以乐观众。

一种是：蓄养乌龟七只，大小分别为七等。将龟置于桌上，戏者在一旁击鼓以引之，则第一等大者先至桌之中央伏定，第二等大者从而登其背，如此直到第七等小者登上第六者之背，随着鼓点竖身直伸其尾向上。七龟重叠，宛如小塔状，谓之乌龟叠塔。

又一种是：蓄蛤蟆九只，于席中置一小墩，其最大者乃踞坐墩上，八小者左右对列。大者鸣叫一声，八小者也叫一声；大者叫数声，八小者也叫数声。而后，小者一一至大者之前点首作声，如施礼状而后退下，称谓蛤蟆说法。

再一种是：训练黄黑二种蚂蚁，各有大者为将领，插旗为号。戏者击鼓，一鼓对垒，摆开阵势；二鼓交战，双方厮杀；三鼓分兵，撤出战斗；四鼓偃旗，列队归穴。谓之蚂蚁角武。

还有一种是：以蜡嘴鸟作傀儡，戏者唱戏曲以导之，鸟则拜跪起立，俨若人状。或使之衔旗而舞，或写好八卦名帖，使其衔之，纵横不差。或抛弹丸于空中，鸟则飞腾啄取。这叫灵禽演剧。

这些虽然只不过是戏耍者之小技，但似乎也是一种神术吧。

《宋稗类钞》

绿腰(唐代舞名)

唐代诗人张祜所作诗有两句："内人已唱《春莺转》，花下傞傞软舞来。"什么叫内人？什么叫软舞？据我所知，《教坊记》中提到：妓女入宜春院，谓之内人，也叫前头人。凡遇演出舞曲的那一天，掌握演出的人先进曲名，曲目单上用墨点者，即舞，这叫进点。教坊人只得舞《伊州》，其余的曲目都让内人演出，如《垂手罗》《回波乐》《兰陵王》《春莺转》《乌夜啼》之类，称谓软舞；还有《绿腰》《苏合香》《屈拓》《凉州》《甘州》《柘枝》《黄麞》《拂林胡》《渭州》《达摩支》之类，称谓健舞；还有剑器、胡旋、胡腾等。按记中所列曲名，如《小秦王》《武媚娘》，都是李唐本朝之事，可与《吕太后》并列，不必避嫌忌讳。还有，《竹枝》本名《竹枝子》，与《采莲子》《渔歌子》《山花子》《水仙子》《南乡子》《赤枣子》《生查子》等并列，现在已除去"子"字，只叫《竹枝》。而《杨柳枝》则是其本名。还有字舞、花舞、马舞。

《香祖笔记》

医药方术部

一笑而逝(自明术)

名医张介宾，著有传世医书数卷，名动天下。到了晚年，尤其对《易》书研读成癖，昼夜捧诵不止，达到了能够预知前事的精深境界。至八十三岁秋天，他忽于某一日对家人语："我快要死了，快快备下殓具。"那些天，正逢连日阴雨，不利出殡，他便长叹一声，又说道："道路泥泞，亲朋好友趟泥送丧，实不忍心，再迟死十日也是可以的。"家人闻言，无不欢欣。十日即逝去，到了最末那日，张介宾吩咐家人宴请戚友，欢聚一堂，然后讲《易》至随卦三爻，看看月色正明，便说道："我现在可以去了。"说罢，起身拱手，向诸人作别，上榻坐定，一笑而逝。

《春商呓语》

八条腹虫(治病绝术)

建阳人陈仆的母亲高氏，年已六十多岁了，某日忽然得了一种奇病，只觉得腹中饥饿不堪，每当发作之时，似有虫子咬心，急切地想要狂吞食物。只有在狼吞虎咽一番后，这种万虫噬心之状才能得以缓解。如此奇病拖了她三四年，已将老妇人弄得声名远播，邻里乡亲无不摇头称怪。且说陈仆养了一只猫，长得十分可爱，高氏很喜欢它，常常让它蹲在自己身旁，或是抱在怀中，整日不离不弃。每逢这猫咪咪娇叫时，高氏就去取来自己吞食的鱼肉和米饭喂它。建炎三年夏天的一个夜晚，高氏坐在露天纳凉，猫在她身边叫了几声，她立即就去取来了几块鹿肉，嚼碎后喂给猫吃。鹿肉烧得极香，猫吃完后又连声馋叫，高氏便又嚼碎几块鹿肉，想去喂它。正要喂猫的时候，忽然觉得有异物从自己的肚中浮升而起，直扑咽喉，高氏忙用手去抠了一下咽部，只觉一阵恶心，呕吐出一块像拇指般大的东西，訇然掉在地上。取烛火一照，只见这东西头尖削而扁薄，状如沙塌鱼，身如

虾壳长八寸。说来也怪，这东西见风就飞，渐渐在晚风中变得粗壮，已有

二指来宽，腹中饱鼓鼓的异常丰满。高氏急忙剖开它的身体，便见腹中的肠胃与鱼类无异，只是内有幼虫八条，蠕蠕扭动像泥鳅。闻声来观看的邻人们，谁都不能辨识这东西是什么属类，惊得四处躲闪，生怕被这些奇物钻入肚去。高氏也不迟疑，急唤儿子铲来沙土，将怪物埋了。数天后，高氏的饥饿之症出乎意料地痊愈了。原来，害她多年的症癖竟是这怪物在肚中作的鬼。

《清稗类钞》

猝不及防(治哑绝技)

绍兴庚辰年间，有个名叫钱伸的官家子孙，三十多岁时，突然得了一场病，致使咽喉发不出声音，而起居饮食一切如常。心里愁闷不乐，已长达八年。一天，妻子用言语触怒了他，他拿起木棒追打妻子，妻子边逃边骂“哑畜生”。钱伸听了更是怒不可遏，接连不断张嘴大呼：“看我这哑畜生打你！”呼到第三声时，声音竟出来了，家里人听到都惊喜万分。从此钱伸说话又与从前一样了。钱伸之病因急怒而得痊愈，他的妻子也因为这意外的喜悦而没有受到处罚而得到了赞扬。

《香祖笔记》

扔金(诲人术)

河南人乐羊子，曾在走路时捡到一块别人丢失的金子，回家后就交给了妻子，妻子说：“我听说志士不喝盗泉的水，廉洁的人不接受嗟来之食，何况是拾到金子得到财利，玷污了自己的行为呢？”乐羊子十分惭愧，于是就把金抛在野外，到远方去拜师学习去了。

《金鸾密记》

骂盗(求死绝招)

刘氏的名字叫宜，大同人，至正戊申年秋天，与她的婆婆都被河南军所掳掠，被押在军中十分辛苦。婆婆华氏对刘说：“你很年轻，正当芳龄，怎么办？”刘说：“只有死。”华氏说：“想自刎又没有刀，想自缢又没有绳子，怎么办？”刘说：“那么就设法让强盗发怒，让他们来杀我们。”于是就大骂强盗，果然被杀害。刘当时二十一岁。

《北户录》

九蒸九晒(大力秘法)

想要积蓄一身超人的力气，可以将大淮、地黄蒸九次晒九次后，每日清晨服下三四钱，不但能生出大力气，还能养精血，健身体。

《福寿真经》

平飞过河(轻身法)

身体肥胖，做人行事诸多不便，今有一减肥妙方：取山精天天服用，坚持十余年，则身体定会轻飘，甚至轻得可以平飞过河。

《福寿真经》

先睡心，后睡眼(睡眠术)

为人站要有站相，坐要有坐相，睡觉也得有睡相。睡觉时必须曲足侧卧，以敛其形，形敛则神敛。若仰卧，则元神散荡。卧时切记手不可放在胸口上，否则会有梦魇。卧时不可言语。人卧时须如钟磬一般，不悬则不宜发声。古人概括道："卧侧而曲，觉正而伸，早晚以时，先睡心，后睡眼。"

《睡诀》

尸骸骷髅(灭情欲绝术)

每当色欲之念一起，男人心里只要想到眼前的女子死后，尸骨骷髅恐怖秽污，就会对这女子产生厌恶感，色欲之念自然即止。也可以在起色欲之念时，心里想象自己独身走过悬崖绝壁处的危桥，心头畏惧害怕，色欲之念亦即消失。要知道固身保命，延年益寿，断绝色欲之念为第一要事。

《福寿真经》

握拳正坐(男子保精法)

男子的精液产生于夜半子时，若想保精护体，可在每夜四五更时分，盘膝端坐，咬紧牙齿，握紧拳头，先提玉茎，作好像忍住小便的样子，然后微微吸气，将气息存至丹田，等到鼻子涨满才开始徐徐呼出，呼吸时气息都须从丹田出入，如此重复七八次，坚持下去，定能保固精气，却病延年。

《福寿真经》

香飘金殿(御春术)

隋朝大业元年，隋炀帝杨广，下诏修筑西苑，周围二百里，内有十六院。自制院名：一景明，二迎辉，三栖鸾，四晨光，五明霞，六翠华，七文安，八积珍，九影纹，十仪凤，十一仁智，十二清修，十三宝林，十四和明，十五绮丽，十六降阳。每院有二十八人，都是从宫中挑选最佳丽的美人。每院选择经常侍寝于帝的美女为首。西苑有专门主管出入的官宦。十六院纷纷争看佳肴精丽赠送给主管官宦，以求恩宠。帝总是喜欢在月夜带着宫女数千人骑马到西苑。特作《清夜游曲》，于马上演奏。帝大多是夜寝西苑，来去无定时。侍御者多夹道而宿，帝往往在中夜住下，令选中的美女侍寝。

又开凿五湖，每湖四十里。东湖叫翠光，南为迎阳，西为金光，北为洁水，中为广明。湖中积土石为山，构造亭殿，蜿蜒曲折，环绕澄碧，皆穷极奢华。又凿北海，水深数丈，周环四十里。中有三山，分别效仿蓬莱、方丈、瀛洲三山。山上都是台榭回廊。开渠沟通五湖，水上行的是龙凤舸。自作《湖上曲》《望江南》八阕，令宫中美人歌唱。

隋炀帝晚年益发沉迷女色，对近侍说："宫殿虽丽显敞，苦无曲房小室幽轩短槛。若得此，则我期老于其中也。"近侍高昌，要下面照此设计，荐朝御览后大悦，即日召有司供具材木，征役夫数万人，拟一年完成。楼阁高下，轩窗掩映，幽房曲室，玉栏朱杆，互相连属，四合曲屋自通。千门万牖，上下金碧，金龙伏于栋下，玉兽蹲于户旁。壁砌生光，琐窗射日，工巧之极，自古未有。所花费用几使国库为之一空。该建成后达到了，若有人误入，终日不能走出。帝知大喜，对左右说："较真仙游其中，定会自迷。"可以称谓"迷楼"。对组建者下诏以五品官赐升。又于"迷楼"张四顶宝帐，一名散春愁，二名醉忘归，三名夜酣香，四名延秋月。选良家女数千居楼中。帝每看中一名美女，住上个把月也不想出来。

大夫何稠向帝献上"御童女车"。此车制造的丈度极小，只能容纳一人。车中有机关，机关可以困住女之手足，纤毫不能动，供帝用此车以试处女。帝极喜，乃以千金赠何稠，以表彰他功夫巧妙。何稠后来又进献"转关车"。将车周围挽住，可以升到楼阁上面，如行平地。车中的御女则自动摇晃。帝特别喜悦，问此车何名，何稠答："臣任意造成，现在还没有命名，请皇上赐名。"帝乃赐名为"任意车"。车前面的帘子和窗帘都是用鲨鱼皮和薄丝绸做成的网状，上面缀满玉片鸣铃，车行时摇摆玲珑，发出声响，以掩盖车中笑语，使左右侍卫官兵听不到里面的声音。帝又令画工绘出仕女会合图数十幅，悬挂于"迷楼"中。

这一年，上官时自江外得替回朝，铸乌钢屏风数十面，高五尺，阔三尺，磨得精光闪亮，就像镜子一样。用这些屏环绕于寝所，叫御女住在屏内，宫女的体貌丝毫不走样地映在屏上。帝笑道："画得太像了，这才是真正的仕女肖像图呢！"遂以千金赐上官时。到了大业十二年，帝又重新爱上江都，要到江都去。东都的宫女有半数不能跟随帝一同前往，纷纷攀住车要求帝留宿，手指都磨出了血，染在套马脖子的皮革上面，帝仍不回头。戏题二十字赐留守宫女们云："我梦江都好，征辽亦偶然。但存颜色在，离别只今年。"于是车驾立即出发。

长安进贡的御车女中有一名叫袁宝儿的，年方十五，腰肢纤细，痴憨多态，帝特别宠爱。当时洛阳进“盒带花”，据说是采自嵩山。采集者不知其名，感到是很少见的珍奇花朵，便进贡给皇上。正好帝驾车队到达，所以就叫它“迎辇花”。在外是紫色，花蕊是粉红色，花萼是深红色，枝干是烘翠色，类似通草而无刺，叶圆长而薄，其香浓郁芬芳。一旦沾染衣袖上，香气经久不散，嗅之令人减睡。帝令宝儿拿着花，称谓“司花女”。当时下诏虞世南草拟《征辽指挥德音敕》于帝侧，宝儿注视虞很久。帝对虞说：“昔侍飞燕可作掌上舞，常言道儒生饰于文字，今观宝儿信信然多憨态。今宝儿注目于卿，卿可以即兴嘲弄一番。”世南应诏作绝句云：“学画鸦黄半未成，垂肩亸袖太憨生。缘憨却得君王惜，长把花枝伴辇行。”帝大悦。

到了沛凉，帝御龙舟，萧妃乘凤舸。锦帆彩缆，穷极奢靡。舟前作舞台，台上垂蔽日帘，帘是蒲泽国所献，用负山蛟睫和幼莲根丝，贯穿小丝编成。即使是早晨的太阳直射，激烈的阳光也不能穿透。每一条船，都选择很多俏丽多姿的女子，执雕版镂金的船桨，叫“殿脚女”。锦帆过处，香飘千里。

《征文玉井》

加入粪蛆(去身臂雕青法)

若想要消除人体上的文身刺青，可用胆矾、卤砂、龙骨各五分，加入人粪蛆，一起研成末，用香油一盏煎熟，再加上黄丹熬成膏，再加入少许麝香，将调好的糊状抹在油纸上，再把油纸摊贴在文身刺青处，数日后皮肤上的墨迹自然隐入肉内不见了。在用这一方法时，必须食淡粥一个月。

《福寿真经》

羊屎入鲫鱼(女人发少能多法)

女人若生得一头浓密油黑的青丝，便会平添几分风韵。用侧柏叶放在屋内通风干燥处摊开，不能让阳光照到。待侧柏叶阴干后碾成细末，和油调匀涂在头皮上，数天后头发骤密。还可以把羊屎纳入鲫鱼腹中，将整条鲫鱼放在瓦片上烧成灰，取这鱼灰和上香油涂抹在头发上，数日之后，头发就会长出，变得油光黑亮，甚是可爱。

《福寿真经》

白梅樱枝(去雀斑法)

用白梅、樱桃枝、小皂角、紫背浮萍各五钱，一起碾成细末，揉成密实的丸子，形状像弹子般大小，每天用这丸子洗面，坚持数月，雀斑自行消失，恢复洁白容颜。

《福寿真经》

面嫩如婴(除面上皱纹法)

用大猪蹄四枚，去毛洗净煮得烂如胶状，每日夜晚临睡前，取猪蹄胶敷在脸面起皱纹的地方，次日一早用浆水洗干净，用此方法坚持月余，脸面上的皱纹就会消失，脸上皮肤细腻如婴儿之肤。

《福寿真经》

面如玉镜(容颜生光秘术)

曾经“回眸一笑面媚生，六宫粉黛无颜色”的唐代美女杨贵妃，生得冰肌雪肤，容颜生光。据传她用的美容法是唐宫第一妙法，也是杨贵妃亲自创制的：用金色密陀僧一两，研成极细的粉末，加入人乳或蜂蜜调成薄糊样，每夜蒸热后敷面，次日一早洗去，久而久之，自然颜面娇嫩莹莹生光了。

《福寿真经》

鳗鲡油(治白癜风秘术)

如果人的脸上生了白驳，似癣非癣，而且会越长越多，令人难堪不已。今有一治白驳的方法：取下鳗鲡鱼脂，用文炙出一两左右油脂，涂抹在白驳上，并轻刮白驳，要刮得白驳产生燥痛感，再涂上油脂，数次过后，白驳自然消失。

《福寿真经》

炼蜜为丸(去雀斑法)

脸上若长了黑点雀斑，容颜就不娇美了。可以用白疆蚕二两、黑牵牛一两、细辛一两，合在一起碾成粉末，加入蜂蜜炼成弹子大小的丸，用丸每日洗脸数次，一个月之后，黑点雀斑定会消去，脸面就会变得莹白娇嫩。

《福寿真经》

不可用铁刀(治鸡眼秘术)

人的脚上若生有鸡眼，则行走做事多有不便。脚上生了鸡眼，千万不可用铁刀割，只能用瓷器的锋刃去割，鸡眼就不会再生。在割去鸡眼的地方，用荸荠捣烂敷在上面，并用绢将此处缚好，数日后鸡眼消失，也不会再生。

《福寿真经》

蜘蛛传诀(治蜂蜇秘术)

处士刘易隐居王屋山时，曾在书斋中看见一只大蜂粘挂在蛛网上，蜘蛛与蜂搏斗时，被蜂所蜇而落在地上，片刻间，蜘蛛腹部就鼓胀得如要破裂一般。它慢慢爬出书斋，进入草丛中，将一根芋梗用牙啃破，将所蜇之处贴在芋梗破处摩擦很久，胀腹随之消退，行动也恢复了常态。后来若有人被蜂蜇伤，将芋梗搓揉后敷在伤处，就能治愈。

《梦溪笔谈》

燃烛行房(修身秘诀)

据《修身秘诀》云：一日之忌在于暮无饱食；一月之忌在于暮无大醉；一岁之忌在于暮无远行；终身之忌在于暮无燃烛行房。

《锦绣万花谷》

嫩老鼠三只(落齿复生秘术)

有一秘技可使人的落齿重新再长出来：抓未开眼的嫩老鼠三四只待用，再用白芨、白芷、青盐、细辛、当归各五钱，捣碎后与嫩老鼠一起包在一个纸包中，外用细纸再包几层，放入火炭中烧成灰，磨碎，再用此灰来擦牙，落牙便可复生，黑牙也会变得洁白无比。如经常使用，可使牙齿永固不落。

《唐宫秘籍》

纤纤玉指(妇人护手术)

女子生得一双纤纤玉手，人见人爱；若是粗粝不堪，就不敢在人面前捧花献盅了。用杏仁、天花粉各一两，红枣十个，猪胰子三副，共同捣烂如泥，再加入米酒四盅，浸在瓦罐中，每天早晨用来抹手，三十天后，手上的皮肤就可光滑如玉了，即便是到数九寒冬，双手也不会再粗糙了。

《传家宝》

不必刀刮(妇人祛斑秘术)

女人最忌颜面受污，无端长出点点斑痕。用粉敷之不去，用水洗之不尽；若是用刀刮之，皮肤虽可被刮得干净，但是待新皮长出，斑痕又显。有一绝技可祛斑：用白蒺藜、山栀各一两，共研为粉末，用酸醋调匀后，晚间涂脸，早上洗去，如此连续涂洗半个月，斑痕自然脱尽，使脸面洁白如玉，滑不当手。

《妇科切要》

目光如鹰(增长视力法)

人目所及，不足十里之遥。而鹰目所望之地，百里之远。如何使人目与鹰目一样呢？有一法可试：每次用六钱芒硝溶于清水之中，用此水洗眼，一年之内共洗眼十二次，不可多，也不可少。若能持之一年，目力必能如隼如鹰，炯炯有神。

《唐宫秘籍》

仙子(莹面秘技)

妇人贵在颜面之容，若花若月，便可舞得红袖绿裙。有一秘术可使妇人如愿以偿：朱砂二钱、雄黄五钱、轻粉一钱研为末，晚间用鸡蛋清调匀擦脸，次日清晨洗去。如此连用数日之后，脸上便显出桃花色彩。如用猪蹄一只，将其煮成膏汁，晚间涂上，早晨洗去，连续数日，老皱的皮肤也可变得细嫩无比，黄脸婆变成了白嫩仙子。

《开元遗事》

颜如童子(美容奇术)

用白菊花一两、梨子榨汁半碗、白果一两、白蜜一两、人乳半盅、白酒半盅，先将白菊花与梨汁加酒蒸成浓汁，再将白果捣烂，和蜜汁共研。睡觉的时候，用此擦脸面，次日早上再洗去，用不了多少日子，便可以花容月貌，颜如童子了。

《奇方类编》

令人魂荡(女子换容术)

有一种绝技可使女人随意变换容貌，想红则红，想白则白。用冬瓜仁五两、白杨皮二两、桃花四两，混在一起磨成粉末，每天饭后服下，每日服三次，每次一匙。欲使脸色白净，则加冬瓜仁；欲使肤色粉红，则加桃花。十天之内，脸上即可白净细嫩；五十天后，全身肌肤滑润如玉，可谓冰肌雪肤，花容月貌，令人魂荡。

《冯氏锦囊》

国色天香(娇容秘术)

世上女子多如云，但国色天香者不多。而天生国色天香者，大多红颜薄命，不是伴君，便是伴刀，几乎无一善终。但是，即便如此，追求天香国色的女子，仍然多似蜂蚁。有一办法能使容颜倾城：用甘松、山柰、香薷、白芷、白芨、白蔹、伤风、藁本、白僵虫、白附子、天花粉、零陵香、绿豆粉一起捣成细末，每天洗脸或洗澡时用以擦身，不需太长时间，便可红颜如奇葩，浑身上下奇香不绝，沁人肺腑。

《仙粘集》

嫩如娇花(养颜绝技)

有人忧愁过度，未老先衰，有的人因劳累而造成满脸皱纹，面上点点斑迹。有一秘术可令人青春常在，娇艳无比。用黑丑八两，皂角三两，天花粉、零陵香、长甘松、白芷各二两，磨成细末，洗脸时擦于皮肤，可使皮肤变得润滑白净，增添无穷魅力，嫩如娇花。

《传家宝》

雄鼠粪(秃头生发术)

有胎发、轻粉、松脂、雄鼠粪（即两头尖的）、脐带各占相同重量，研成粉末，混合麻油涂擦秃颅，不用太长时间就会使秃头长出新发。

《奇方类编》

嗽津涂面(护颜绝技)

容颜憔悴，是因心思过度，劳碌不谨而致。可在每日清晨静坐闭目，凝神存养，神气冲澹，自内达外。将两手搓热，拂面十次，乃以嗽津涂面搓拂数次，行之半月，则皮肤光润，容颜悦泽，大过寻常。有道是：欲寡心虚气血盈，自然五脏得和平。衰颜仗此增光泽，不羡人间五等荣。

《析疑指迷论》

手足如鸟伸(养生绝技)

四肢需常常活动，如做鸟伸、吐纳、导引等动作，皆为养生之道。平时可双手上托，如举大石，两脚前踏，如履平地，存想神气，依按四时，嘘呵二十七次，则身健体轻，足耐寒暑。有道是：精气冲和五脏安，四肢完固骨强坚，虽然未得刀圭饵，且住人间作地仙。

《熊经》

书写细字(治白内障术)

伤热伤气，肝虚肾虚，则眼昏生翳，日久不治则盲瞎矣。每日睡醒时，端坐凝息，垂下眼帘，将双目转十四次，紧闭少时，忽然大睁。久而久之则眼之内障外翳自散。须忌色欲，并书细字。有道是：喜怒伤神目不明，垂帘闭目养元精，精生气他神来复，五内阴魔尽失惊。

《析疑指迷论》

两眼含光(白发转黑绝技)

思虑太过则神耗、气虚、血败而鬓斑，可在子午时分握固端坐，凝神绝念，两眼含光，上视泥丸，心中存想有追摄二气，自尾闾上升，再下降返还元海，垂复九遍。久而久之则神全气血充足，发可自由返黑也。有道是：神气冲和精自全，存无守有养胎仙，心中念虑皆消灭，要学神仙也不难。

《析疑指迷论》

清晨叩齿(护齿术)

齿若有疾，乃脾胃之火熏蒸，可在清晨睡醒时，叩齿三十六通，以舌搅牙龈之上，不论遍数，待津液满口，方可咽下，重复三次才停止。待有小便之时，闭口紧叩牙齿，小便毕才开口，则永无齿疾。有道是：热极风生齿不宁，清晨叩齿自惺惺。若教运用无睽隔，还许他年老复丁。

《析疑指迷论》

手握阴囊(治疾秘技)

元气亏弱、腠理不密，则风寒伤感。患者应端坐盘足，以两手紧兜外肾，闭口缄息，存想真气，自尾间升过夹脊，透泥丸，逐去除邪气。低头屈抑，如礼拜状，不拘数，以汗出为度，其疾即愈。有道是：跏趺端坐向蒲团，手握阴囊意要专。运气叩头三五遍，顿令寒疾立时安。

《析疑指迷论》

吐尽怒气(养生术)

人有因食而积者，有因气而积者，久而久之则脾胃受伤，难于医治。

所以应节制饮食，力戒怒气，不使两者积聚为好。患者可升身闭息，鼓动胸腹，俟其气满，缓缓呵出。如此行五七次，便得通畅。有道是：气滞脾虚食不消，胸中膨闷最难调。徐徐呵鼓潜通泰，疾退身安莫久劳。

《析疑指迷论》

搓脐攻火(固精绝技)

欲动则火炽，火炽则神疲，神疲则精滑而梦失也。寤寐时，调息思神，以左手搓脐二七，右手亦然。再以两手搓胁腹，摆摇十次，咽气并纳于丹田，良久乃止。然后屈足侧卧，精气永无走失。有道是：精滑神疲欲火攻，梦中遗失致伤生。搓摩有法君须记，绝欲除贪是上乘。

《析疑指迷论》

默运神气(返老还童术)

百种愁虑放在心中，万般事情亲自操劳，所以人就衰老了。要返老还童，非金丹不可。然而金丹又这么容易得吗？善于养生的人，行住坐卧意念不散，而固守丹田。常默运神气，冲透三关，自然生精生气，则能壮身体，抗衰老。有道是：欲老扶衰别有方，不需身外觅阴阳。至关谨守常调默，气足知全寿更康。

《析疑指迷论》

晨起吞津(驻颜术)

平时黎明醒时，即起端坐，凝神忽虑，用舌抵上腭，闭口调息，津液便自生，渐渐润至满口，然后分作三次徐徐咽下。日久之后，则五脏之邪火不炎，四肢之气血流畅，诸疾不生，永除后患，老而不衰。津液频生在舌端，寻常嗽咽入丹田。于中畅美无凝滞，百日功灵可驻颜。

《析疑指迷论》

行房三忌(长生秘法)

圣人说：欲得长生，当由所生。房中之事能生人，亦能杀人。这就譬如水火，知用之者可以养生，不能用之者立可死矣。男女交合时尤禁醉酒饱食，此是大忌，损人百倍。欲小便而忍之行房事，则令人得淋病，小便艰难，茎中痛、小腹硬。若大怒之后行房事，则令人发痈疽。日月晦朔，上下弦望日、月食，大风恶雨，地动，雷电霹雳，大寒暑，春夏秋冬节变之日尤禁房事。阴阳交错不合，损血气，泻正纳邪，所伤正气甚矣，当戒房事。新洗头，旅行疲倦，大喜大悲之时皆不可行房事。大寒、大热、大风、大雨、大雪、日月食为天之忌日；醉饱、喜怒、忧愁、悲哀、恐惧，此为人之忌日；山川、神祇、社稷、井灶之处，此为地忌也。行房事当避此三忌。又有吉日：春甲乙、夏丙丁，秋庚辛，冬壬癸，四季之月戊己，皆旺相之日，交合则令人长生，有子必寿，若犯此禁忌，既致疾病，生子亦凶夭短命。

《子都经》

鸡鸣前交合(长寿秘术)

天老说：人生俱含五常，形法复同，而有尊卑贵贱者，皆由父母合八星阴阳。适时交合者，非但生子富贵，亦利己身，乃大吉之兆。每月二日、三日、五日、九日、二十日男女，须半夜后，鸡鸣前交合，则血气不伤，此时生子是旺相。若欲求子，待女人月经绝后一日、三日、五日，选择旺相之日于夜半之后施精，若有孕皆男子，必定有寿而贤明。旺相日就是春甲乙、夏丙丁、秋庚辛、冬壬癸。大凡养生之道在于爱惜精液，若能做到一月一次施精，一岁二十四节气时施精者，皆能寿至一百二十岁，若再加以药饵则可长生不老。大多数人在年少时都不知道这道理，即使知道了，也未必能相信能做到，到老弱病残时相信已经晚了。

《仙经》

交合之道(养生秘术)

道家认为精液是人身之宝，施之则生人，留之则生身。也就是说，护精可以求道升仙，施精虽能生子但子长大而己衰老。人逐渐衰老是因为陷于欲念之中，浪费了宝贵的精液，人体疲劳而丧命。天地有阴阳，阴阳人所贵，贵在交合得当，慎重而不浪费。彭祖曾说：男女之间上策是分床，中策是分被。服药千帖，不如独卧。色使目盲，声使耳聋，味使口爽，因此只要慎重节欲，适当交合则可增寿。

夜里饱食而眠，损一日之寿；夜里醉卧，损一月之寿；交合一次损一岁之寿，养之不复。夜里卧时皆应闭口，开口则失气，而邪气从口入。

采女曾问彭祖说：“人过六十，当闭精守一，你认为如何？”彭祖说：“不然，男不欲则无女，无女则意动，意动则神劳，神劳则损寿。若是没有欲念那是大佳，然而万人无一也。若是有欲念而强行抑制，则难免使人漏精而屎浊，得鬼交之病。若是人有欲念，而阴道垂弱，可让女子摇动阳具令其强起，再徐徐接之，让阳具得以阴气。阴气推之，须臾自强，便可交合。精动而止，闭精缓息，瞑目僵卧，而调养身体。阳道是火，阴道是水，水能制火，阴亦消阳，久用不止，阴气吸阳、阳则转损，故须阴阳调和互补。大凡精少则病，精尽则死，不可不忍，不可不慎。若数次交合再泄，则精气随长，不会使人虚损；若数次交合皆泄精，则精不得长，随后精尽矣。凡男不可无女，女不可无男，若孤独而思交合者，则会损人寿，生百病，鬼魅因之共交，失精则以一当百，损阳寿矣。”

《御女损益篇》

淡泊饮食(养生术)

五味之于五脏，各有所宜，若食之不节，必致亏损。若能食淡谨节为好。食淡并非是舍弃五味，而是将五味冲淡些。有道是：厚味伤人众所知，能甘淡泊是吾师。三千功行从兹始，天鉴行藏倍有之。

《析疑指迷论》

神返气回(健身术)

神一出，即收回，神返身中气自回，如此朝朝并暮暮，自然赤子产真胎。此乃凝抱之功也。平时静坐，存想元神入于丹田，随意呼吸，旬日丹田完固，百日灵明渐通，不可或作或辍也。有道是：丹田完固气归根，气聚神凝道合真，久视定须从此始，莫教虚度好光阴。

《析疑指迷论》

津液涂之(血气通畅术)

气滞则痛，血滞则肿，滞之为患，不可不慎重对待。治法是：须澄心闭息，以左手摩滞七十遍，右手亦然。再用津液涂之，坚持七日，则气通血畅，永无凝滞之患。修养家说的干沐浴即是此法，有道是：菜卫流行不暂休，一连凝滞便堪忧。谁知闭息能通畅，此外何须别讨求？

《析疑指迷论》

花容月貌也可求(保颜绝技)

人如果忧愁过度，劳累不堪，就会未老先衰，造成皱纹纵横，斑痕点点，容颜衰败。今有一秘技可令人青春长驻，花容月貌娇艳无比。用黑丑八两，皂角三两，天花粉、零陵香、长甘松、白芷各二两，磨成细末，洗脸或洗澡时擦于皮肤，皮肤即会变得润滑白净，娇嫩美丽，增添无穷魅力。

《传家宅》

猪尾巴血(蛇入人体引出秘法)

夏天在野外乘凉小憩，若有小毒蛇从口鼻或肛门处钻入则是很危险的。一旦遭此不幸，千万不能惊慌去用力拔蛇尾，因为越拔蛇越会往里钻。可以即刻去割母猪的尾巴，将猪尾巴血滴入蛇钻进之处，蛇自会慢慢退出。也可用胡椒末填入蛇尾小眼内，蛇便会退出，或用硬草刺蛇尾，效果也好。千万不要拿针之类的铁器刺蛇，蛇一旦伤于铁器，毒性就会增加，这种小毒蛇只要咬伤一块树皮，半日之内此树即会枯死。树都如此，何况人呢？

《多能鄙事》

鸡皮敷伤(起死回生秘术)

若遇到有人用刀割皮自杀，应趁其尚未额冷断气时，轻轻将其扶住，使其仰卧，将头垫高，用干净布合拢伤口，拭去血。即刻抓一只大公鸡，迅速拔去鸡毛，活剥鸡皮，趁热将鸡皮贴在伤口上，口服玉真散，伤口便可慢慢恢复，伤口愈合后，鸡皮会自然脱落。第二种方法是，合拢伤口拭去血迹后，用生熟松香各半，加生半夏末，将伤口厚厚敷紧，外用膏药粘紧，再用布条围住，每日服玉真散三钱。即使食道、气管全断，若用此法一月之后也可痊愈。若是伤员气管已断，大气已绝，只要身体微软，亦可用上述方法敷治，并灌回生丹，一样可以将人救治。

《多能鄙事》

酸醋洗肠(塞肠回肚术)

被人刺破肚皮，肠子流出体外，可用上好酸醋煮暖，将肠血洗净，边洗边将肠子填入腹腔内，然后在腹部创伤处用活剥鸡皮趁热贴上，再口服玉真散，半月之后，鸡皮自动脱落，伤口痊愈。

《多能鄙事》

顶住肛门(吊死者救命秘术)

如果发现有人上吊，千万不能立即将绳割断，而应用衣服包紧其双脚，用手紧紧顶住肛门。如果是妇女，还需顶紧阴门，然后抱住，轻轻放下，让其躺在被面上，由一个人踏住吊死者的双肩，双手用力紧拉其头发，不要让其头下垂；一人轻轻揉拨喉咙，一人按摩心胸和腹部，一人摩捏手脚，慢慢屈伸，便可使吊死者逐渐苏醒。如果吊死的时间略长，身体已硬直，此时应顶住肛门和阴门，不让其泄气，两人用竹管分别吹死者的两耳，不能停口，一边用鸡血滴入死者鼻中(男左女右)经过十五分钟或更长一点儿时间，就可以感觉到有气从其口中吐出，此时一切工作仍不能放松。过了一会儿，用淡姜汤渗入其嘴，滋润其喉，直至其手脚能逐渐活动时方可停止救治。若吊死者已吊死一天一夜，周身已冷，但还是有希望救活的。如果身体稍软，心下微暖，即使是断气一天以上，只要依照上述方法，多吹多摸，仍能救活。

《多能鄙事》

黄蜡涂窍(泅水不伤鼻身法)

用黄蜡入桐油，熔化后凝成膏。将膏厚厚地涂在耳朵、鼻子的边沿，但不要堵住耳朵、鼻子的口，要让其通气。这样泅水时，水就不会侵入耳鼻孔中了。

《良明累集》

胡椒贴肚(雪夜不冷秘法)

选用胡椒一撮。将胡椒剖为两半，炒至焦黄，趁热用布包住，束于肚脐上。这样，即便在风雪中劳作或行走，都不会感到半点儿寒意。

《奇方累编》

糖水滴眼(石灰入眼自救术)

石灰入眼，十分危险，很容易导致瞎眼。可用细小的白糖溶到水中，将眼皮展开，将糖水滴入眼中，可以避免眼睛被石灰烧伤。

《多能鄙事》

吞一只柿饼(鱼骨梗喉救治法)

鱼骨梗喉，苦不堪言。特别是小孩被鱼骨梗喉，更是难办。可用橄榄核磨水服下，鱼骨立即消融，或将柿饼全只吞下，鱼骨随下，嚼橄榄咽下，鱼骨也即溶化。或者取活鸭倒吊起来，用器皿等鸭的口水滴下，再将鸭涎水给患者吞服，效果亦佳。

《多能鄙事》

灌下白鸭血(吞砒霜急救术)

遇到吞服砒霜之人，可用一两防风，磨成细末，冲冷水服下，或将防风放于冷水中捣汁服下亦可，也可杀白鸭取制鲜血趁热灌下，转眼即可化险为夷。

《多能鄙事》

不能见日(吞鸦片暴死救命术)

吞服鸦片自杀者，即使手脚已冷，呼吸已停，还是可救的。最有效的办法：杀活鸭取血灌入，死者即可苏醒，也可迅速将死者放到潮湿处，用筷子撬开其口，再用白糖调冷水灌下，另用两三块湿冷手巾敷于胸前，不断更换，再将其头发放置盆中，用冷水冲洗，须记住不可让死者见太阳，一见太阳就没有救了。即使已死两天手脚变黑的人也可救活，因为服鸦片死的多数是假死，两三天没有气，只是昏醉而已。大凡吞服鸦片而死的尸骨，待挖出来时，尸骨的面大多朝下，也有朝侧面的，唯独朝上者极少，而人死后入殓是皆为面朝上的，由此可证明这些服鸦片而死的人埋到土中后，烟毒散尽，重新活转，都是在棺木中挣扎翻滚，窒息而死的，所以挖出的尸骨都不是入殓时的朝向。

《多能鄙事》

螳螂拌饭(肉中拔刺术)

手脚误被竹刺或木刺插入，可用螳螂粉末拌饭涂于伤处，利刺就会自动退出。在秋天可将螳螂晾干收好，需用时将其磨细捏敷于伤处，十分有用。

《多能鄙事》

竹管吹气(房事猝死救命秘术)

男女行房事时，一阵销魂，身体虚弱者可能会突然昏死过去。遇到这种时刻，清醒的一方千万不能惊慌下床。如果是男方昏死，女的应对着男的口吹入热气；若是女的昏死，男方也要用同样的方法，一连呵气几十下，就能使昏死者慢慢恢复呼吸，再用人参附子汤灌下，半个钟头后可保平安无事。若一时找不到人参，可用黄花四两、当归二两、附子五钱，煎服亦可。另有一法是：先将昏死者抱起，以口呵气，为了防止气不入，可取两头相通的竹管插入昏死者口中，用力呵气，不一会儿，昏死者便可苏醒。

《多能鄙事》

度气(医术)

北宋宣和中期，邓州新乡县，有一位道人喜饮酒，经常要买酒喝。酒监赵某每次见道人来总是很高兴，令酒吏满足道人的要求，悉数给予，或者叫道人进来入座，任其痛饮。道人非常感激赵某。赵素有风湿病，不久病情越来越重，多日不能进食。有一天，道人对赵说：“君的病状很不妙，恐怕活不长久了，多说不过一年，近则只有半年好活。”赵叹息说：“我正为此苦恼，自己又没有办法，只有等死。先生既然这样说，一定有神术能够救我。”道人说：“此事非我所能办到。实在是感君平日相爱，并不是我不愿效力，可有什么办法呢！”赵恳求再三，道人笑着说：“我姑且为君想想办法。过几天以后，我试着邀请一位长须道人一同来此，君宜多设精果妙香，热情款待，连续敬酒，以大醉为止，则我的计谋便可以实现了。”说完就告辞了。

过了五天，道人果然与一客人来，此人身高六尺余，丫髻美髯，气貌伟甚，看见摆上酒席，喜形于色。三人同坐，每举杯，前道人必令赵多给长髯道人酌酒，说：“你素来善饮，今天就请你开怀畅饮，一醉方休。”喝完一斗酒的模样，长髯道人顿觉力不可支。前道人说：“你已经醉了，到内室稍稍休息休息吧。”令人扫地铺席，长髯道人立即躺下，鼾声如雷。

前道人引导赵卧于长髯道人身旁令赵耸背紧紧相挨，并且也要熟睡。过了一会儿，赵睡着了，前道人坐在他们头顶前，俯身就长髯道人头顶，吸满一口气，再将气呼于赵头顶，然后对胸腹和臂股，用同样的办法吸长髯道人之气授予赵，吸吸呼呼十余次，然后走出房间，长髯道人忽然醒了，看见有人睡在身旁，若有所失，大怒跃起，呼叫前道人，骂道：“畜生无礼，竟敢误我。”持杖欲击前道人，前道人笑脸相迎地说：“何必发怒，只费你一年工夫，却救得一条性命，这是好事。”长髯道人怒气略消，但仍大骂不止。气得不向主人施礼，扬长而去。

自此以后，赵的气色很快光润起来，第二天就能大量进食。三个月后，皮肤充盈，肌理如玉，毫无病态。据说长髯道人，也许是钟离先生。

《夷坚志》

阴阳相合(医术)

据江焕说：冯氏很爱吃药，由于服用伏火的药过多，脑后生了脓疮，火气冉冉而上，几乎到了无法支持的地步。有一道人为冯看病以后，为其在风池等穴位灼炙药，过一段时间再炙。又教冯以阴炼秋石，用大豆卷加水煎浓汤服下。不久疮愈，患处复平，这是阴阳相合之医术。

阴炼秋石方，是沈旸所传。煎大豆卷方，是用大豆，在壬癸日这一天，用井水浸泡。等到豆发芽，取皮煎汤而服。

《甲申杂记》

虎口刺针(救产妇术)

朱新仲，祖居桐城。他的亲戚中有一妇人妊娠足月临产，七天七夜难产不下，药饵服水，无所不用，均不见效，待死而已。有位名医叫李几道，偶至朱舍，朱新仲便请李去看看产妇是否有救。他看了以后说：“此妇百药无可救，唯有用针灸治疗，方有一线希望，然而我的医术尚未到此地步，我也不敢枉然下手。”于是怏怏而还。

李几道的师傅庞安常外出时，偶经李舍，李告以实情，于是二人同去朱家。朱对庞说：“此妇危在旦夕，妇家决不敢屈待先生，人命关天，务请先生相救。”庞安常答应一同前往妇家看看，刚一见到产妇，就连呼：“不会死，不会死。”令家人用热水温其腰腹间，庞用手上下抚摩，孕妇觉得肠胃中略有微痛。不久，产妇在哼哼声中生一男孩，母子皆平安无事。

其家惊喜拜谢，敬之如神，而不知其用何神术引产。庞安常说：“胎儿已出胞衣，而一手误执母肠胃，不能脱出，所以虽然用尽药物也无济于事。刚才我隔腹探知胎儿之手所在位置，针其虎口穴位，儿既痛，即缩手，所以立即生出来了。”令取婴儿视其右手虎口，果然针痕犹存。

《夷坚志》

七日毒发（医术）

清雍正至乾隆年间，吴县叶天士，是当时的名医。从十二岁到十八岁，从师学医，先后更换了十七位师傅。每当听说某人善治某种病症，立即前去拜其为师，行弟子之礼，一旦将医道学到手，就不辞而别，另寻师傅。生平没写过著作，民间留传的唯一一部《临症指南医案十卷》，也是他的门人取其方药治验，分门别类，集为一书并加以论断而成，并非天士之本意。世间称天士为天医星。相传江西张真人，途经吴县，突然患重病，几乎死去，服用天士药方，病情好转，得以痊愈，真人非常感激，想重重报答天士。天士说：“如果一定要厚报我，不必送我什么财物，只需于某日某时，过万年桥时稍一停轿，说让桥下天医星过去。”真人说：“那好吧，我一定照办。”届时，真人坐轿到万年桥如约停下，天士乘小船正好从桥下穿过。于是，城内外人们奔走相告，纷纷传说天士是天医星下凡。

天士老母病热而脉伏，很像寒症，天士为母诊断立方，慎之又慎，感到为难，深夜仍独步中庭，思考处方，搔首自语：“若是他人之母，定用白虎汤。”邻舍一老人，也是个医生，听见此方，次日一早上门向天士献技用白虎汤，母病一剂而愈，老医生顿时扬名远近，殊不知其处方是出于天士。天士毫不计较。

有一天，天士徒步外出归来，因暴雨使道路坑坑洼洼泥泞难行。有一村夫认识天士，即背负天士过水。天士对村夫说：“你这人有重病缠身，现在赶快治疗还来得及，否则明年今日当死。”村夫不信其言。不到一年，村夫果然头生肿毒溃疡，疼痛难忍，人抬他到天士家求治，天士说：“已病入膏肓，不能过明天酉时。”于是赠其家人一些银两，叫他们抬回去准备后事，果然于次日酉时病亡。

一次，天士乘轿去乡村行医，见一村妇正在采桑，天士令轿夫停下，前往搂抱桑妇，桑妇大怒，破口大骂，其夫亦与轿夫扭打。天士上前在一旁解释说：“此妇将患痘疹，已在皮膜之下，因火盛，闭不能发。是我令轿夫突然去搂抱她，设法激她发怒，今夜可以全部发出，否则内火闭塞，那就危险了。”夜间桑妇果然痘疹发出。

天士有一外孙刚满一岁，痘疹闭而不发，女儿抱来求治，天士面有难色，初不肯视，女儿很气愤，用头撞父哭着说：“父亲一向说经手诊治痘疹从未死亡，而今却唯独忍心让你外孙不得活吗？还不如让女儿先死算了。”随即拿把剪刀想自杀。天士不得已，想了一想，然后将外孙衣裤脱光，裸体放在一间空房内，把门窗全部关闭锁好，自己却出门到朋友家赌博去了。过了好久，女儿想去看看儿子，但门窗无法打开，只听到其子哭声，急得赶快叫家人去催促父亲归来，天士赌博正在兴头上，几次来催都不肯归，女儿哭得死去活来。直到深夜，天士回家打开房门，只见外孙已痘疹遍体，粒粒如珠。原来是利用空屋蚊多，任蚊叮咬皮肤，同时使其嚎哭，促使痘疹发出。

某省制军之公子，二十余岁，两眼忽然红肿，痛不可忍，请天士诊治，天士说：“眼病倒不要紧，可怕的是你七日内脚心上一定会生痛毒，那时越发疼痛难忍，难以治愈了。”公子听了以后，异常悲惧，恳求天士相救。天士说：“此病不要急于服药，当先拟一方散毒。如果七日内不发出，方可再议。”公子急求其方，天士说：“你必须息心静坐，以左手擦右足心三十六遍，以右手擦左足心三十六遍，每日如此做七次。七日后我再来诊治。”公子按此法做至七日，又请天士看病，说：“正如先生所说，眼病已愈，但不知脚底痛毒还会不会发出来？”天士笑着说：“上次说你脚底生毒，并非真会生毒。公子是富家子弟，衣食丰足，事事如意，唯一就是怕死，以死来触动你，则你势必断绝一切念头，一心关注足心。用手擦足，则心火下行，眼疾自然会好起来。不然的话，心益躁，日益痛，即使是每天服灵丹妙药，又有什么效果呢？”公子心悦诚服，以厚酬报答天士。

《清朝野史大观》

盐水一碗(戒鸦片方)

大凡鸦片上瘾的人，每日吸烟须五六钱才够过瘾。上海某人有烟瘾已五年，一日，在异人处得救生烟方，方中仅用盐汤一味，忽然悟出道理：盐所以有用，在于有利润肠，兼有清火解毒之功。盐与烟如水火格格不相入，因此吸烟者大多喜欢食甜而恶盐。自从得了此方，晨起饮盐汤一碗，每欲吸烟，又饮一碗。才过了二日，便觉吸烟少味，六钱之瘾，减至三钱。又数日，减去日间吸烟二次，只留晚间一次，仅吸一钱，亦觉无味。又数日，竟然把烟瘾戒绝了。

《庸庵笔记》

不疑才灵(治内障眼方)

苏东坡从《本草》中获得治内障眼的方子，屡试屡验，浑信不疑。《本草》云："熟地黄、麦门冬、车前子相杂，治内障眼有效。"其法如下：细捣诸药，罗蜜为丸，如桐籽大。三药皆细捣罗和合，异常甘香，真可谓是奇药。露蜂房、蛇蜕皮、乱发，各烧存灰烬，各一钱，酒服，可治疮久不合。

《仇池笔记》

以意用药(止汗方)

欧阳文忠公讲过神技救命的事：有一位患病的人去看病，医家问他得病的缘由，病人答道："是乘船遇风，受惊而得之。"医家便取出多年舵牙，在舵工手汗所渍的地方，刮下细末，再杂以丹砂、茯神之流，饮之即愈。

《本草注别药性论》中写道：止汗用麻黄根节，以及竹扇为末服之。文忠由此而说："医以意用药，比比皆是。初看像是儿戏，但却有灵验，不能随意地指责。"

《东坡志林》

药饼(治刀疮方)

叶南岩刺蒲日，有刀疮药，治人甚众。其方为：端午日，取韭菜捣汁，和以石灰，杵熟为饼，阴干，用以敷伤处，血即止。虽是骨折者，亦可合，有奇效。

《斯陶说林》

槐花(治失音秘方)

欧阳公在写给梅圣俞的信中，有一神方：凡是失音者，将槐花于新瓦上炒熟，置怀袖中，随处送一二粒于口中，咀嚼之，使喉中常有气味，久之声自通。

《斯陶说林》

迟则不救（婴儿通尿秘法）

小儿初生，小便不通，急以葱白头捣烂，作一小饼如钱大，取麝香三厘粘其上，缚于脐眼，小便立刻畅通，稍迟则不救。

《寄蜗残赘》

赤豆七枚（防病方）

五月七日，男吞赤豆七枚，女吞赤豆十四枚，竟年无病，今楚俗，于立秋日吞赤豆七枚，无男女之分，而吴俗则于七月七日吞赤豆七枚，可以竟年无病。

《杂五行书》

灌入水银（治枪伤方）

疡医说：水银能蚀五金。金遇水银则白，铅遇水银则化，凡是在战阵中中了铅丸的伤兵，铅丸虽然陷入骨肉，但只要将水银自伤口灌满，铅即化水，随水银而流出，可避免割取之苦。

《斯陶说林》

日月丸（治难产方）

有位奇僧传难产方：用杏仁一个去皮，一边书“日”字，一边书“月”字，用蜂蜜粘住，外用熬蜜为丸，或滚水，或酒，吞下，试之有验。

《咙语》

防风一两（解砒毒秘方）

歙县蒋紫垣，有解砒毒秘方，但必取重资，否则坐视其死。一日，存献县暴卒，托梦于居停主人说：“我以贪利之故，误人多命，冥司判我世世服砒死。今特以解砒方相授，请你传诸世，以赎前罪。其方为：以防风一两，研末，水调服，并无他药也。”另有解砒方，据邓葵香谈可信录载，以冷水调石青，解砒毒如神。又云，服盐卤的人，往往肠断而死，但饮猪油即解，此方不可不知。服卤者，饮烧酒也能愈。

《池上草堂》

堕马（治折伤方）

冀州徐璠堕马，折伤手足，痛不堪言，命医生治之，其方用一活龟。龟既得，夜间梦龟说道：“我只能止痛，不能整骨，勿害我命，有奇方奉告。”

徐梦醒，依龟告之方治伤，果然神效。其方为：熟地黄一斤，生姜四两，捣研成烂，用蜡糟一斤，放入地黄、生姜，炒匀，乘热裹在伤处，冷却后即换。此方先能止痛，后可整骨。

《斯陶说林》

小睡片刻(治狐臭方)

治腋臭良方：用蒸熟的面食一块，切成两片，掺蜜陀僧细末一钱许，急挟在腋下，略睡片刻，待面食冷却，即丢弃。如果一腋只用一半，最为有神效。所谓腋气之臭，即俗称“狐臭”，无论男女，患之均讨人厌。

《奇效良方》

夜吹火筒(治蜈蚣入腹方)

蜈蚣入腹，最难取出。有一人夜间去灶旁吹火，有蜈蚣在吹筒中，惊窜入喉，渐下胸膈。急救之法是：用生鸡血灌之，更饮菜油盏许，蜈蚣畏油，遂恶心，蜈蚣与油血一起吐出。续服雄黄水，便可得以平安。

另有一法：打碎生鸡蛋数枚，取其蛋白，喝入肚，良久痛定，再啖生油，须臾大吐，则鸡蛋白与蜈蚣缠束而下，原因是二物气类相制，入腹则合为一。

《临桂杂志》

响豆(强身术)

乐安县有位孙公，年已九十，却仍强壮如四五十岁的人。他自言平生唯服响豆，每年槐子将熟时，便让人守护，或以网罩在树上，不使鸟雀来啄食槐子。当槐子成熟后，即收作一枕，夜间卧听枕中之声，有声的即是响豆。将响豆取出，其余的尽数丢弃。每株树，产响豆不过一枚，每年服用也不过一粒。如此数十年，故强壮如牛。除此之外，孙公并无其他强身健体的良术。

《斯陶说林》

下床即愈(治元阳症)

吴江徐灵胎，工诗善剑术，尤长医技。曾有一户巨室，将男童伪饰成女童，诡称怀了孕。徐灵胎诊后，说道：“此男脉也，明年四月当死。”果然，这男童如期夭折。有某宦请徐灵胎来闺房诊病，帷帐下垂，帐中有女子伸出左右手，徐诊后说道：“此两脉也，一贵而夭，一贱而寿。”果然，帐中女子一是宦官女儿，一是府中女婢。后女儿未嫁而卒，女婢则寿至七十。

扬州盐商张某，年甫四十，斥去身旁妻妾，每日服人参，气冲上焦，头晕目眩。延请名医，都不奏效。无奈，以千金求徐灵胎医治。徐来到张宅，见已设盛宴款待，便请先视而后就席。按脉良久，徐灵胎笑道：“不需服药，吾有口诀，可以立效。”说罢，附耳道：“君无他病，亢阳发越耳。精气输泄，立刻愈矣。”交代完毕，径自去饮酒了，饮酒未半，只见张某从妻房中大笑而出，夙疾顿消，便以千金之外，另厚酬谢。

《斯陶说林》

色如玉女(驻颜养生术)

有个叫移门子的人，食服五味子六十年，色如玉女，入水不沾，入火不灼。桃胶，以桑木灰渍，服后有病可愈，久服身上发光，在晦夜中走路，如月亮始出。

有个叫楚子的人，服地黄八年，夜视有光，一手中的力气胜过车弩。

陵阳子仲，服远志二十年，生子二十七人，开书过目不忘。

杜子微服食天门冬八十年，其妾生子一百四十人，日可行三百里。

《抱朴子》

菊潭(长寿秘术)

荆州有菊潭一眼。在潭旁，长满芳菊，菊花尽被泉水浸沃，故此潭水极为甘爽。居住在深谷中有三十来户人家，终年仰饮此水，寿长惊人。上寿三百岁，中寿百余岁，其余都七八十岁，被外界称为人中之端。菊能轻身益气，令人久寿，此例便是一证。只可惜，除深谷之外，无人再知这长命百岁的奥妙所在。

《十洲记》

浮起玉光(养颜术)

有位叫任子季的人，服茯苓十八年，变得仙人玉女般的娇嫩，身姿也轻盈若飘，从此很少再食谷物，连身上那些陈年瘢也全部消失，面容与身体浮起一层晶莹的玉光，令人羡慕不已。

《抱朴子》

活到一百四(养生术)

柠木的果实红熟之后，连食一年，老年必然返少。昔日，道士梁顷年已七十，服食柠木果实一年后，转老为少，皓齿乌发，肌肤白嫩，从无疾病之扰，活到了一百四十岁。这期间，梁道士夜能熄灯阅书，行走快疾如奔马，后入青龙山而去。

《抱朴子》

迷津自通(东坡养生术)

养生之说，秘诀如下：觉得肚中饥饿，即可进食；不要填满腹肚，半饱即要止食；经常到屋外去，散步逍遥；务必使腹中饥空，不使常饱。每当腹空之时，立即回屋入室，不必拘泥于白天还是夜晚，随意坐卧，像一尊木偶似的，定心念道："现在我的身子，如果只要动一动毛发，即堕地狱。"此意念萦绕在胸，如商鞅的法典一般严谨，如孙武的兵法一样威严，势在必行，有犯无恕。又用佛家之语及老子的话来说，这种姿势称为：静坐之际，双目微合，垂视鼻端，心中默数自己的呼吸次数；身心之中，似虚烟绵绵若趣，使此烟缕缕不断；数到数百下时，此心已经寂然无声，此身亦已兀然而起，高达虚空之上；数到数千下，若无法再数，则有一法，其名为"随"，与呼吸共出，再与呼吸同入。若是觉得呼吸已从毛孔中化作八万四千缕云蒸雾散，诸病便会渐渐灭去，心境自然明悟，就像是一个盲人，忽然睁开了眼睛。到了这种境界，做人还用别人来指点迷津吗？

《东坡志林》

妻妾都怀孕(治不孕方)

魏象枢婚后无子，遍责妻妾，也无济于事，寻仙访道，更是荒谬。举子不得，必有成因。某日，魏象枢在异人手中得到秘传一则，写道："每日空腹服建莲子，必得子。"魏象枢照方服用，不久，果然使妻妾都受了孕。另有李奉倩，一生中得子十一人，也是服此方才灵验的。

《檐曝杂记》

得自神授(治寒热方)

阿魏散治疗骨蒸、传尸劳、寒热、羸弱、喘嗽方，载于《续夷坚志》。阿魏三钱；斫青蒿一握，切细；向东桃枝一握，细剉；甘草如病人中指一般大，男左女右；童便二升半。先以童便隔夜浸药，明早煎一大升，空腹温服，服时分为三次。次服调槟榔末三钱。如人行十里许时，再一服。丈夫病由妇人煎，妇人病由丈夫煎。合药时忌孕妇、病人及腥秽之物，勿让鸡犬看见。服药生忌油腻湿麦诸冷硬食物。服一二剂即吐出虫，或吐泻，便不需服剩下的药。如果没有吐泻，即当尽服。要是或吐或泻，排出的虫子都像人发马尾之状，疾即痊愈。据传，此方得自神授，药到效来。

《续夷坚志》

不见铁器(治恶疮方)

京都张伯玉，曾以祖传秘方榜示传人，其中有一方灵验异常，可治发背、脑疽、一切恶疮。疮初起时，采独科苍耳一根，连叶带子研成细末，不见铁器，放入砂锅熬水二大碗，熬成一碗。如疮在上，饭后徐服之，吐出，吐定再服，以尽为度。如疮在下，空腹服。疮自破出脓，以膏药贴之。另有治一切恶疮方：悬蒌一枚，去皮用瓤及子，生姜四两，甘草二两(横纹者佳)，切细，用白灰酒一碗，煎及半浓服之。煎时不见铜铁。患在上，食后服；在下，空心吸。

《续夷坚志》

铁篙穿额(止血补伤方)

姚伯昂总宪在《竹叶亭杂记》中说：我的侄婿张子畏在京城农部做官时，奉命去圆明园画稿。半途中，马车倾覆，车夫被车轮压伤，两只肾脏都已被压出体外，以为必死无疑。当时，我正巧在朝房，把这件事告诉了申镜汀前辈。申老前辈立即录下一方交给我，并且说："以前，我曾亲眼看见两个船夫持篙相斗，篙刺额角而穿。为救伤者，我用了此方，治之而愈。此方止痛止血，且不必避风。"我急忙照方配药，让车夫敷用。不到半个月，车夫的伤果然痊愈了。此后，用这方治疗刀箭马踢跌伤，无不神验。这方为：白附子十二两，白芷、天麻、生南星、防风、羌活各一两，各研极细末，就破处敷上。伤重的人，用黄酒浸服数钱；青肿者，水调敷上。一切破烂，都可敷之即愈。地方官若能平时预制，以治受伤者，可活两命。价不昂而药易得，也是一桩积德之事。

《归田琐记》

扬州异人(治四肢不仁方)

扬州异人传有治疗积受潮湿四肢不仁的秘诀歌谣："十大功劳三两重，八棱麻根五钱轻。淫羊藿与千年健，红花当归五加皮。陈皮六味俱三钱，一共八味煎浓汁。配入陈烧四斤足，再加无灰酒十斤。封坛七月随量饮，一月之后见奇功。"据传，叶均潭方伯服了此方，见奇效。

《归田琐记》

牛粪煨心(治痰迷谵语方)

李葛峰太守有一则治痰迷谵语的奇方。凡是谵语不休的人，都因为心被痰所控，可用鲜猪心一只，将辰砂一钱、甘遂二钱，合研为末，藏于猪心中，外用牛粪煨热，取出药末，和作两丸，再将猪心煮成汁汤，和丸吞下即愈。当时，苏州有人患痰迷病，服了此方后立即痊愈了。李葛峰自己也曾用过，非常有效，因此便将此秘方传给梁章钜，由他记载下来传世，留给后人备用。

《归田琐记》

吞下一枚铁钉(小儿吞铁物方)

漳浦县的蔡文慕公，经常对人说："我在京校四库书时，常因出现讹字而被减薪，只有一件事使我大得其益。这件事是碰巧而遇的：我的一个小孙子偶然不慎，将一枚铁钉吞进肚，去医家便以朴硝等药攻物，却是久攻不下，孙儿的身体日见消瘦。不久，我在校阅《苏沈良方》时，见书中有小儿吞铁物方：剥新灵皮研为末，调粥与小儿食，其铁自下。依方一试，果然不谬，炭屑裹铁钉而出，使我的小孙儿得以活命。为使此方久存，故记述于世，以免湮没失传。"

《归田琐记》

一方救两命(被殴伤风方)

纪文达师说道："凡被殴打后以伤风致死的人，不是都不能救活的。吕太常含晖曾有一则秘方：以荆芥、黄蜡、鱼鳔三味(鱼鳔炒黄色)各五钱，艾叶三片，入无灰酒一碗，重汤煮一炷香工夫，趁热饮下，汗出立愈。唯一犯忌的是，百日之内不得吃鸡肉。此一方可活二命：被殴者不死，殴者也可免死，实为善举。可惜的是，此方渐渐不被人知，枉死了多少性命！"

《归田琐记》

双目复明(洗眼神方)

《暗宝灯》中记载着一则洗眼神方：山西太原守药景锡失明十九年，忽有神秘医人来访，传给他一个灵方。用厚朴五分，清水一碗，煎至五分，洗之即愈。药景锡后官至山东莱州守。在未曾洗眼之前，必须斋戒沐浴；在即将洗眼时，须迎日光焚香，一日三次。这一神方已传七代，治好的病家已不可胜数。这个方子简便易行，洗必有益。洗眼的最佳日期是：正月初三日，二月初六日，三月初三日，四月初五日，五月初五日，六月初四日，七月初二日，八月初九日，九月初十日，十月初三日，十一月初四日，十二月初四日。

《归田琐记》

鹅血消骨(治骨鲠秘术)

听说武昌小面门外献花寺有一位叫自究的僧人得了噎病，百药无效，久治不愈，临死时对他的徒弟说："我毒罹此病，胸臆中必有物作祟。待我死了以后，可以解剖尸体，寻其病因，然后再殓葬，我将不胜感激于九泉之下。"其徒按其所教，得一骨如簪，遂将此骨置于经案，在其佛门弟子中久相传示。一年后，有一位戎帅经过该地，寓于寺中，随从人员在寺中杀鹅为主帅备膳，杀鹅时未断其喉，偶见经案上此骨，随手取来挑刺鹅喉，鹅血喷发，而骨遂消减。后来，自究和尚的徒弟也得噎病，想到鹅血可治，遂饮鹅血数次而愈，于是，遍以此方授人，无不验者。特记于此，以供世人之一助。

《浪迹三谈》

捣出烟汁(除头虱术)

当今，上自公卿士大夫，下至差役、轿夫、妇女，无不嗜好吸烟者，于是田家大量种植烟草，颇获厚利。考证《本草》《尔雅》二书，对烟草均无记载。据姚旅《露书》说：吕宋国有一种草，名叫谈巴菰，又名金丝。熏烟气从管中入喉，能令人醉，而且还避瘴气。捣出其汁，可毒头虱。起初是漳州人从海外携来，莆田也有种植，反比吕宋产量多。现在不仅是福建，各地都广为种植。

《香祖笔记》

韭菜汁(治刀疮秘方)

叶蒲州南岩这个地方，流传着一种治刀疮的药方：在端午节这一天，取韭菜捣汁，调和石灰，杵熟做成饼状，敷于疮处，血即止。即使骨折，亦可愈合，有奇效。

《香祖笔记》

黄土炒薏米(治疝秘方)

辛稼轩患疝疾，一道人教他用东壁黄土炒薏米，再用水煮为膏，服下数服即消。后来程沙随也得此病，稼轩教他用此方，也有疗效。

《倦游录》

贝母疗面(治疾秘术)

谢在杭所著《文海披沙》中说：患虱瘕，可用黄龙浴水治疗；应声虫，可用雷丸及兰治疗；食肺系虫，可用獭爪治疗；膈食虫，可用兰汁治疗；人面疮，可用贝母治疗。

《香祖笔记》

冬瓜一只(治恶疮术)

治恶疮有一方：取冬瓜一只，拦腰截断，以切面合于疮上，等到瓜热，削去一层，再合，直到患处热减为止。又一方：用蒜泥做成饼，在疮上炙。不痛炙痛，痛者炙不痛，即止。

《蓼州闲录》

只服三钱(治中风秘术)

取荆芥穗研成细末，用酒调服三钱，可治中风，立即见效。

《蓼州闲录》

可信可不信(治病秘术)

抚州有一商人得了痢疾，病情非常危急，太学生倪某用当归末、阿魏做丸，用白滚汤送下，三服即愈。又一治痢方：用黄花、地丁捣取自然汁一酒盏，加蜂蜜少许，服之神效。

患湿痰肿痛不能行，用希莶草、水红花、萝卜英、自金凤花、月龙骨、花椒、槐条、苍术、金银花、甘草，以上十味煎水，蒸患处，待水稍温，再洗患处。

治小汤气(即疝气)，用乌药六钱、天门冬五钱，白水煎服，神效。

治小便不通，用芒硝一钱，研细末，以龙眼(即桂圆)肉包之，细嚼咽下，立愈。治疗血崩，用当归一两、荆芥一两、酒一盅、水一盅，煎服立止。

治肿瘤，用竹刺将瘤顶稍稍拨开油皮，勿令见血，细研铜绿少许，撒在拨开处，再用膏药贴好。

接骨方：取土鳖，用新瓦焙干，半两钱醋，淬七次，自然铜、乳香、没药菜、瓜子仁各等量研成细末，每服一分半，用酒调下。上体受伤，食后服；下体受伤，空腹服。

治疫肿头面方：金银花二两，浓煎一盏服之，肿立消。

针入腹，用栎炭末三钱，井水调服，即下。又一方：以磁石置肛门外引下。

《金陵琐事》

毒尽肉生（治蛇咬秘术）

宋朝时期，径山有一僧人，在行园时，脚被蛇咬伤。另一位参方僧人为其治疗，先汲来干净水洗患处，换水数斛，将腐脓败肉全部洗去，疮口见到白筋，乃挹以软丝绸，用药末匀洒疮中，恶水如泉涌出，明日再净洗敷药如初。一月后，毒尽肉生，康复如旧。其药方是：用香白芷研细末，加入鸭嘴、胆矾香各少许。

《谈薮》

甘草膏（戒鸦片秘方）

鸦片烟是中国几千年来从未有过的毒品，现在竟从数万里之外传到中国，人民大众深受其害，烟瘾难戒。如欲戒烟，当先除瘾，而欲除瘾，必先觅方。现在街肆所售戒烟药，品种很多，服用后似乎都很有效，却不知其仍用烟膏所制，所以一旦停服，则烟瘾如故。近来笔者从友人处得一戒烟之方，其药易制而价廉，见效虽慢却无损于人体，据说已经挽救了很多人。如浙江宁波叶某，本来烟瘾很大，按此药方制服后，不到半年就戒绝了鸦片瘾。此药方只用粗大粉甘草一味，数量不拘，熬成与鸦片一样的胶状，姑且称其为甘草膏。起初先用鸦片烟九分，加入甘草膏一分，照常吸之，以后逐渐减少烟的分量而增加膏的分量，仍然吸之，直到烟仅一二分，膏有八九分，则烟瘾自然断绝。

《墨余录》

浸皮一月（阿胶秘制）

位于今东阿阳谷界首有一故城叫阿城，阿城有一口古井叫阿井，是济水元眼。水色碧丽重，搅浊后很快即能澄清，汲出后日久而不变味。《禹贡传》曰：东阿济水所经，取重井水煮胶，叫做阿胶。又《水经注》曰：阿城北门的西侧泉上有井，大小若车轮，深六丈，（今已不盈数尺）岁常煮胶，以贡天府。制阿胶法：选纯墨驴，饮以东阿城内狼溪河之水，到冬季取其皮浸狼河一个月，刮毛，洗去污垢，务必非常清洁，加入人参、鹿角、茯苓、山药、当归、川芎、土黄、白菊、枸杞，贝母十味，置入银锅，汲阿井的水，用桑木烧火，熬三天三夜，沥青后再熬一昼夜，即成阿胶，色如镜，味甘咸而气清和，这才是真正的阿胶。

《巾箱说》

鸭血滴喉（救命绝技）

人若中各种毒药而死者，在刚死不久，取活鸭，断其头，以鸭颈插人死者口中，使鸭血三两滴入喉中，即可苏醒。

《太平御览》

百口嚼尽(益气健脾良方)

核桃补下焦之火，亦能扶上焦之脾，但服法有所不同。旧闻曾宾谷先生每晨起必吃核桃一枚，配以高粱烧酒一小杯，酒须分作百口呷尽，核桃仁亦须分作百口嚼尽，因为细啜缓嚼，才能渐收滋润之功，然而性急者往往没有如此耐心。我在广西时，有人教我服核桃的方法自冬至之日起，每夜嚼核桃一枚，数至第七夜止，又于次夜如前嚼，又数至第七夜止，如此每连服六夜，停一夜，周而复始，直至立春之日停服。我按此法已服五年，颇能益气健脾。据说此方最早传自西域，今中原试服者渐多，既不很费钱，又不很费力，是可取之方。

《浪迹丛谈》

黑毛雄鸡(治骨折绝方)

骨折后，可用五加皮四两，雄鸡一只(黑者更妙)去毛，连皮、骨、血与五加皮一起捣烂，敷于患处，用布包好，一周时揭去(不可太过时)，内自完好。再用五加皮五两，用酒浓煎，尽量饮，稍醉后，熟睡为妙。

《浪迹丛谈》

酒瓶吹下胎衣(胎衣不下治法)

产妇胎衣不下，可用鲜荷叶剉碎，入水浓煎，服后即下。又一方：用一普通日用酒瓶口一吹，即下。

《浪迹丛谈》

猪腰收肛(治小儿脱肛法)

小儿脱肛不收，可用一方治之。取不落水的猪腰，用刀破一缺口，如荷包状，将升麻置入其中，用湿纸厚厚包好煨熟，然后除去升麻，令儿吃下猪腰，待药性到后，用温水洗肛门，脱肛自收。

《浪迹丛谈》

复明如初(洗眼仙方)

患目肿者，可用皮硝桑叶汤洗之即愈。据《良方集》中记载洗眼仙方：以皮硝六钱，拣净；桑白皮二两，洗净；

生者更佳，二味入新砂罐中，用河水煎透，倾出澄清，温凉洗眼，少顷又洗，每月只洗一日，须自早至晚洗十余次。洗眼日期为正月初五，二月初二，三月初三，四月初九，五月初五，六月初四，七月初三，八月初十，九月十二，十月十二，十一月初四，十二月初四。每逢洗日，清晨起床，斋戒焚香，向东洗之。洗一年，患轻者已可见效；老年患重者，三十六个月定能复明如初。以上日期是光明吉日，不可错过。

《浪迹丛谈》

悬足倒豆(取出气管异物法)

常照城中一巨姓人家之子，刚七八岁，于四月食鲜蚕豆，取最大一粒放入口中，不慎吸入气管，当即发生哮喘，医生皆束手无策，自薄暮至夜半，竟死，其家仅此一子，母亲悲痛不已，没过多久，抑郁而亡。可惜当时没有人知晓其理，因而无法取出气管中之异物。其实很简单，只要抓住小孩两足，使之倒悬，则所入之豆，一咳即出，本不用药医治，何必去请医生？三十年前，珍门庙有小儿食海螺，误吸螺壳人肺管，七八年前，又有家仆之子十岁，也将海螺壳吸入肺管，并拖延了一个多月而死，皆因不知治法而贻误。又记载：“小儿以豆误塞鼻管而不能出，只要将此儿两耳与口掩紧，不使通气，再用笔管吹其无豆之鼻孔，则豆必自出，非常容易排除。”

《一斑录》

天然水洗目(治眼疾秘法)

凡是患眼病的人，在眼疾初起时，将洁净的开水，盛入洁净的茶杯，用洁净的玄色绢布趁热淋洗，待水混浊后，换水再洗，一直洗到水清无垢方止，如此数次即愈，水内并不用药，所以这叫天然水洗目。

《浪迹丛谈》

烧酒漱口(固齿治痛法)

《云烟过眼录》中有一擦牙方：“生地黄、细辛、白芷、皂角各一两，去黑皮和籽，入藏瓶，用黄泥封固，以炭土五六个煅之，令炭尽，入白僵蚕一分，甘草二钱，合为细末，早晚用以揩齿牙，可使牙坚固，并治牙龈出血和牙动摇等疾。”据我所知，擦牙杂方极多，以下选择经试用有效者录之。如用川椒、细辛各一两，草乌、荜拨各五分，共研末，以擦欲落之牙，可使复固。又如用枯矾、松香、青盐各等分研末，擦之亦有效，然均不如支筠观察方廉所传一方：“生大黄一两，杜仲五钱，熟石膏八钱，青盐一两，合研末擦之。”当我牙痛得很剧烈时，用此方即愈，真是擦牙之第一良方。按：

世传之治牙痛方，还有用细辛、元花、川椒、小麦各五钱，煎汤漱口也有效，但不可咽下，还有用好的烧酒漱口亦可。用桂园一个，开壳装满食盐，烧透存性，擦之。或用番瓜蒂焙干研末，擦之亦有效。

《浪迹丛谈》

海参淡食(养生秘术)

兴静山，桂林守，体气极壮实而手不举杯。据他自己说，在二十岁时，因为纵酒过度得病几乎死去。有人教他每日空腹淡食海参两条，病方痊愈，现已戒酒三十多年。海参淡食难以下咽但却有效，若稍加盐酒，便不甚有效。我还见过一幕客，年八十余岁，他对我说，海参之功不可思议，自述家本贫俭，无力购买海参，只有当亲友招食时，如席上有海参，必定吃个精光，宁可其他菜肴不吃以冲抵海参。四五十年不改此习，亲友知其如此，每招食亦必备海参，而且还有频频赠送者。此人至老不服其他药品，也不生他病。

《浪迹丛谈》

真假自辨(民间疗疾秘术)

读《养疴漫笔》，特摘数方，以传后人。

凡溺水或服金屑者，用鸭血灌之，即愈。

耳暴聋，用金蝎子去毒研成细末，用酒调和，滴入耳中，听到水声即愈。

用枸杞子榨油，点灯看书，能有益于目力。

金属所致疮伤，用独壳大栗子研干末，敷之立愈。

治喉痹、乳鹅，用蛤蟆衣、凤尾草擂细，入盐霜梅肉、煮酒各少许，调和，再研，用细布绞汁，用鹅毛蘸汁，刷患处，吐痰即愈。

恶疮肿毒初起时，用当归、黄檗皮、羌活研细末，用生鹭莺之膝捣汁，调和细末敷于疮四围，自然收毒，聚作小头即破，切不可敷在疮头上。

骨鲠进入食道而不下，用犬涎灌之；谷芒进入食道而不下，用鹅涎灌之，即愈。

宋孝宗食蟹过多，患痢。有严防缶者，用新采的藕节研细，以热酒调服，果愈。

治眼生赤障者，用白螺一枚，除去掩盖，以黄连末掺之，放在露天过一夜，拂晓取肉已化为水，滴目，则障自消。

治咳嗽验方：用香橼除去核，切成薄片，以清酒同研，置入砂罐内煮烂，煮的时间长短，以自黄昏至五更为度。用蜜拌匀，在熟睡中唤起，用汤匙挑服，很有效。又一方：取向南生长的柔桑条一束，每条折断成寸许小段，纳入锅中，加水五碗，煎至一碗，渴即饮之，能愈。

治水肿方：用田螺、大蒜、车前草和在一起研成膏，做成大饼，覆盖肚脐上，水从便中溺出即愈。

《香祖笔记》

食冬瓜三瓯(治淋病秘术)

程沙随治疗肾虚腰痛方：将杜仲用酒浸透，炙干捣罗为末，用无灰酒调服。又，治疗一食生冷就心脾痛方：用陈茱萸五六十粒，加水一大盏煎，取汁去渣，加入平胃散三钱，再煎热服下。又程本人曾患淋病，每日食白冬瓜三大瓯而愈。

《游宦记闻》

蜜丸(东坡治足秘术)

东坡有帖治足疾方：用威灵仙、牛膝二味捣为末，加入蜂蜜，做成丸，空腹服，有神效。

《枫商小牍》

唐文皇拉稀(治痢疾秘术)

唐文皇患痢疾，命诸多医者诊治，均无疗效。金吾长史张宝藏进献一方：用乳汁煎荜拨服下，立愈。

《香祖笔记》

草汤洗肛门(治痞块、痔疮、血崩)

黄某，卢州人，来郡游玩时，偶尔用偏方为人治病，都很见效。记其三方：一是治痞积方，用大荜麻一百五十个，去壳，槐树枝七寸，香油半斤，二味同入油内浸三昼夜，熬至焦，去渣，加入飞丹四两成膏，再入井中浸三天昼夜，取出，先用皮硝水洗患处，再用膏贴之有效。二是治痔疮方，大便以后，先用甘草汤洗肛门，取五倍子、荔枝草二味，用砂锅煎水，烫洗肛门。荔枝草又名癞蛤蟆草，四季皆有，面青背白，麻纹累累，其味奇臭者便是。三是治血崩方，用猪鬃草四两，童便、清酒各一盅，煎成一盅温服，猪鬃草如莎草，叶圆，用前要先洗干净。

《香祖笔记》

喝地浆(治菌毒秘术)

菌可食，但并非所有菌均可食用，有些菌有剧毒，食者往往致死，而世人不知其害，常有因误食毒菌而死之不幸。我的门人吴江叶进士元礼（字舒崇）的父亲和叔叔，一同读书于山中。有一天，采得佳菌，烹而食之，皆死。

我经常将此例讲给人听，希望引以为戒。据我所知，还有一种枫树菌，食之则笑不可止。陶隐居《本草注》说，如果食菌中毒，可在土地上掘一坑，注入冷水搅混，过一会儿取水饮之，这叫地浆，可治疗诸多菌毒。

《香祖笔记》

大蒜拌热土(治中暑秘术)

治猝然中暑气闭之方：取大蒜一握，用道路上的热土掺杂在一起研烂，以新水调和，滤去渣滓，灌之即苏醒。

《避暑录》

王安石头痛(治偏头痛秘术)

王安石常患偏头痛，神宗帝赐以禁方，用新萝卜榨取自然汁，加入生龙脑少许，调匀，仰起头来，滴入鼻孔，左边头痛则滴右鼻孔，右边头痛则滴左鼻孔。

《香祖笔记》

医心贵如金(治疾秘术)

偶读王渔洋先生所著《居易录》所载各种处方，觉得非常博雅而可以济人，因此，特摘其简便易行之方如下：

据《续夷坚志》记载：阿魏散，能治骨蒸、传尸劳、寒热、羸弱、喘咳。此方用阿魏三钱，研菁蒿一握，切向东桃枝一握，细剉细草，童尿二升半，先以童尿隔夜浸药，翌日晨，煎一大升，空腹服之。服时分为三次，第二次服时，调入槟榔末三钱，如人行十里许时再服。要注意的是，丈夫病由妇人煎，妇人病由丈夫煎，把药合在一起时，忌孕妇、病人和腥秽之物，并且不能让鸡犬看见，服药后，忌油腻、湿面和冷硬食物。病人服此方一二剂后会呕吐出或泻出虫，便不需再服下余药，如果未吐泻，当将余药服尽。吐泻出来的虫皆细如人发和马尾状，病就好了。如果服阿魏散后，病人感到虚弱不安，再以茯苓汤补之，即用白茯苓、茯神各一钱，人参三钱，远志去心三钱，麦门冬去心四钱，犀角五钱为末，生干地黄四钱，大枣七枚，水二大升，共煎作八成，分三服温下，如人行五里许时更一再服，谨避风寒，若仍未安，再作一剂连服之。

据《芦浦笔记》记载治哮喘方：用麻黄三两，不去根节，洗净，诃子二两，去核用肉，二味皆必粗末，每次用三大匙，加水二盏，煎减一半，加入腊茶一钱，再煎作八成，趁热服下，无不验者。还有一方：用新罗（即今高丽）人参一两，研成末，用鸡蛋清调成丸，如桐子大，阴干，每次服百粒，用温腊茶清服下，哮喘立止。又，治男女气血亏损及喘嗽、寒热重症，用人参一分，真三七二分，共研末，用无灰热酒调服，日服三次，有奇效。

据《清暇录》记载：陈刚翁说，痘疮不可多服升麻汤，只需用四君子汤加黄芪一味为稳。有陈坡分者，其孙方三岁，发热，七日痘出而倒，面色黑，唇口冰冷，一士人教其用狗蝇（蝇冬月藏在狗耳中）七只，擂细，调和醇酒少许服之，过不久，红润如常。又，其次女痘发后毒上攻，遂变成内障，一老医用蛇蜕一条，洗净培燥，与天花粉（即瓜蒌根）等量，研成细末，置人羊肝内，用麻皮缚紧，置入米泔水煮熟，切片食之，旬日而愈。另外，治失血症方：用未熟青黄色的大柿子一只，好酒煎至九沸，去酒，取柿食之，有奇效。

据四川提督总官吴英说，曾得一秘方，专治跌打损伤，极其有效，即使是重伤濒临死亡，只要有一丝未绝，灌下此药，立即苏醒。其方用十一月采的野菊花，连枝阴干，每次用野菊花一两，加童尿和无灰酒各一碗，同煎热服而已。又一方，取退去胎毛的小鸡一只，连骨生捣如泥，作成饼加入五加皮缚于伤处，接骨如神。此外，治疟疾方：用生何首乌五钱、青皮三钱、陈皮三钱、酒一碗、河水二碗，煎至一碗，温服，不久即愈。

王渔洋先生《分甘余话》所载处方如下：治腋臭方：取热蒸饼一枚，分作两片，掺入蜜陀僧一钱许，立即挟于腋下，稍睡片刻，等饼冷后弃之，有效。沼病溺不下方：用犀角、玳瑁二物磨水服之，有效。治暴血症方：用蜘蛛网做成丸用米汤送下，血立止。在立秋那一天太阳未出来时，采楸叶熬膏，缚于恶疮、疡之上，疮疡即愈。用皮硝置入鸡腹内煮食之，可以消痞。（以上录自《说》）治喉闭急症方：用鸭嘴、胆矾，研成细末，用醋调匀灌之吐出胶痰即愈。用熊胆少许，入洁净之水略微润开，将筋膜尘土除尽，入冰脑一二片，如泪痒，加入生姜粉少许，用银筷蘸药点眼，能去眼内瘴翳及治赤眼病，最有效。

《枫窗小牍》载东坡一帖，说治足疾用威灵仙、牛膝二味等分，研成细末，用蜜调丸，阴干，用酒或熟水空腹服下，独忌用茶送服。此方有奇效，凡肿病，拘挛皆可治愈，久服有行走如奔马之效。又，新安罗某有治疗痔疮方：用稀熬烧酒七斤、南荆芥穗四两、槐豆五钱，捣烂煎沸，分五次，空腹服下，甚有效。

据《无颜录》记载二方：其一是用唐代开元钱烧之，有水银出，可治小儿急惊，勘验。其二是元代名医宋会之，治水蛊法：以干丝瓜一根，去皮剪碎，加入巴豆十四粒同炒，以巴豆发黄为度，去巴豆，再用丝瓜炒陈仓米，按丝瓜之多少，以米发黄为度，去丝瓜，将米研为末，加入清水制成丸，如桐籽大小，每服百丸。据说巴豆能逐水，丝瓜像人之脉络，去而不用，借其气以引导入脉，米能投胃气。

据纪文达之《笔记》记载：歙人蒋紫垣，流寓献县程家庄，以医为业，有解砒毒方，用之十全，然而中毒者，必索取重资，若不满足其所欲，则坐视其死而不救。一日，蒋暴死，托梦于居亭主人说："我因贪利之故，已误人九命，死者诉于冥司，判我九世服砒霜死，今将赴转轮，贿赂鬼卒，方得以来见君，特以解砒方奉授予君，望君能用此方救人，救活一人，则我少受一世业根。"说完泣涕而去，讷讷自言："我悔之晚矣！"其实，其方很简单，以防风一两研为末，用水调服而已，无他秘药。又，用冷水调石青，解砒毒如神。

《浪迹丛谈》

高寿仙方(延寿丹秘方)

明朝华亭董文敏公有久服之延寿丹方，董公年至耄耋，精神不衰，皆此丹之力。传到清朝，服者亦不乏其人，都能活到高龄，享健康长寿之乐，且须发复原，腰脚增健，真乃却病延年之仙方。据说在康熙期间，有人珍藏董公手录各方，字体带有行草，是晚年所书。今将药品和制法列于后：

大何首乌，取赤白二种，先用黑豆汁浸一宿，切片晒干，再用黑豆汁浸一宿，次早，用柳木甑，桑柴火，蒸二炷香的时间，如此九次，不可增减，晒干待用。

菟丝子，先用清水淘洗五六次，取沉者晒干，逐粒拣去杂子，用无灰酒浸七日，入甑蒸七炷香，晒干，如此九次，研为末一斤待用。

稀莶草，五、六月间采，用长流水洗净晒干，以蜂蜜同无灰酒拌匀，隔一宿，蒸三炷香，如此九次，晒干，研为末一斤待用。

桑叶，四月采人家所种之嫩叶，以长流水洗净晒干，照制稀莶法九制，研为末八两待用。

女贞实，用冬至日摘园林中腰子样黑色者装入布袋，剥去粗皮，酒浸一宿，蒸三炷香，晒干，研为末八两待用。

忍冬花，又名金银花，四、五月间摘取，阴干，照制稀莶法九制，晒干，研为末四两待用。

川杜仲，用厚者，去粗皮，以青盐同姜汁拌炒，断丝八两待用。

雄牛膝，用怀庆府产者，去根芦净肉屈而不断、粗而肥大者，为雄酒拌，晒干八两待用。

以上杜仲、牛膝，且莫为末，待何首乌蒸过六次后还有三次时，不用黑豆汁拌，单用杜仲、牛膝二味同何首乌拌，蒸晒各三次，以足九蒸之数。

生地，取钉头鼠、尾原枝大枝者，晒干，研为末四两待用。

按：以上共七十二两，合何首乌亦七十二两，再合旱莲子熬膏一斤，金樱子熬膏一斤，黑芝麻熬膏一斤，桑葚子熬膏一斤，同前药末一百四十四两，捣数千杵，做成丸即可服用。如膏不足，可用蜂蜜增补之。又按：阴虚人须加熟地一斤；阳虚人须加附子四两；脾虚人须加人参、黄芪各四两，去熟地；下元虚人须加虎骨一斤；麻木人须加天麻、当归各八两；头晕人须加玄参、天麻各八两；自昏人须加黄甘菊、枸杞子各四两；肥胖人多湿痰者须加半夏、陈皮各八两。各药加若干数，则何首乌亦相应加若干数。

《浪迹丛谈》

酒茶膳食部

铁酒缸(饮酒不醉术)

饮酒如饮水，已是十分不容易。如果饮起酒来比饮水还厉害，或者如蛟龙饮江一般，实在是世间罕物了。铁冶亭侍郎保尝督两江，有一日，司道请他赏花瞻园，顺便设了一桌宴席。铁冶亭痛饮绍酒二百杯，仍无丝毫醉意。藩司便问道："看来，你大饮而不醉，一定是黄酒的力道太薄。要是换上白酒，你还能不醉吗？"铁冶亭笑道："当然不醉。"于是，又连饮白酒二百杯，仍不醉倒。此后，被人称作"铁酒缸"。

《庵堂琐记》

寡妇食驴阳(恶食绝技)

道光年间，清江浦某巨室有寡妇，食性尤其古怪，嗜爱食驴子的阳具，而且食法也让人毛骨悚然。在取食驴阳前，使公驴与母驴交配，等到公母处于酣畅之时，让人取出一把极锋利的刀子，以迅雷不及掩耳之势，将那阴茎割断，即从母驴的阴户中抽出，立即烹而食之。寡妇对人说，只有这样食法，某味才嫩美无比。听者无不悚然。后来，吴清惠任清河县令，得知此事后，将这寡妇绑来斩去了首级。

《清稗类钞》

吃尽天下无敌手(饮酒不醉记异)

吴门医士薛一瓢，居住在南园扫叶庄，生性旷达风雅。有一日，路遇一位怪诞的和尚，腰挂一瓢，瓢上镌刻七字："吃尽天下无敌手"。薛医士惊奇不堪，便把和尚邀到家中，存心要让这和尚认识一下"敌手"的厉害。于是，在家中摆下宴席。而薛医士本不善饮，但门下的朋友非常多，一一招来，端坐堂中。薛医士朝南坐，和尚朝北坐，客人们都一律东西相向而坐。开宴后，以瓢注酒，每瓢约有一斤，讲定饮一昼夜，薛饮一瓢，和尚必饮三十六瓢。这般一一浩饮，酒浆如流水一般在席面上淌过，看得仆人惊颤不已。席中，有位姓陈的吃客，是薛医士的弟子，一连饮了三十六瓢。如此算来，那和尚饮下的酒，已不下数百瓢了。不等天黑，和尚便醉翻在地，僵卧了三天三夜，醒来后，偷偷地逃跑了，连那"吃尽天下无敌手"的瓢也不再带走，丢弃在薛家。由此，薛医士便收了那瓢，整日挂在腰间，走街穿巷，好不惹人眼目。既有酒瓢在身，薛医士干脆自号为一瓢了。

《庵堂琐记》

吃尽了手指(恶食记异)

僧人仁简，京师人，因拜的师傅是一位名僧，所以会梵语，精于主持水陆法事。京都士大夫只要有祭事操办，总是非他莫属。日子一久，仁简就积蓄了一笔十分可观的钱财。然而，仁简素不守戒，除了饮酒吃肉还稍有克制外，其余戒事无所不为。后来，随着年岁渐长，他便离开京都到淮阳庆和寺当了寺僧。不多年，就得了一种奇怪的病。自己咬吃自己的手指，起初还嬉笑称赞味道甜美，后却呼叫剧痛，无法忍受，再后也就毫无知觉了。如此数天，他的十个手指全被自己咬落吃尽，只剩光秃秃两只残掌，然后死去。

《雅言俗记》

石灰块埋雪(雪中暖酒绝技)

雪中暖酒，可谓不可思议，但掌握了秘法，则是轻而易举之事。用未化的大石灰块，预先埋于雪中，需暖酒时，先将酒壶放在预先埋好的石灰上，再以冷水一瓢浇之，石灰见雪已欲溶化，被水一浇，更是迅速溶化。其发出的热能，使酒壶自然可热。

《古今秘苑》

泼水于颈(吃瓜术)

人若用冷水自渍至膝，可顿吃数十个瓜；渍至腰，吃得更多；渍至颈，可吃百余个。所渍之水都散发出瓜的气味，但此事未试过。又，人若酒醉不解，用汤水自渍即愈，汤水亦发出酒的气味。

《博物志》

铜扁壶(酒浆变色法)

铜扁壶，是盛酒之器，约可容纳五升。有时候我用它来载酒，过一段时间，酒就变成绿色，真所谓绿了。乡下人用的酒器，有的是用锡，有的是用陶，有的是用皮革做的，大概是有利于载酒远行，便于在车中携带。还有的叫做背壶，为的是便于背负而行；有的叫做鳖壶，主要是壶的形状像鳖。

《乡方解颐》

贮藏十年(烧酒转甜法)

凡是酒都是愈陈愈香，因而愈陈愈贵，烧酒也是这样。随园老人说烧酒是人中之光棍，具中是酷吏，打擂台非光棍不可，除盗贼非酷吏不可，驱风寒、消积滞非烧酒不可。烧酒若藏至十年，则酒色变绿，上口转甜，也就像光棍变成良民，便无火气，可以与之交友，但不可使其泄气。

《浪迹三谈》

五年才可饮（绍酒绝制）

有一位随园老人，性不近酒，而自称能深知酒味。他说，绍兴酒如清官循吏，不参一毫造作，而其味方真，又如名士英杰，长留人间，阅尽世故而其质愈厚，故绍兴酒不过五年者不可饮，掺水者亦不能过五年，这真是深知绍兴酒之特色的话。尽饮天下诸酒而品之，自然是以绍兴酒为第一，而《食单》所列酒名，则首推金坛于酒，次为德州芦酒，仍不免是标榜达官贵人之故态，又次以四川郫筒酒，则又未免依附古人之陋习。据说郫筒酒清洌彻底，饮之如梨汁蔗浆，不知其为酒，如此岂非只需尽饮梨汁蔗浆即可，又何必饮酒呢？大凡酒以水为质，而又必须借用其他物品，才能出酒，又必然改变他物之本味，以成为酒之精华。也就是说，如果酿造米酒，只求饮者如饮饭汁粥汤，不知其是酒，行不行呢？当然不行。西北口外将马乳、葡萄置于暖处，每天用筷子纵横搅拌，几天以后，味如酸浆，其力度可以比得上酒力，名叫七格。而随园所饮之郫筒酒，是否就是此物呢？

《浪迹三谈》

价比金贵（蜡茶绝制）

每逢仲春上旬，福建漕司向朝廷进献第一纲蜡茶，名为“北苑试新”，数量很少，极其珍贵，都包成方寸小夸。进御只有百夸，包装极其考究，护以黄罗制成的软盒，借以青色箬壳，裹以黄罗夹复，臣封朱印，外面用朱漆小匣，镀金锁，又以细竹丝织笈贮之，有好几层。这种茶是雀舌水芽所造，一夸就价值四十万金，仅可供数瓯饮用。或以一二夸赐外邸，则分解传遗，以为奇玩。此茶初进御时，由翰林司品尝，有品尝园费，都是由漕司官邸的官员所贿赂。品尝时，有时茶味或许不能令人满意，在茶中加入少许盐，则茗花为之散漫，而茶味淋漓尽致。

《武林旧事》

留出一孔（葱香馒头无葱法）

李沧溟其人有一个习惯。吃馒头要有葱味但又不能见到葱，只有蔡姬所做的馒头才吃。这种馒头的做法是，不要把葱切成末放入馅内，而是在馒头上留一小孔，将葱段插入孔内，再上蒸笼蒸，待馒头熟后，将葱拔去，用熟面塞住小孔。这是谢在杭《文海披沙》所载，即所谓“蔡姬曲尽旧罗裙”一段。

《香祖笔记》

乳糖圆子(民间糕点绝制)

南宋时期，元宵灯节，妇人皆戴珠翠，闹娥、玉梅、雪柳、菩提叶、灯球、销金合、蝉貂袖、项帕，而衣服则时兴白色，因为白色很适宜月光下穿着。游手浮浪之辈，则用白纸做成巨大的蝉，称谓“夜蛾”。有的人用枣肉和以炭屑做成丸，系在铁丝一头点燃，名叫“火杨梅”。节日的食品时尚乳糖圆子、科头粉、豉汤、水晶脍、韭饼以及南北珍果、皂儿糕、宜利少、澄沙团子、滴酥鲍螺、酪面、玉消膏、琥珀饧、生熟灌藕、诸色龙缠蜜煎、蜜果、糖瓜蒌、煎七宝姜豉、十般糖之类，这些食品都陈列在镂铨装花的盘架车上，周围插上飞蛾、红灯、彩盒，一面推车，一面唱出调子叫卖。

《武林旧事》

九难(品茶绝技)

据《陆羽茶经》云：从采茶到制茶，从煮茶到饮茶，都是很不容易的事。概括起来，茶有九难：阴采夜焙不是造茶的最佳时间；嚼味嗅香不是鉴别茶的最好方法；膩鼎腥瓯不是盛茶煮茶的最好器皿；膏薪庖炭不是焙茶、煮茶的最好的火候；非湍拥潦不是沏茶最好的水；外熟内生不是炙的最佳程度；碧粉缥尘不是最好的茶末；操艰搅遽不是最好的煮茶之方；夏兴冬废不是最好的饮茶习惯。

《锦绣万花谷》

活火(煎茶绝技)

据《因话录》云：李约嗜茶，他说：茶必须用缓火炙，用活火煎。何谓活火？即炭火之有焰者。

又据《三山语录》云：五代郑愚有一首茶诗曰：嫩芽香且灵，吾谓草中荚。夜臼和烟捣，寒炉对雪烹。唯忧碧粉散，尝见绿花生。

《锦绣万花谷》

挑出酒虫(酒量倍增法)

元载，不饮酒，有人强迫他饮酒，他推辞再三，只好同意用鼻子闻酒，结果一闻到酒气立即醉倒。旁边的人以为可以治愈此病，当即取针在元载的鼻尖上挑出一只小虫，说这就是酒魔，闻到酒气就害怕得钻了出来。挑出酒魔以后的元载当天饮酒二斗。又，李德裕平泉别墅内有醒酒石，每当他醉了，就抱着醒酒石。

《锦绣万花谷》

味重为圣(评酒绝技)

凡酒以色清味重为圣；色如金而味醇苦者为贤；色墨而味酸者为愚。用家醪糯酿醉人者为君子；用家醪黍酿醉人者为中人；用苍醪黍酿醉人者为小人。

《锦绣万花谷》

广济寺处方(屠苏酒秘酿)

老杜诗曰：顾随金腰袅，走置锦屠苏。屠苏是一种药酒，是在元日饮加入香药的清酒。那是用广济寺的处方，用大黄等八味中药，用囊盛好，沉入井中，至元日平明出药，置酒中。此酒名谓屠苏，据说要量力饮之。一人饮一家无病，一家饮一里无疫。而且非常灵验。

《锦绣万花谷》

冬上夏下(食鱼绝技)

腹腴，就是鱼腹下的肥肉。冬食右腴，夏食右鳍。因为冬气在上，腴在腹下；夏气在下，鳍脊在上。

《礼记少仪》

五斗水(快速制醋法)

快速作成苦酒(醋)的方法：用一斗黍米、五斗水，煮成粥。一斤曲，烧黄，槌破，放在瓮底，把粥放在曲上，用泥密封瓮口，二天后，便有酸味。

不断拿来品尝，只有酸味，味就不美。煮一斗粟米饭投放进去，十四日后，醋清纯澄亮，美味浓酽，与大醋没有不同之处。

《齐民要术》

瓮上抹泥(制水醋秘法)

水苦酒(醋)的作法：用女曲和粗米，各二斗；用一石清水，浸泡一晚。漉取汁，把米和曲煮成饭。煮熟后，趁热放入瓮里，用浸米和曲的汁，顺着瓮边倒入，指微浸住曲饭，不要使曲饭向上浮起。在瓮的边上涂抹上泥，中间开个口，用板盖住。夏季，十三天后就变成醋。

《齐民要术》

茶性最淫(徐文长煮茶法)

徐文长有以花煮茶法，被传为品茗绝技。其法为：用锡瓶放入茶叶，将花朵杂入其中，搁水稍煮，一沸即起。将花晾干，用于点茶，皆作花香。梅花、兰花、桂花、菊花、莲花、茉莉、玫瑰、蔷薇之类，皆可用。

茶性最淫，著物即染。然而，用花煮茶之法，只适用于中品之茶，若用上品的茶叶，反而茶香被花香所夺，甚是可惜了。

《斯陶说林》

瓶口昙花(制茉莉酒秘技)

选取色正味香的上等白酒灌入瓶中，上面空出三寸左右不装满，然后用竹编一个呈十字形或“井”字形的东西卡住瓶口，再选取新摘的茉莉花数十朵，并须离酒一寸左右，然后再用纸密封瓶口。十天后，整瓶酒就沁透了茉莉花香，茉莉酒就制成了。

《古今秘苑》

扶正袪邪(酸酒变正术)

白酒放久了，有的容易变酸，此时真是饮之无味，弃之可惜，可用药店中的石决明若干，放到火中烧，研成细末，再将酒加热后放入石决明粉末并盖起，一个时辰左右，再拿这些酒饮用，酒的味道不但不酸，而且相当醇美，有益身体。

《本草纲目》

狗鼠不能沾(制神醋绝法)

秫米神醋的作法，也在七月七日这天作。把装醋的瓮放在屋檐下。大致比例：一斗麦曲，一石水，三斗秫米，如无秫米，粘黍米也可以。随瓮的大小，以装满为原则。先量出水，把麦曲浸泡后，然后将米淘洗干净，煮熟后再蒸热，摊开冷却。把曲用手捏破，弄细，不能有成块的，一次性放进去，以后不再放。把手伸到瓮里，全都捏破成小块，并使劲搅和，和得像粥一样就停止搅动。这时再用丝棉蒙住瓮口。七天后，搅一次；过七天，再搅一次；又过七天，再搅一次。刚好一个月后，醋就完全熟了。十石的瓮，里面的醋积淀不超过五斗，能够保存几年也不坏。淘米水，应当即倒掉，不能让狗或鼠吃到。蒸的黍饭，人也不能吃。

《齐民要术》

先糖后盐(贮藏蟹秘术)

贮藏蟹的方法：在九月里，收取母蟹(母蟹脐大而圆，占了整个腹部；而公蟹脐则狭长)。蟹拿回来后放在水中，不要有所损伤和死亡。过一晚，蟹肚里就完全空了。如在水里放得太久，蟹就会吐黄水，吐黄就不好了。先用少量糖煮成较清的甜汁，把活蟹放在冷却后的甜水瓮里，过一晚，用蓼煎水，加入白盐，尤其要咸。待冷后，装一半在瓮里，取出浸在糖水中的蟹，放入咸蓼汁中，蟹就马上死(蓼只需少量，蓼太多，反而会烂)。用泥封二十天，再取出来。张开蟹脐，放入细姜末，再把脐恢复原来的样子。再放入瓦瓮里,每个瓮里装百个。再倒入以前做成的盐蓼汁,要完全浸泡住。封得严严的，不能漏气，就成功了。藏蟹，非常忌讳风吹，风吹后，蟹就会变质，味道也就不美了。另一种藏蟹方法：直接煮好盐蓼汁后，用瓮装着，端到河边。找到蟹，就放进盐蓼汁里。瓮满了，就用泥封住。虽然比不上前一种，但味道也很好，也和前面作法一样，不能被风吹。吃的时候，将姜末调在蟹的肝脏内，用小杯装姜和醋。

《齐民要术》

不能漏气(作鱼酱术)

作鱼酱的方法：用鲤鱼、鳢鱼最好，鲭鱼也可以，用鲚鱼、鲇鱼时用整条鱼，不用切。操作时，刮去鱼鳞，洗净拭干，如切肉丝和肉片一样，把鱼破开，切成条。除去鱼骨头，大致比例：一斗大鱼，用三升黄衣(一升整块使用，另外两升作成粉)，二升白盐(如用黄盐，就有苦味)，一升干姜(捣成细末)，一合橘皮(切成细条)。把这些东西混合调匀，放入瓮里，用泥封得严严的放在太阳下晒(不能漏气)。酱熟后，用好酒冲入。大多制作鱼酱、肉酱，都在十二月，历经夏天也不会生虫。其余月份也可以作，但容易长虫，不能放过夏天。

《齐民要术》

淘米二十遍(造酒绝技)

造酒的方法：整块的曲饼，晒五天，每天用炊帚将曲刷三遍，将曲彻底弄干净，如果遇到太阳好，晒三天就可以了，然后将曲切细，用布垫着，放在有高顶棚的架子上，晒上一天，不要让风和土把它弄脏，平平地量一斗曲，冒出像鱼眼大小的气泡时，就可以放米了。放的米，要整治得极精细，米要淘洗二十遍左右。预备做酒的饭，不能给人或狗吃。用河水来淘米，做饮饭和洗涤酿酒的用具是最好的。

《齐民要术》

舂米加盐(赤米变白绝技)

把旱稻和赤米整治成白饭的方法：不论冬夏，常用热水浸泡旱稻和赤米。过一顿饭的时间，再用手揉搓，水冷了之后就倒掉，马上用冷水淘、搓，直到米变白为止，这样的米作出的饭颜色洁白，不亚于水稻作的饭。另外，舂红稻米时，在一臼米里放一把蒿叶，再放一把白盐，合起来舂，则舂出来的米很白。

《齐民要术》

一层菜一层土(贮菜秘法)

贮藏新鲜蔬菜的方法：在九月到十月中，在墙南边太阳可以晒到的地方，挖一个坑，坑深四五尺左右，取来各种菜，一种一种地分别铺在坑中，一层菜再撒上一层土，这样铺到距坑口有一尺左右就可以了。在最上面盖上厚厚的穰，这样保存，蔬菜可以历经一个冬天。要吃时便可以取用，菜新鲜得同夏天的菜一样。

《齐民要术》

皇上恩赐(皇宫神酒秘制)

太尉王旦气弱多病，真宗皇帝亲自赏赐给他满满一瓶药酒，让他空腹喝下，这样可以调和气血，祛除外邪。王旦饮酒之后，感觉非常安健，于是借拜见皇上的机会表示感谢。皇上说："这是苏合香酒，每一斗酒加一两苏合香丸一起煮。这种酒最能调养五脏六腑，除去腹中各种疾病，顶着寒冷早起时，就饮上一杯。"于是皇上分别拿出好几盅苏合香酒赏赐给大臣。从此臣僚和百姓之家都仿制这种酒，苏合香丸一时盛行起来。这个验方原本出自《广济方》，称作"白本丸"，后人也把它编进了《千金》《外台》。它治病有特殊疗效，我在《良方》一书中有十分详细的叙述。然而过去的人不知道运用它。钱惟渲汇辑《箧中方》，对苏合香丸作的注释说："这种药原本出自皇宫中，大中祥符年间曾由皇上赏赐给大臣。"注释所说的就是这件事。

《墨客挥犀》

曝晒十天(擒奸酒)

河东有一人名刘白堕，善于酿酒。每年六月，盛夏酷暑季节，把酒盛在坛中，将口封好，放在烈日下曝晒，十天以后取酒饮之，酒味香美，醇而不腻，醉不易醒。京师朝廷贵官们出差时，常从千里之外前来购买带回去，因此多销于千里之远，故号称“鹤觞”，又叫“骑驴酒”。西晋永熙中，青州刺史毛鸿宾巡察归来，带酒而行，路中夜逢强盗抢劫，盗饮此酒皆醉，于是全被抓获。因此，后人就称它为“擒奸酒”。曾有游侠说过：“不怕张弓拔刀，唯畏白堕春醪。”

《伽蓝记》

醉倒无赖（南方酒）

新州有很多美酒。南方人酿酒不用曲和蘖，而是将糯米杵成粉，用众草叶如胡蔓（野葛）草浸出的汁与粉拌和，做成一个一个粉团，大如卵，放在蓬蒿下荫蔽起来。一个月过后，即可出酒。多饮易醉，醉醒后仍感头上热汗涔涔。

南方还有一种烧酒，将酿成的酒灌满酒瓶，用泥将口封好，用火烧熟，不然就不中饮。烧好以后，封口之泥坚固犹存，沽酒者无法品尝其优劣，就在泥封上钻一小孔，用细管插入吮吸而尝，俗称滴淋。有些无赖小民空手上街，走遍所有酒家滴淋，都说不中饮，直至吸醉而返。

南方还有一种风俗，当女孩长到数岁时，在冬季池塘之水干竭之时，将若干酒坛灌满酒，密封上口，埋入池塘土内，到了春天，水涨塘满，年复一年，不去挖掘。等到女孩长大出嫁办喜事时，再抽干池水，掘土取坛，供贺客饮用，称之为女酒。其味绝美，平常居家，难得此酒。

《投荒杂录》

用水之妙（若下酒）

据《舆地志》记载，吴兴村人取若下之水酿酒，酒醇味美，俗称“若下酒”。张协士说，荆州的乌程酒，豫北的竹叶青酒，就是此酒。酿酒之法，唯在用水之妙。

《十道记》

黄河取水（昆仑觞）

魏国贾将，甚富，家累千金，且博学善撰著作。家有一老仆，善于识别水源水质，取之酿酒。常乘小舟于黄河中，用葫芦接河源之滴水一日不过七八升。取回倒入器中，经过一夜，器中水变成大红色，用以酿酒，酒之芳味，世间绝无仅有，酒名昆仑觞。贾将曾以三十斛进献魏庄帝。

《酉阳杂俎》

簪刺莲叶(碧莲酒)

三国时代，魏国正始年中期，历城北郊，有一避暑山庄称使君林。每逢盛夏三伏之际，郑公悫都要率宾僚前去避暑。取大莲叶放在砚石格内，盛酒三升。用簪刺莲叶，使酒通入莲柄，数日后，即可见弯曲的莲茎上长满如同象鼻形似的轮菌，通过轮菌传吸其酒，酒香夹杂着莲香，清凉甘美胜于冰，名曰碧莲酒。

《酉阳杂俎》

鸡鸣之时(消肠酒)

张华，酷爱饮酒。为了酿出气香味美的醇酒，煮三薇(巢菜)之汁，用此汁再渍曲、糵(黄糵)(曲出产于北胡，糵出产于西羌)。再用胡中出产的麦，在拂晓鸡鸣时与薇、曲、糵浸出液拌和。三天三夜，麦生萌芽，用以酿酒，酒质清畅醇香。久含口中，令人齿动。若大醉，不摇荡，使人肝肠烂。当时称之为“消肠酒”。有人又传说，饮醇酒可作长宵之乐。一说消肠，一说长宵，音同字不同，其含义也不同，孰是孰非，无以考证。

《王子年拾遗记》

果核灌水(青田酒)

乌孙国有一种植物的核，叫青田核，不知其树与果实之名。此核中可容五六升水，用空核盛水，很快就变成酒。有一位姓刘名章的人曾得到二枚，用它制成壶盛水成酒而饮。用二核之酒宴请宾客，一核饮尽立即盛水以待，二核反复交替，可供二十人痛饮。唯不可久置，久置则味苦难饮。故而又把盛酒之核称为青田壶，把酒称作青田酒。

《古今注》

除尘(沾雨酒)

某人，名石虎，在大武殿前造一楼，高四十丈。高楼结珠为帘，四周垂五色玉佩。楼上有铜龙，龙腹中空，盛酒数百斛。叫胡人至高楼上喷洒，和风吹来，酒香飘逸，远望如同云雾。名曰沾雨酒，用以除尘。

《拾遗录》

入棺三年(千日酒)

有一人名玄石，到中山酒家去买酒。酒家给他一种酒，名叫千日酒，但忘了告诉他要少饮，千万不能喝醉。玄石回家后痛饮而醉，卧床数日不醒，家人以为他已死，买口棺材把他给殓葬了。千日之后，酒家忽然想起，玄石三年前曾来买酒时，没向他交代饮千日酒千万要节制，如果当时喝醉，现在该醒过来了。于是找到玄石家询问。家人说，他已死三年了。于是，酒家说明缘由，与家人同到墓地掘墓。开棺一看，玄石果然开始醒来，从棺中坐起，同家人一起回家。此酒酿制之法，早已绝传。

《博物志》

龙口喷酒(巧制自动酒具)

唐代开元年初期，东海马待封，是位工匠大师，技术非常高明。适奉朝廷统一修改法定制式器具，马待封将古代发明的指南车、计里鼓(里程计)、相风鸟(测风器)等统统改修得比古代的更加完美巧妙。有一次，马待封专为皇后制造了一台精致的梳妆台。镜台立于中间，台下有两层，均有若干门户。当皇后到梳妆台前打开镜匣时，台下门开，有木制小妇人手拿面巾、木梳立于面前，皇后取下用品后，木人即回到门内，其他如胭脂、香粉、眉黛、髻花等所用物品，都是由小木人依次捧出；取毕即还，门户复闭，皇后梳妆完毕，诸门皆闭。此梳妆台饰有金银彩画，木妇人的衣服首饰也极其精妙。

开元末期，马待封又造奇器叫“酒山扑满”。所谓酒山，即造酒山立于盘中，盘径四尺五寸，下有大龟承盘，机关动力运作皆在大龟腹内。盘中造山，山高三尺，峰峦起伏，非常逼真。承盘是以木制造，龟和山内都是空的，外面用布漆覆盖，粘贴不漏，外面画上彩画。山中可贮酒三斗，绕山皆列酒池，池外又有山围之，池中制成若干花开叶舒模样，花叶位于半山腰处，有藏半身于山中的龙首，开口吐酒，龙下大荷叶中有一酒杯盛酒，此杯可盛四合酒，龙吐八成而止。饮者应立即取杯而饮，若迟迟不饮尽，山顶有座二层阁楼，阁门即开，有身着衣冠、手持木板的催酒者出来，催饮者续饮，于是饮者将酒杯放回荷叶上，龙又自动向杯中注酒，催酒使者乃还，阁门即闭。如果再次不饮尽，使者复出如初，直至宴会结束，终无差失。山之南北东西，四面皆有龙头吐酒，即使将酒倾覆于酒池，池内有孔，随即将池中多余的酒自动引流纳入山中，必须等山中酒饮尽，池中酒逐渐纳入山中也随之饮尽无遗。此外，所谓扑满者，即在酒山左右，龙注酒其中，虚则奇，中则平，满则覆，即鲁庙中所谓侑座之器，君子以戒盈满，连孔夫子也常看着它引以为戒。马待封在制造奇器“酒山扑满”时，巧于构思，运用物理运动原理，巧妙地使内中机关连动，再四面开定，保持平衡，利用大气压力，以纳风气，风气和机械转动，有阴阳向背，使液体能够自动泉流吐纳，做到龙头吐酒杯中八成而止，酒使出入阁楼与杯酒是否饮尽相关，确实无比精巧，技绝天下。

《纪闻》

流杯池(造载酒船)

齐国有位依照戒律出家修道的人，佛名灵照，善于发明创造，所造器具甚有巧思。武成帝令其在山亭造流杯池，池内造小船载酒缓缓游弋。每当小船驶至武成帝前，武成帝引手取杯，船即自行驶来。这时，船上有一些小木人会有节奏地拍手，并与丝竹乐声相应。武成帝将杯中酒饮尽后，仍把杯放还船上，此时，便会有位小木人将酒杯还归原位。如果酒未饮尽，则船始终不离去。后来，没过多少日子，有一天，灵照突然感到不适，抚摩心口，疑有刀刺。不一会儿，当即吐血而死。

《皇览》

美君子(瑞露酒)

广右一带不禁酒，公私都可酿酒。各种酒以帅司瑞露酒为最冠，风味醇香宽和，颇有内涵，回味无穷，有如才华横溢的美君子，声震湖广一带。此酒本出贺州，如今临贺之酒也远不及瑞露酒诸郡所出之酒，皆有不足之处。昭州酒颇能醉人，据说造酒时，采曼陀罗花放在酒坛面上，使酒收其毒，饮此酒有害无益。在宾、横之间，有古辣虚山，山上出藤药，山水也适宜酿酒，酒色微红，在烈日下数日，其色味不变，只是不够醇厚。诸郡富裕人家多酿老酒，可贮十年，其色深沉红黑，而味不坏。各地路旁酒店，大多数都是卖白酒，尤其是静江更盛。行人花十四钱可以买到一大碗白酒，外加一碗豆腐羹，俗称豆腐酒。静江这个地方所以能造铅粉，是因酒糟丰富，可大量提供生产铅粉的原料。

《岭外代答》

神酒(百岁酒配方)

梁章钜在甘肃的时候，会晤齐礼堂慎军门。慎军门授给他一个药酒方，说可以治聋明目，黑发驻颜。梁章钜依方而服，一个月后，目力顿觉胜似从前。其方用蜜炙箭芪二两、当归一两二钱、茯神二两、党参一两、麦冬一两、茯苓一两、白术一两、熟地一两二钱、生地一两二钱、肉桂六钱、五味子八钱、枣皮一两、川芎一两、龟胶一两、羌活八钱、防风一两、枸杞一两、广皮一两，共十八味，外加红枣二斤、冰糖二斤、泡高粱烧酒二十斤，煮一炷香时，或埋土中七日更好，随量而饮。慎军门说："此名周公百岁酒，其方得自塞上。周公自言服此酒四十年，寿已逾百岁。他家三代皆服此酒，无七十岁以下人。”

梁章钜回到粤西，刊布此方，僚友军民服此酒无不有效，便取名为“梁公酒”。有位名医仔细研究了这只奇方，久而憬然道：“水火既济，真是良方，其方之胜全在羌活一味。此所谓小无不入，大无不通，非神识神手莫能用此也。”从此长饮不辍。

梁章钜引退归田后，侨居南浦。当地有几位患了三年疟疾的病人，向他讨此酒一小瓶，带回饮服，病情霍然好转，前后判若两人。

《归田琐记》

春去不复回(古酒名)

韩愈有诗句：“且可勤买抛青春”，说的是以春为酒名。《国史补》中记载道：“酒有郢之富水春，乌程之若下春，荥阳之土窟春，富平之后冻春，剑南之烧春。”杜甫也作诗道：“闻道云安曲米春”，也是以“春”为酒名。《裴铏传奇》一书中，亦有酒名“松醪春”，可知唐人多以春作酒名。

《仇池笔记》

药王题壁(屠苏酒方)

《七修类稿》中载有制作屠苏酒的秘术。屠苏，本是古庵名，据《集韶》云：“屠苏酒，元日饮之，可除瘟气。”药王孙思邈曾以“屠苏”二字书写在自己的庵中。据传，此酒有屠鬼气、苏人魂的作用。此酒的酒方是：用大黄、桔梗、白术、肉桂各一两八钱，乌头六钱，菝葜一钱，分别研成末，用布袋装好，于十二月晦日日中悬沉井中，使药袋碰到井底之泥。到了正月朔旦，取出药来放置酒中，煎数沸，然后立在东方向户中饮用，先从少许饮起，随后多少任意。另有秘传：加防风一两，酒力更健。

《归田琐记》

越陈越清(酿沧酒法)

沧酒之著名，尚在南宋绍兴之前，今人只知道有绍酒，而很少有人提到沧酒，因为是末流之酿法，渐渐不知其最初之酿法了。阮吾山说过：“沧州酒只有吴氏、刘氏、戴氏几家最佳，其余都不太好。那是因为这几家所酿之酒，贮藏到十年以后，味始清冽醇香。”其实，试想一下，酒至十年，即使是普通酒也未必不佳，怎么只有沧酒才如此呢？相传沧州城外酒楼，都是背城面河，列屋而居，明朝末期，有三位老人，到酒楼上剧饮，大醉而去，不付酒钱。第二天，又来饮，酒家也不向他们要钱，三老复醉。临行前，把多下来的酒倒在门外河中，从此水色渐变，用门前河水酿酒，其味芳冽，胜于他处，门前这段河水仅数武之内，过此以外南北之水皆不佳，沧州酒就是得名于此。刘紫亭认为，阮吾山所说的话是确实的，他对沧酒的评价记载在《茶余客话》中。我初次由运河乘船过沧州，特意至村中到处寻访，终于购得一壶而归，饮之果然极佳。此后屡过其地，则命仆人去沽酒，但无一如前者佳。

《浪迹续谈》

夜半再饮(饮烧酒秘法)

烧酒之名，古无所考，最初见于白香山的诗句："烧酒初开琥珀光"，说明那时的烧酒是红色，并非如今之白酒，元人谓之汗滔，李宗表称之为阿刺古酒。作诗说："年深始得汗酒法，以一当十味且浓。"那才真是现今的烧酒。今人称谓气酒的，就是汗酒。如今各地都有烧酒，而以高粱所酿为最正，北方的沛酒、潞酒、汾酒都是用高粱酿造，而由于水味不同，酒力也有所差异。曾听外国人说，中国有一至宝，而人皆不知如何服食最佳，此宝就是高粱酒，并教人服食之法，必须在每夜亥时与子时之间，从蒙眬的睡梦中起来服烧酒一杯，用小菜薄肴佐酒，服毕仍去睡觉，这样饮法大有裨益。我认为，作为仕宦官员，整天忙忙碌碌，夜间亥子之间未必能就枕，而且夜间温酒做菜肴，也很不方便，起居扶持也难得有此恰当之人。山左采取的夜服烧酒之法是，制作一个有点儿像洋烟壶那样的小银瓶，瓶口用螺纹转盖，睡前把暖酒灌满，怀于汗衫、兜肚之夹里，酒可通夜不凉，还用一小银盒贮些薄肴，置于枕侧，夜间随起随服，随服随寝，不必有劳家人而饮用自如，非常简便。我从山左那儿学会用此法夜服烧酒，至今已近二十年，凡遇知交，也授以此法，因而采用此法的人越来越多，特别是每当寒宵长夜，如此饮酒尤有风趣。

《浪迹续谈》

贵在久酿(酿酒秘传)

左太冲《魏都赋》记述："醇酬中山，流湎千日。"《博物志》亦载刘元石千日酒之事，皆为沿传有误。《周礼》酒正注释说："清酒，今中山冬酿，接夏而成。"又解释说："昔酒为久，冬酿接春，清酒久于昔酒。"也就是说，千日酒之酒名，是指酿酒之日长久，后人牵强附会地说成千日酒会一醉千日。凡是酒，贵在久酿，也贵在重酿。想当年，我在兰州时，被齐礼堂提军招去饮酒，席间，酒过三巡，主人又另外拿出一种酒给大家尝尝，色如清水，味微甘香，我不知为何酒。礼堂说："此酒是蒙古人所酿葡萄酒，名叫阿尔气。"我觉得稍微嫌薄了一些。礼堂说："这只是其初酿，若略加酸乳。入锅重蒸，则名叫阿尔占，味则较浓；三酿名叫和尔占；四酿名叫德普舒尔；

五酿叫沾普舒尔；六酿叫薰舒尔。每多酿一次，则色加浓而味益厚，香益洌，以君之酒量，饮至十盅，必醉。”大凡田园所出之物，没有不可酿酒的，而葡萄之性，尤其适宜酿酒，我在芝州所食之葡萄，最长不过二寸多，曾听口外人说，吐鲁番的葡萄，能长至三四寸，可以切成四瓣，用这种葡萄酿酒，酒性哪有不醇厚的呢！

《浪迹三谈》

色如琥珀(酿浦城红酒)

唐诗写过：“兰陵美酒郁金香，玉碗盛来琥珀光。”现在的常州实际上并无此酒，随园老人自夸饮过兰陵美酒，或许偶然遇到过，必定是在相国刘文定公家，这又是标榜达官故态。我说，一定要说酒色如琥珀光者，只有浦城之红酒当之无愧，此酒色香味俱佳，如果是贮藏五年以上者，当绝妙于天下。这一点，是随园老人所不知道的。

《浪迹三谈》

平生只饮一回(酿惠泉酒)

据随园说，惠泉酒是用天下第二泉之水所酿造，自然是佳品，而当今被市井小人粗制滥造，以致酒质低劣，浇淳散朴，殊为可惜。据说也有优质惠泉酒，却未饮过。我记得在三十多岁时，曾在我的同龄人徐望钦家饮过他家所藏陈年惠泉酒，其味绝美，起初不知何酒，据说是他叔父十年前从无锡带回家的，因其酒底本来就好，年复一年，酒质已超凡入圣了。后来，我在大江南北为官十几年，往来九龙山下二十多次，再也没饮过一次惠泉酒，然而毕竟领略过一次了。

《浪迹三谈》

冻去酒中水(取醇酒秘法)

酒可以掺水，但不能过多，若过多便无法可施。如六分酒四分水便无法可施。若七分酒三分水，只需于严冬日将酒缸用薄纸封好，夜里放置于露天，次早将缸打开，其上必结薄冰一层，将冰除尽，其余的都成了酒。我在京师任职时，冬季每夜都用大碗盛酒掺水，按此法制作。第二天饮的都是醇酒。

《浪迹三谈》

香飘林外(制竹筒酒)

杜甫有诗句："鱼知丙穴由来美，酒忆郫筒有用酤。"郫乃江名，在四川。郫人将春酿酒倒人竹筒，用芭蕉叶子包好，信宿香达林外，然后断之以献。这就是郫筒酒。故李义山诗《锦石》中有"棋子郫筒当酒壶"之句。

《锦绣万花谷》

三绝(制黄柑酒)

安定郡王用黄柑酿出一种酒，色香味三绝。东坡有诗云："去年洞庭春，香雾常撰手。今年洞庭春，玉色疑非酒。瓶间香浮坐，盏亚光照牖。要当立名字，未可问升斗。应呼钓诗钩，亦号扫愁帚。须君滟滟杯，浇我谈天口。"

《锦绣万花谷》

春江水(葡萄酒古酿)

韩子苍守黄州时，用春江绿涨葡萄醅，酿造新的酒，名曰葡萄醅。有诗云：葡萄酒用春江水，压倒云曲米春。

《锦绣万花谷》

满山一片白(制梨花酒)

白乐天在杭州作过一首诗，其中有这样的诗句："红袖织绫夸柿叶，青旗沽酒趁梨花。"据说杭州人有一种风俗，即酿酒必须在梨花盛开满山皆白的时候，这时酿出的酒号称梨花春。

《锦绣万花谷》

花汁(酿酒术)

顿逢国有一种树，好似石榴树。当其花开时，采其花，榨其汁，放在瓮中，停数日，即变成酒，其味甘美。

《锦绣万花谷》

雷雨来临时(霹雳酒秘方)

在大暑天，待到下雷阵雨时，将雨水收集起来，用此雨水淘米，酿成的酒，名曰霹雳酒。

《锦绣万花谷》

大瓮贮十年(年制翠涛酒)

魏左相能制美酒，叫做灵录翠涛，常用大瓮贮藏十年，其味不败。太宗曾赐诗曰：灵录称兰生，翠涛过玉薤，千日醉不醒，十年味不败。

《锦绣万花谷》

待到春分时(生春酒秘酿)

赵象合，在宫中书科四十年，广交朋友，非常好客，善养花，尤其喜爱菊花。寓所在土地庙上斜街，寓院中有晚香亭，自己绘画，谓之《菊隐图》。每当花开时节，几乎天天设宴，请客赏花。自家厨房烧出的菜肴既精细又节约，没外厨那样华丽不实。看花者无论相识或不相识，都由看门的人引到花室奉茶，但花室内禁止吸烟，也不在此设席。乡下人将菊花称作九花，因其盛开于九月。我种的菊花，精心培育，不但可以过冬至，而且可以接迎岁梅，然而能够如此也是不容易的，春、夏之培植灌溉，秋、冬之供奉护惜，都费尽了心力。刘金门侍郎赠对联云：“直以菊花为性命，果然松雪是神仙。”这真是极妙的佳句。年近七旬，归易州。兰孙霁桥，官至农曹，岁一来京，曾赠酒一瓶曰：“此为涞水春分所造，一名谓生春酒。”饮之比浙酒更为醇香，味似锅巴酿。意嫌其少，归后又送一大坛。京都人只知道赵菊，不知赵酒。其菊与其他菊大抵相同，其酒则是非常独特的酒。这正是：燕市空为奇货薮，瓮斋却少东浃酒。那知名酒不需求，赵壁居然今日有。良辰雅集招我觞，开尊四座齐评量。或曰秫稻得天厚，我意水泉含古香。主人道是春分酿，气味中和如柜鬯。不将真一饮东坡，且当重阳饭元亮。罕珍撙节私心幸，饷遗情深或更久。果然松雪是神仙，大杯捧到瓶刚罄。

《乡言解颐》

冷热皆宜(胡椒酒秘方)

胡椒酒能祛寒治病强身。其制作方法：取干生姜一两、胡椒七十枚，均捣成细末。选择上好的安石榴五个，榨取其汁，与姜椒末一并放入五升好春酒内，火暖取温，即可饮用。可冷饮，亦可热饮。此酒温中下气，若病酒苦觉体中不调，均可饮之。善饮酒者可饮四五升，不善饮酒者可饮二三升，随从自意。若多制作此酒，一般应当按上述比例配方，但根据自己的口味，亦可增多或减少姜椒数量，如果一次饮不尽可停数日。此酒是胡人喜好的一种酒，称谓荜拨酒。

《博物志》

造酒饮三军(制寿酒秘方)

清初，江南赵尚书从康亲王那里得到一个制药酒的配方。当年，康亲王统帅大军西征，有一位道士来到军中献仙酒方，说依方造酒以饮三军，可驱除瘴病，而且多服能延年益寿。方开：烧酒十斤、醋一斤半、黑糖一斤半、河水二斤、川乌一枚、草乌一枚，用面包裹好，煨热切片，以谈竹叶三钱、菊花三钱，用袋装药，将糖水调入酒缸，须选择无鸡犬处治理，其火候以炷香为刻。亲王初见此方，觉得没有什么特别之处，以为道士胡说八道，不以为意，命扶出营帐。道士刚出帐突然不见了，亲王方惊，于是依方造酒，以饮三军，果然有效。当时，亲王与赵尚书交好，而赵素患风湿病，得此方饮之，宿疾顿除，夫妇二人均活到九十多岁。此方遂遍传于人，治疗风湿，无不灵验。

《浪迹丛谈》

鹤膝草(制酒曲)

蓼，是一种一年生或多年生的草本植物。红蓼，就是古诗中常提到的所谓游龙，俗称水红。江东人又叫它泽蓼，或呼之为火蓼。道家给人治病的处方中也有用蓼做一味药者，叫它为鹤膝草，因其茎之形状类似鹤之关节，故取其名。然而泽蓼有两种：味辛者，酒家用它来造曲，另外的不用。

藜，就是蒺藜，是一种长刺的野生植物。它有两种：红心者，俗叫红灰翟，古人用它来做羹吃，所谓藜羹是也。今人很少有食者，因为蔬菜园里的品种比过去多了，但是山里人或隐士仍然很喜欢吃它。藜之干茎轻而坚，用它做成手杖，很适合老人使用。唐人还用它编织成床，通常是用它编织什物。藜可作药，仙方用它做一味秘药，或入烧炼药，多取其红心做药之一味，名为鹤顶草。

《曲洧旧闻》

红纱小袋(养茶术)

腊茶出于福建南剑州和建宁府。草茶盛产于两浙，而两浙之品以“日注”茶为第一。自宋朝景佑以后，洪洲双井之“自芽”茶渐盛，这几年制作尤精，用红纱做成小袋包装，每袋不过一二两，而且用普通茶十数斤养之，以避暑湿之气。这种“自芽”茶品位居于“日注”茶之上，遂为草茶第一。

《归田录》

龙凤团茶(贡茶之精品)

制茶盛于江南，尤以龙凤团茶为最上品，一斤共有八饼。北宋庆历中，蔡君谟在福建任转运使，开始制造小团茶以充贡品，一斤二十饼，这就是上品龙茶。仁宗皇帝尤其珍惜此茶，即使是最亲近的宰相大臣，也未曾赏赐，只有在郊礼致斋的晚上，两府各四人，共赐一饼。宫人剪金为龙凤花贴其上，八人分而蓄之，把它当作奇珍异宝把玩，不敢烹饮，只在有嘉客登门时，才出示传玩。欧阳文忠公说过：“茶为物之至精，而小团又其精者也。”

《归田录》

壶内响泉(功夫茶古技)

闽之汀、漳、泉三州和粤之潮州，讲究喝功夫茶，非常特别。茶具都很精致，用长方形磁盘，一壶四杯，壶是铜壶或宜兴紫砂壶，壶小如拳，杯小如胡桃。茶必用武夷茶。客人来了，以茶待客，取茶壶放在径七寸、深一寸左右的磁盘中。先取一撮茶叶，用凉水漂去茶叶中的尘渣杂质，然后放在壶中，注满沸水，盖好壶盖。再用沸水慢慢淋在壶上，等淋到盘子里的水快要满了，取巾覆盖在壶上。过好一会儿，才除巾取壶，注茶入杯奉客。客人必须持杯放在嘴边，慢慢啜饮，细细玩味。如果饮得太急，主人一定会很不高兴，怒其没有风度。

相传从前潮州有一富翁，酷爱饮茶，远近闻名。有一天，门口来了一名乞丐，倚门斜立，睨视富翁说：“听说君家茶甚精美，能现赐一杯吗？”翁笑着说：“你一个要饭的也懂得饮茶？”丐说：“我本也是富人，爱茶如命，然而也是因为茶而家破。现妻儿犹在，都靠行乞去自找活路了。”富翁看他怪可怜的，就倒了一杯茶给他。丐饮完后说：“你的茶虽然好喝，但可惜茶味不太醇厚，我知道这是用新壶烹茶的缘故。我有一把过去常用的茶壶，每次出来我都带着它，即使是冻饿交加，也舍不得卖掉它，”富翁要来一看，果然是一把好铜茶壶，制作精良，呈淡黑色，打开壶盖，则有一股茶的清香气，顿觉爱不释手。于是向丐借来煎了一壶茶，味道果然清醇，非同一般，因此想把茶壶买下来。丐说：“此壶价值三千金，我不能全部出卖，我想卖一半给君，君只要付给我一千五百金，我拿去买点儿家产衣物，君将茶壶留下，但我想今后常至君家斋房，与君共同饮茶清谈，共享此壶，君看如何？”富翁很高兴地答应了。丐取金回家。从此以后，丐几乎天天到富翁家与翁对坐饮茶共叙人间沧桑，就好像多年的老朋友一样。

功夫茶烹治之法，本见诸陆羽《茶经》。所用器具更为精致。茶炉形似圆筒，高约一尺二三寸，是用细白泥制造。茶壶以宜兴壶为最佳，圆体扁腹，努嘴曲柄，大者可盛半升。茶杯茶盘则以花瓷器居多，杯外盘内绘有山水人物，工极精细，但是没有落款标记和制造年代，看上去好像不是近代出品，但也无从考证。炉、壶、盘各一，只有茶杯之数视客人多少而定。此外，烧茶用的器具还有瓦铛(一种温器)、棕垫、纸扇、竹夹等，制作都很朴素雅致。特别是壶、盘、杯，愈旧愈好而愈贵，一般游船画舫中均不常见。万花主人于程江月儿舟中题啜茶诗云："宴罢归来月满阑，褪衣独坐兴阑珊。左家娇女风流甚，为我除烦煮凤团(即有凤纹的茶饼)。小鼎繁声逗响泉，篷窗夜静话联蝉。一杯细啜清于雪，不羡蒙山活火煎。"

《清朝野史大观》

竹下莓苔地(制茶术)

唐代制茶，同现今不一样。现今(宋)采茶人采得芽片即蒸熟焙干。唐代采茶人则是旋摘旋炒。刘梦得试茶歌云："自傍芳丛摘鹰嘴，斯须炒成满室香。"又云："阳崖阴岭各不同，未若竹下莓苔地。"由此可见，古人认为竹间茶最佳，现今也是如此。唐代末期有用臼碾磨制成的茶，多是煎茶，所以张志和曰："碑樵青竹里煎茶。"柳子厚云："日午独觉无余声，山童隔竹敲茶臼。"

《猗觉寮杂记》

悟此消息(品茶术)

武夷焙茶，名冠天下。然而，古人品茶起初并不看重武夷，亦不精焙法。《画墁录》云："有唐茶品以阳羡为上供，建溪、北苑不著也。贞元中，常衮为建州刺史，始蒸焙而研之，谓之研膏茶。丁晋公为福建转运使，始制为凤团。"今考证北苑虽隶属建州，但其名为凤凰山，其旁为壑，源于沙溪，不是所说的武夷。苏东坡作《凤咮砚铭》云："帝规武夷作茶囿，山为孤凤翔且嗅。"又作《荔枝叹》云："君不见武夷溪边粟粒芽，前丁后蔡相笼加。"直以北苑之名凤凰山为武夷山。山中有寺名为天游观，曾有静参羽士夜谈茶事。静参说：茶名有四等，茶品亦有四等。如今城中州府官邸以及豪富人家竟尚武夷茶，最喜爱的茶称为"花香"。其实，在"花香"之上的好茶称为"小种"。山中则以"小种"为常品，在它之上的称作"名种"。

在武夷山之外，此品不可多得。泉州、厦门人所讲功夫茶号称“名种”。其实仅是“小种”而已。再高一等的称作“奇种”，如雪梅、木瓜之类，即使在山中也不可多得。大概是因为茶树与梅花相近，故引得梅花之味；与木瓜相近，即引得木瓜之味，其他的可类推。此茶还另有秉性，须用山中之水，方能发其精英，阅时稍久，其味亦即消退。三十六峰中，不过数峰才有。各寺观所藏，每种不能满一斤，用极小的锡瓶贮藏，装在名种大瓶中间，遇贵客名流到山，才取出少许，郑重献上。用小瓶装赠的，亦题“奇种”，实际都是“名种”，杂以木瓜、梅花等物以助其香，并非真的是“奇种”。

所谓品茶有四等之方，一曰香，花香、小种之类都有，今日的品茶者以此为无上妙谛。不知等而上之，则曰清，香而不清，仍是凡品。再等而上之，则曰甘，清而不甘，则是苦茗。再等而上之，则曰活，甘而不活，亦非好茶。这个“活”字，须从舌本辨之，微乎其微，但沤以山中之水，方能悟此品味。

以上这番话，除了静参羽士所说外，世人皆闻所未闻，甚至连陆鸿渐的《茶经》也未曾梦及于此。

《归田琐记》

烂石(识茶术)

陆羽在《茶经》中写道：上等之茶生长在烂石中；中等之茶，生长在砾壤内；下等之茶，生长在黄土下。依此识别茶之优劣，必无误。

《锦绣万花谷》

肉食化水(消食茶)

唐时，有一官员到舒州上任，李德裕便对他说：“你到了那县，遇上天柱峰的茶叶，不妨帮我买它三小包。”这人上任后，即献上好茶数十斤。李德裕一笑，婉言退还了。次年，这人用意精求，仅获天柱峰茶叶数小包，送给了李德裕。李德裕细细一看，笑而接受下来，并对这人说道：“此茶才是我要的精品，可以消酒食毒。”说罢，让人烹茶一瓯，沃于肉食内，以银盒紧闭。第二日早晨开启，只见瓯内肉食全都化成了水。此茶如何炮制，除天柱峰植茶老叟外，无人知道。叟逝世之后，此制茶的技艺，也随之而绝。

《中朝故事》

云雾相守(蒙岭夏茶)

《东斋纪事》云：蜀之雅州蒙岭一带所产之茶最佳，那里的茶生长最晚，通常在春夏之交才有茶生长出来，而且经常云雾覆盖其上，好像有神物在护持着。

《锦绣万花谷》

茶负如乳(制御泉茶)

龙焙泉茶即御泉茶。相传北苑造贡茶社前，芽细如针，是用御水研造的，每计工值钱四万分，试其色如乳白者为最精。

《锦绣万花谷》

茶上镂金(制龙凤茶)

南剑有蒙顶石花茶。湖州有顾渚紫笋茶。峡州有碧涧明月茶。

茶的品种最贵重的莫过于龙凤团茶。每团有八饼，重一斤。庆历年间，蔡君谟任福建路转运使时，开始造小片龙茶，其品绝精，谓之小龙团。每团二十饼，重一斤，其价值真金二两，然而金可有而茶不可得，每因南郊致斋中书，枢密院各赐一饼，四人分之。宫人得到后，往往镂金其上，珍藏起来，时而把玩，如此贵重，可想而知。

《锦绣万花谷》

水中绝品(茶水秘识)

据陆羽《茶经》论水云：泡茶用的水，以山水为上，江水为次，井水为下。在山水中，乳泉石池漫流者为上，瀑涌湍漱之水勿食，食久令人患颈疾；江水应在离人较远处汲取；井水应汲取井中之水量多者。其说仅此而已。刘伯刍说：水以扬子江水为第一，无锡惠山石泉水为第二，苏州虎丘石井水为第三，都单阳井水为第四，扬州大明寺井水为第五，松江水第六，淮水第七。而李季卿论水的次第有二十种，以庐山康王谷水第一，无锡惠山泉第二，虎丘井第五，扬子江第七，松江第十六，雪水第二十。似与陆羽看法相反。笔者认为，水味有美恶而已，想只求一二而论其次第者，乃妄加评论也。

《六一集》

石岩白(宋代名茶)

蔡君谟极善辨别茶类，后人没有一个能达到他那样水平。建安能仁院，有茶生长在石缝间，寺僧采得此茶，制成八块茶饼，号称石岩白。用四饼送君谟，用另四饼派人带到京师，送给王内翰禹玉。一年多以后，君谟被召还阙，拜访禹玉。禹玉命子弟从茶筒中挑选精品，款待君谟。君谟刚捧起茶杯尚未品尝，就说：“此茶极似能仁院的石岩白。公众何得来？”禹玉不太相信，索取茶帖验之，果真是石岩白。连声叹道：“佩服！佩服！”

《宋稗类钞》

黄金千两(茶器秘制)

长沙茶器，精妙甲天下。每副茶具需用白金三百星或五百星。所有茶具悉备，外用大银盒包装。赵南仲帅潭日，曾用黄金千两购买一批茶器，以进献尚方。穆陵得之大喜，因为宫廷内院之工是制造不出如此精美的茶器的。

《宋稗类钞》

最佳时节谁人识(煮水沏茶术)

罗大经《鹤林玉露》记载：与我同年的李南金所著《三茶经》说到，沏茶所用之水，煮到何种程度为最佳时节？乃以水中气泡如同鱼目涌泉连珠为煮水之最佳时节。然而当今世人沏茶已很少用鼎镬，而多用铜瓶煮水，难以看见水中冒气泡。于是，则以煮水之声来辨别，所谓一沸、二沸、三沸之节。又据陆氏之法说，在未用茶镬的情况下沏茶，以第二沸为适宜。倘若不以沸汤泡茶而直接用茶瓯沏茶，则当以背二沸、涉三沸之际最为适宜。为此，南金作声辨之诗云：“砌虫唧唧万蝉催，忽有千车捆载来。听得松风并涧水，急呼缥色绿瓷杯。”其论固然精辟，然而我以为沏茶之法，汤宜嫩而不宜老。因为汤嫩则茶味甘，汤老则茶过苦。倘若煮水声如同风刮松林、涧水潺潺时节立即泡茶，其味岂不是过于老而苦了吗！最好是待水煮沸后，移瓶去火，稍待其沸止再泡茶，这样，汤适中而茶味甘。这一点，南金在《三茶经》中未曾讲到。因此，我补以一诗云：“松风桧雨到来初，急引铜瓶离竹坮。待得声闻俱寂后，一瓯春雪胜醍醐。”

《宋稗类钞》

北苑龙焙(古茶秘识)

建溪的龙茶始于江南李氏，号称“北苑龙焙”。在一山中间，其周围都是荒弃之地。茶出自此山者号“正焙”，一出此山之外者，则曰“外焙”。正焙、外焙色香迥然不同，这也是山秀地灵之气有所不同之故。龙焙又号宫焙，起初只有龙凤大团两个品种。仁庙朝，伯父君谟善知茶，因向大内进小龙团，为当时之珍贵，所以有大团、小团之区别。龙团之说，又见于欧阳文忠公的《归田录》：至神祖时，龙焙又进新品种叫密云龙。所谓密云龙者，其云纹细密，比小龙团更精绝。到了哲宗朝，益复进瑞云翔龙珍品，当时御府一年只可得十二饼。其后佑陵，雅好尚，故大观初期，龙焙除贡色目外，又进玉苑王芽、万寿龙芽。到政和年间，且增以长寿玉圭，玉圭凡廑盈寸，大抵北苑绝品，曾不过是，一年仅产十百饼，然而名益新，品益出，而原来的旧茶名、茶品遂递降于普通品种了。时尚饮茶，是从唐人开始，至本朝为盛，而本朝又至佑陵时，益发穷极新出而无以加。以上见《铁围山丛谈》。之诚按：蔡氏云：南唐李氏始有北苑龙焙，据陈诗《教花里话》云：伪唐陈履掌管建阳茶局，洁敞焙舍，命日玉葺，亦南唐有焙茶之一证。诗教明人，而称伪唐，想必是摘录宋人之笔记。又据葛立方的《韵语阳秋》云：卢同谢孟谰《议茶诗》，其中有“手阅月团三百斤”之句。李郢《茶山贡焙歌》中，有“蒸之护之香胜梅，研膏架动风如雷”之句，都是指团茶而言，特地赞美茶而已。然而，之诚认为茶不只始于南唐。

《骨董琐记》

十猪一狗(火腿秘制术)

在馈送礼品食物单中有火腿者，都开列为“兰薰几肘”。起初人们笑其故意造作，很不规范，而不知其名自古有之。赵学敏所著《本草纲目拾遗》中，就这样写道：“兰薰，俗名火腿，出金华，六属皆有，而出东阳、浦江者最佳。有冬腿、春腿之分，前腿、后腿之别。冬腿可久留不坏，春腿交夏即变味，久则蛆腐。为何金华火腿好吃？因为金华人多用木甑(木制筒状)捞米蒸饭吃，其饭米汤浓厚，专门用来喂猪，再饲以豆渣、糠屑，或者煮粥给猪吃，夏天则兼饲瓜皮、菜叶，所以，猪肉细而体香。有些茅船渔户养的猪更佳，故名船腿，比其他腿要小些，味更香美，煮而食之，其香满室。

《东阳县志》记述：“薰蹄，俗名火腿，其实烟薰，非火也。所腌之盐，必台盐；所薰之烟，必松烟。还有一种名风蹄，不用盐渍，名曰淡腿，浦江为盛。”陈达夫《药鉴》写道：“浦江淡腿，小于盐腿，味颇淡，可用以点茶，名茶腿，陈者止血痢，开胃如神。”有人传说数十条火腿中，必有一条狗腿，因初腌腿时，非杂以狗腿则不成。所以卖腿人也很珍惜狗腿，不肯给别人，因其味尤美。此说不知有何根据。在各类志书中，火腿记载颇详。然而，说十条火腿必定要夹一条狗腿，且其味尤美，则从来没有考证。无论古人今人，在吟咏诗词中也从未见提到过狗腿者。

《浪迹三谈》

羊腹藏鹅(烹鹅法)

皇帝的厨师叫御厨。凡给皇上进食的一切器具食品，均由少府监督检查。先用九只牙盘将九种食品陈盘内，放在皇上面前，这叫做看食。据京都人说，两军每行，从进食到设宴，多食鸡鹅之类家禽，其中最爱食子鹅，每只价值两三千。制作方法是先根据宴会参加人数决定鹅的数量，将鹅毛和内脏除去，肚里装进肉和糯米饭，五味调和。在这之前，先宰一口羊，除毛，去肠胃，置鹅于羊肚内缝合，然后将羊放在火上烤，待羊肉熟后，将鹅从羊肚中取出，浑而食之，叫做“浑羊殁忽”。味美无比。

《卢氏杂说》

围饼而裁(制大饼)

王蜀时，有一人名赵雄武，绰号赵大饼。家产富豪，严洁奉身，精于饮馔，平常饮食均亲自烹作，不用厨师。然而家中婢仆众多，仅在厨房当厨者即有十五人，都一律穿着窄袖鲜洁的衣装。他每餐都要至少请一位客人，必山珍海味、水陆具备，即使是王侯之家也无法比得上他。他常常造大饼设宴，请客食用。每用三斗面粉擀一张大饼，大小有几间房间那样大，或者在大堂宴客，或者在露天摆开筵席。吃的时候，大家围着大饼，裁剖食之，其味甚美。大家都不知其擀造之法。由此得赵大饼之绰号。

《出梦琐言》

味绝天下(海鲜腌制秘术)

隋代，吴郡进献皇上海鲵干鲙四瓶，每瓶可容一斗，浸一斗海鱼干，可盛圆径一尺的盘子数盘。同时，状奏皇上，详细陈述制作干鲙的方法。炀帝对群臣说：“从前，有耍幻术者介象于殿庭，钓得海鱼，这是一种幻术，何足为奇。今之干鲙，乃是用真海鱼所制作，来自数千里之外，乃是一时奇味。”虞世基拿出数盘干鲙，以赐达官。制作干鲙的方法是：当五六月盛热季节，从海里捕得鲵鱼，大者长可四五尺，鳞细而紫色，无细骨，不腥气。捕得之后，即于海船上作鲙。去其皮骨，取其精肉，切成小条，晒三四日，须极干燥。用未经过水的新白瓷瓶盛好，用泥密封瓶口，不使风入。经过五六十日，开瓶口取出干鲙，用布包裹，置于大瓮用水浸泡三刻即出，带布沥干水分，则如玉石般白净，散置盘上，与新鲜鱼无异。再将香柔叶切成细末洒上，加上调料，用筷子将其调匀，即可食用，其味鲜美。

又献海虾梃三十根，每梃长一尺，宽一寸，厚一寸许，非常精美。制作方法：取有子的海白虾，每三五斗置于密竹篮里，在大盆里反复用水淋洗，使虾子脱离虾腹，尽入盆中。通常一石海虾可得子五升。用布缝制小圆袋，长二尺，圆径寸半。将虾子从盆内滤出，装入布袋内，立即将袋口扎紧，排列于盛器内，根据袋的数量，洒上适量的细盐封好。经过一天一夜，白天曝晒，夜晚用平板压好，经过十天的日晒夜压，袋内外全部干透，将布袋拆破，取出虾子梃即成，其色如赤琉璃，光彻而肥美。

又献鮸鱼含肚一千条，极精好。其作法：当六七月盛热时，取二尺来长的鮸鱼，去鳞洗净，放置二日。待鱼腹胀起，方从口中抽出肚肠，除腮留目，满腹纳盐，排列于盛器，厚度数寸，以细盐封好。经过一宿，取出用水洗净，日则曝晒，夜则收还，夹在两块平板之间，用石块压好，如此日晒夜压，五六日即干，放入干磁瓮里，封好口，过二十天取出即成。其皮色光彻，有如黄油，肉如干粮，微咸而味美。比常年进献的石首含肚还要好吃。石首含肚肉僵而不酥，不及吴郡含肚味美。此说出自随口味使大都督杜济。济是会稽人，能辨味，善盐梅。有古之符郎、今之谢讽之誉。

吴郡又献松江鲈鱼干六瓶，每瓶可容一斗。作法与作鮸鱼干鲙大体相同，但作鲈鱼鲙必须在八九月霜降季节。因霜后鲈鱼肉白如雪，不腥。紫花碧叶，间以素鲙，色香味俱美，是东南一带之佳味。

《大业拾遗记》

声震如鼓(舂米术)

广南民间有供舂米用的房屋叫舂堂。屋内设有木槽，是用比较粗大的圆木凿琢而成。一槽两边约排十杵之多，男女相间，立于两边，手持木杵，舂捣稻粱。敲磕槽舷，很有节奏，槽声若鼓，声传数里之外，非常好听。村妇在溪边石上洗衣，边洗边捶打衣服所发出的美声，也不如槽声响亮动听。

《岭表录异》

卖灯芯(烹蛙术)

百越人爱食蛙，凡是宴会必以此作为上味。烹调方法是，先在锅中放些水，水沸下小芋烹煮，汤沸如同鱼眼，再下活蛙，烧至蛙一一捧芋而熟，即可食用，因此叫抱芋羹。还有一种烧法，先在水中放笋干，煮沸后下蛙，熟后拿上筵席，只见蛙一个个抓住笋干，瞠目张口。席上有的座客边吃边玩笑地说："这像个卖灯芯的哟！"有人说："最好是用疥皮蛙投入沸汤烫得它自己跳出，其皮自脱，皮退去再来烹馔。"一老者听此言，认为不可如此，说："切不可脱去它身上的花衣裳啊！蛙皮味美绝珍，除去蛙皮，岂不太可惜呀！"满座无不大笑。

《太平广记》

过齿不忘(茶腿)

火腿以金华为最佳，但是，孙春阳茶腿却胜过金华火腿一筹。所谓茶腿，特点在于不需要烹调，切片即可佐茗，其香美可口，令人难忘。此外，孙春阳所制各色蜜饯也无不佳绝。如瓜子一项，没有一粒是不平整的，粒粒都经过精选，然后秘制。因此，孙春阳的大名远近广传，无人不晓。唯其售价独一无二，店里的伙计也不能违契从事其他生计，可见店规之严、物品之精。

《水窗春呓》

红比白贵(燕窝识辨)

燕窝有乌、白、红三种，唯红者最难得，白者能治愈痰疾，红者有益于小儿痘疹。

《闽小纪》

必用流水(煎人参秘法)

孙思邈《千金方》载：人参汤必须用流水煮，用止水煮则不灵验。

《人参谱》

蜡烛一支(烹熊掌秘法)

熊掌味洵美，我在甘肃时，曾一次购得十副，以两副寄福建家中，而家人不知如何烹烧，过了夏天被虫蛀尽，不堪再用了，非常可惜。记得《茶余客话》中有一段记载制熊掌的方法：将熊掌先用石灰沸汤剥尽皮毛，洗净后，用布缠紧捆好煮熟，或者用酒糟更好。从前，看见陈春晖帮彦的旧日住宅墙外，有砖砌的烟筒，高四五尺，上口仅能容纳一碗，不知何用，据说是当时制熊掌的地方，将熊掌入碗封固，置于口上，其下点蜡烛一支，以微火熏一昼夜，汤汁不耗，而掌已化。

《浪迹续谈》

一夜变黑发(御制甘露羹)

李林甫的女婿郑平为省郎，两鬓斑白，林甫说皇上明日赐甘露羹，食之能乌发。次日，郑郎食甘露羹之后，一夕之间，满头乌发。

《明皇杂录》

金橙拌鱼(炀帝御菜)

南人将鱼烩熟，再将金橙缕成细丝，与鱼鲙拌之，号称金齑玉鲙。隋朝时，吴郡向炀帝进献松江鱼鲙，炀帝曰：所谓金齑玉鲙乃东南之佳味也。

《锦绣万花谷》

饮人乳(美女驻颜法)

侯君集，其家有三位美人，容色绝代，说是经常不吃饭，饮人乳而美。

《锦绣万花谷》

食鹿肠(唐明皇寿餐)

唐明皇命令射生官射鹿取血，煎鹿肠食之，谓之热洛河，可养生长寿。

《卢氏杂记》

尸不变色(餐玉法)

杜甫有诗："未试囊中餐玉法，明朝且入蓝田山。"诗后注云：李预，居住长安，经常羡慕古人餐玉之法，于是就去采访蓝田躬往攻，掘得如环璧杂器大小百余件，稍黑者也盛于箧，携带回家。回家启箧观看，都十分光润可玩，李预就挑选了七十枚敲成碎粒，每日服食一些，其余的多送别人，后来，李预与听说餐玉之事的人又到掘玉器处想再多得一些，但却一无所见。李预服玉有效验，而世事寝食不加禁节，加上嗜酒成性，结果丧志得疾，且病入膏肓，卧床不起。李预对妻子说：服玉者若隐居山林，排弃嗜欲，也许大有神力。而吾酒色不绝，自至于死，并非药力过头。然而，吾既服玉，尸体必当与常人有异，死后不要立即殡葬。当时是七月中旬，长安正值酷热，李预尸体停尸四天四夜，体色不变。

《锦绣万花谷》

先热后冷(饮食秘诀)

凡人食欲少而数不欲顿，而多食不欲急，急则损脾。克服的方法，当细嚼慢咽。冷食后不用热水漱口，热食后不用冷水漱口。食必先食热，然后食冷。

《修真秘诀》

梅花包子(宋代名吃)

据《枫窗小牍》记载：旧时，京都有很多奇妙绝伦之工技，即使是烹煮盘案、美味佳肴、风味小吃，也是名扬四方，妇孺皆知。例如：王楼梅花包子、曹婆婆肉饼、薛家羊饭、梅家鹅鸭、曹家从食、徐家瓠羹、郑家油饼、王家乳酪、段家鹿食、石逢巴子肉之类，皆声称于时。至南迁湖上，鱼羹宋五嫂、羊肉李七儿、奶房王家、血肚羹宋小巳之类，皆为同行中数一数二者。宋五嫂，原来是我家的老仆嫂。每当过湖上，我时而到她开的小店里与她慰谈一番，也算是他乡有一位贫寒故人吧。据说宋五嫂的鱼羹常受皇上御尝，人们都争着去品尝，后来竟成为富媪。

《宋稗类钞》

挥泪吃栗子(宋代炒栗子)

故都李和的炒栗子，非常好吃，名闻四方。其他人千方百计仿效李的炒法，终不可及。宋绍兴时期，陈福公长卿及钱上阁、恺使金，至燕山，忽有二人持炒栗十包来献，陈等三人各得一包。自赞李和儿，挥涕而去。

《宋稗类钞》

草绳绕扎(熊掌易熟秘术)

熊掌味美，但最难熟，所以楚灵王因食熊掌而死。明秦府王孙放荡不羁，偏爱吃熊掌，据说用草绳将熊掌环绕扎紧煮之，则易熟。

《香祖笔记》

味如肥肉(素火腿古制)

越中地区有一种土产叫笋脯，俗名素火腿，吃起来有肉味，丰腴味美，在京师很难搞到。笔者偶尔看到《安老怀幼方》中有记载，制作芭蕉脯、莲子脯、牛蒡脯的方法，与制作笋脯的方法有些相同，故录入此书。蕉根有两种，取一种发粘者为糯蕉，可以吃，将其切成手掌大的片，用灰汁煮熟，除去汁，再加入清水煮沸，再换水煮，直到没有灰味为止，取出压干，用盐酱、芜荑、干姜、熟油、胡椒等研成厚糊状，待一两天后取出，用火焙干，略微槌打，使其发软，即成芭蕉脯，吃起来很类似肥肉那样的味道。这是其一。其二，取嫩莲房，去蒂去皮，加入新汲之井水和灰，煮成略湿的厚糊状，如同制蕉脯法一样，焙干后用石块将其压扁，切成片状收藏，慢慢食用。这就是莲脯。其三，十月以后，取牛蒡根，洗净去皮，用慢火稍煮，不能太烂，硬的则应熟煮，将其槌软，加入的作料与制蕉脯相同，做成湿糊状，再焙干，切片即可。此为牛蒡脯。

《香祖笔记》

鼠重三十斤(忌食秘诀)

人若多食燕麦，可使骨质疏松而易折断。

人若食燕肉，不可入水，否则将被蛟龙所吞。

马若食谷，则四蹄沉重而不能行。

雁若食小米，则双翅沉重而不能飞。

鼠若食巴豆三年，则体重可达三十斤。

《博物志》

冰盘存琥珀(制糖秘法)

糖霜之名，在唐朝以前没见到过，自古代食甘蔗以后，始做成蔗浆。宋玉招魂所谓煨鳖炮羔加拓浆，就是蔗浆。后来渐渐地做成蔗饧。孙亮使黄门就中藏吏，取交州献甘蔗饧。再后又做成石蜜。《南中八郡志》云：笮甘蔗汁，曝成饴，谓之石蜜。《本草》亦云：炼糖和乳为石蜜。后唐时，赤土国用甘蔗做酒，杂以紫瓜根。唐太宗遣使到摩揭陀国取熬蔗法，然后诏扬州上诸蔗榨沈，如法炮制，色味比西域更好，成品就像今之砂糖。利用甘蔗之技术至此已用尽了，也没人说是制成糖霜，可见糖霜并非古代制成品。历世的诗人尽管模奇写异，也无一章一句提到过糖霜。只有苏东坡公过金山寺作诗送遂宁僧人圆宝云：“涪江与中冷，共此一味水。冰盘存琥珀，何似糖霜美。”还有，黄鲁直在戎州，作颂答梓州雍熙长老寄糖霜云：“远寄蔗霜知有味，胜于崔子水晶盐。正宗扫地从谁说，我舌犹能及鼻尖。”则遂宁糖霜见于文字者，实始二公。甘蔗的种植逐渐普遍起来，唯独福唐、四明、番禺、文汉、遂宁等地有糖冰，而以遂宁为冠。四郡所产甚微而颗粒碎散，色浅味薄，质量才比得上遂宁产的最下者，而且也是起于近世才开始生产。唐代宗大历年时期，有一位姓邹的和尚，开始来到小溪之伞山，教授黄氏造霜之法。伞山在县城北二十里，山前后种植甘蔗的田占十分之四，制糖霜的农户占十分之三。甘蔗有四色：一是杜蔗，一是芳蔗；一是西蔗，即本草所谓之荻霜；一是红霜，即本草所谓之昆仑蔗。红蔗只能生嚼，芳蔗可制沙糖，西蔗可作糖霜，色浅，当地人不甚视为贵重，杜蔗紫嫩极厚，专用作霜。凡是种甘蔗的田地，地力消耗极大，若今年种甘蔗，明年就应改种五谷，以休养生息。制糖霜的人家所用的器物有：蔗削、蔗镰、蔗橙、榨斗、榨床、漆瓮等，都有一定的尺度，制作也很讲究。制出的糖霜，一瓮中也有各种不同的品色，堆叠如假山者为七品，团枝次之，瓮鉴又次之，小颗块再次之，沙脚为最下品。其色紫为上，深琥珀次之，浅黄又次之，浅白为下。宋徽宗宣和初期，王黼创应奉司，除由遂宁常贡外，每年还要从别处进贡数千斤。那时所产糖霜益发珍奇，应奉司罢官后，乃不再见。当时因为时局混乱，兵马骚扰，糖霜户败本业者居半数，久而未复。遂宁王灼作《糖霜谱》七篇，有关糖霜记载得很详细。

《容斋诗话》

武功猎杀部

白鹤引路（诱人殉葬记闻）

吴王阖闾，有女儿叶滕玉。因准备征伐楚国，与夫人和女儿聚集在一起吃蒸鱼。阖闾先吃了一半，然后再给女儿，女儿就发怒说：“父王给我吃一半鱼，这是侮辱我，我这样活着真没意思。”于是她就自杀了。阖闾十分悲痛，把她葬在国都的西阊门外。并开挖池塘，堆积泥土，用有花纹的石做棺椁，金鼎玉板、银樽珠襦等珍宝都给女儿做了陪葬。又在街上舞白鹤，叫百姓跟随观看，引男女与鹤一起进入羡门。然后突然开动机关把他们都掩埋了。阖闾以活人殉葬死人，举国民上下无不切齿。

《世说》

良杀（宰牛绝技）

婺源有不少人以屠宰牛为生计，有人能用药毒牛而死，但嫌牛死去时间较长，费时又费工，就另发明了一种药。用一种药汁浸三寸长的铁钉，然后把铁钉钉入牛肋的皮肉之中，不用一天，牛就死去，于是再动手宰剥。所宰的牛肉不带病疫，人吃了无害，称之叫良杀，收取屠宰的报酬很高。几十年来鄱阳乡村的屠夫都流行这种屠宰法。其中有个叫江六三的人，住城东十五里的村庄，学得了这种宰牛技术。附近有几家农养的牛毫无病状却突然死去。大家都怕自家牛也突然死去，所以乡村里家家要江六三宰剥牛肉而去卖掉。虽然同住一村，但无人知道这原是江六三在暗中捣鬼。绍兴五年十二月十三日，江六三有事外出，到黄昏还不回家，妻子到他平时串门的亲友家找遍，都说没有看见。第二天午后，妻子见一群乌鸦在离家数百尺远的污水池畔鸣叫，走到池前一看，丈夫已溺死在水中，而这池中的水才只有一尺左右深。临入棺材前，发现尸体腰间插入两枚铁钉，方知道江六三毒死耕牛行骗已久。他的死，是鬼是人所杀不得而知。

《杜阳杂编》

疯僧咬喉（救人术）

溧阳有个疯癫痴狂的僧人，但言语他人某日某时有某祸福，都相当应灵。有一民家娶进媳妇刚三天，僧人前去道贺说：“我来贺婚志喜，应当给我酒喝。”主人用大碗盛上酒递给他，他喝完酒，又想见新娘，新娘出来了，僧人看了她好长时间，突然上前拥抱新娘，并咬其咽喉。新娘忍痛呼救，众人连忙夺回新娘回房。僧人长叹一声说：“我要是都咬断才是好。”又说：“难啊！难啊！”随即离去。过了几天，为了一件小事，新娘和新郎争吵了起来，夜里新娘用双股绳上吊而自尽了，其中有股绳子已经断掉。见到这状况，众人才醒悟僧人所说“难啊！难啊！”的含意。

《朝野佥载》

大毒大善(炼丹术)

我的表哥李善胜曾和几个同辈人一起炼朱砂为丹药。一年有余，他将洗过的砂再放入鼎中，不小心遗下了一块。他的徒弟即将其搓成丸服下，

于是立即就昏迷过去了，过了一晚上就死去。朱砂是一种很好的药，就连初生的婴儿都可以服用。但是因为用火炼过，就能杀人了。根据变化相对的规则来说，既能将其变成大毒，难道就不能将其变成大善吗？既能将其变得杀人，则应该有救人的道理，只是没有得到这种技术罢了。如此可知神仙羽化的丹方，不能说没有，但也不能不加戒备啊！

《梦溪笔谈》

王母桃(秘咒)

我在中书房当检正官时，曾读过一份雷州的奏折，上面提到有人被乡民诅咒而死之事。问其情形，是当地乡民能用熟食品来诅咒，只要一念咒语，一会儿，切碎煮熟的肉屑就会复原为完整的肉块；再念咒，则熟肉就会变为生肉；又念咒，生肉就会活动，再使它活过来，从而牛肉变为活生生的牛，羊肉变为羊，只是体形很小；若继续念咒语，就会逐渐变大，随后再念咒，则又变为熟食，若有人吃了这种肉，就会觉得腹中蠕动，只得用金银绸帛以求解法，若不送金银绸帛等礼物，就会腹部破裂而死，吃进去的牛羊肉，也会从裂口中溢出。后来，将那念咒的人缉拿归案，从他的供录中得知所念咒语，仅是“东方王母桃，西方王母桃”两句而已，其他只是说自己的欲望，别无其他方术。

《梦溪笔谈》

盐色变红(白盐驱怪法)

摘录随园老人《新齐谐》“黑眚畏盐”一段：“诸城王宪荣说，该城殷

家庄有很多古代荒废的旷野地，荒草丛生，人不敢近，因旷地有怪物作祟，这怪物仅为黑气一团，高可丈许，每天夜出昼隐。当它出来的时候，如果遇到人行于途，距一矢之地，立即发出啸声，声如霹雳，令人心震胆落。啸毕，以黑气障人，气极腥秽，人即晕厥，乡里人互相告诫，为防止意外，外出不要经过旷地，因此，黄昏以后就无人行走。有一盐贩，醉后忘记告诫，夜间误入其地，怪物突然出现在他面前，遮住去路，盐贩用木制扁担去格打怪物，怪物毫无所损，盐贩吓得不知如何是好，突然急中生智，连续抓盐向怪物撒去，不料怪物竟渐渐消失，退缩入地，于是取箩筐中的盐全部倾倒在怪物入地之处，然后跑回家去。次日拂晓，去旷地察看，只见他所弃盐堆积的地上，全是红色，旁边还有血点，腥秽难闻，从此以后，此怪遂绝。”我想，盐、米皆可驱邪，今人尚习其说。

《浪迹三谈》

识破机关(破敌绝技)

濠州定远县有一个弓箭手，特别善用矛与人拼斗，远近的人没有不佩服的。有个窃贼也善使矛，一直很瞧不起朝廷官军，与这位弓箭手本领不相上下。他发誓说：“如果遇到那弓箭手，我一定要和他决一死战。”

一天，弓箭手因为有事来到村里，恰好窃贼也在那里喝酒。两人的一场恶斗是不可避免了。于是双方拿起矛便开始决斗，旁观的人像墙一样将他们团团围在中心。斗了很久，仍不分胜负。弓箭手忽然对窃贼说：“都尉来了，我和你都是堂堂男子汉，你敢和我到他马前一决生死吗？”窃贼刚说了声：“行。”弓箭手应声一枪刺过去，一下子就刺死了窃贼。这就是趁其不备啊！

还有一件事：有人遇到一个强盗，使用长矛和强盗打斗起来。当刀矛刚刚相接的时候，强盗用预先含在口中的水猛喷过去，就在这人感到十分惊讶之时，强盗的刀已经砍进了他的胸脯。后来又有一个壮士与强盗相遇，而壮士已经知道强盗喷水的伎俩。当强盗的水刚一喷出口，壮士的矛就刺进了他的喉咙，强盗立即倒地身亡。他的机关已经泄漏，他还想凭此得胜而未作防备，结果反受其害。

《梦溪笔谈》

艾火烧羊(戎人卜卦术)

西北的戎人用羊来占卜，称为“跋焦”，巫师称为“厮乩”，用艾火烧羊的胯骨，观察它的裂纹，称为“死跋焦”。这种方法是：裂纹的上部为神明，接近脊椎处为座位，座位就是主位，靠近旁边之处为客位。按照戎人的习俗，居室的正房，经常留下中央的一间房，用来供奉鬼神，人不敢居住，称为神明，主人就座于它的旁边。用这一方法来推算主客胜负。又有先对谷物施加咒语，用带咒语的谷物喂羊，羊吃了这种谷物，就会自动摇头，于是杀了羊观察它的五脏，称为“生跋焦”。占卜的言语极有灵验，琐细的事都能言中。士人对“生跋焦”尤其感到神奇。

《梦溪笔谈》

跳舞的钟馗(演算天相秘法)

庆历年间，有一个姓李的术士，有很奇巧的构思，他曾经用木头雕刻了一个跳舞的钟馗，高二三尺，右手拿着一块铁戒尺，左手上放着香饵。老鼠顺着手来吃香饵时，木偶就用左手将鼠抓住，右手用铁板将鼠打死。姓李的术士将它献给了荆王，荆王就收养他到门下。

恰巧太史说黄昏时会发生月食，姓李的术士自称：“我有办法禳除这次月食。”荆王让他试一试，当晚果然没有发生月食。荆王感到十分惊奇，当天上表奏报皇帝，皇帝让内侍询问他的情况。李术士说：“我原本精通历法，知道《崇天历》的蚀限太宽而不准确，这次月食应当发生在地平线以下，因为自己出身卑微不能自荐，所以最初用一个精巧的东西献给荆王，现在又借祈祷免除月食引起朝廷的注重。”于是，皇帝下令将李术士送到司天监去考察查验。

李术士和司天监楚衍一起推算日食和月食的时间，并将蚀限增加了两刻，李术士因此当上了司天学生。到熙宁元年七月的一天早上，在东方出现日食，与推算不合，错在蚀限的角度太大了，

历官们都因此遭到贬谪。皇帝命令监管周琮重新修正历法，他又将庆历间所加的两刻减掉，打算勉强算好熙宁元年的这次日食，但庆历年间的月食又算不出来了。因此长时间议论纷纷，始终没有一个合适的算法，于是废掉了《明天历》，又采用《崇天历》。直到熙宁五年，卫朴造《奉天历》时，才知道过去的历书推算日食和月食时只用了太阳运行的平均速度，所以当太阳运行较快时就过头了，在太阳运行较慢时又达不到。《崇天历》和《明天历》在蚀限的加减中都没有找到计算偏差的原因，到卫朴时才推究出这个失误。

《梦溪笔谈》

三经三纬(弓弩神射绝术)

我几年前在海洲时，有一户人家挖地得到了一张弩机，弩机的望山很长，望山的旁边有小小的标记，和尺一样有分寸刻度。推测其用途，是在用眼睛瞄准箭头的时候，以望山的刻度来标定箭头的高和低。这正好用到了算术家们所用的勾股弦的原理。《太甲》中记载："射箭的时候，当箭尾的刻度相合就放箭。"这可能就是书中所说的度吧。后汉陈王刘宠，很擅长弩射，能十发十中，且箭箭都在靶心上。他的方法是："天覆地载，叁连为奇，三微三小。三微为经、三小为纬，要在机牙。"这几句话隐晦难懂，其大意是："天覆地载"指发射时手持握弩弓的姿势。"叁连为奇"意指将刻度对准箭头，同时箭头对准目标。"叁连如衡"，这恰好是利用勾股弦的原理来定高低。"三经三纬"，是则在箭靶上的三根垂直线和三根水平线，其作用是标明上下左右的位置，我在射箭时也曾在靶子上划了三经三纬，用箭头瞄准射矢，发十支我也能中七八支，如果再在弩机上刻上刻度，其准确率一定更高了。

《梦溪笔谈》

将帅之权(辨吃识贵贱)

性命赖以生存的，是饮食。所以吃东西时不能讲话，嚼食物时不要发怒。吃得急的人易肥，吃得慢的人多病。

吃得少而肥的，性格宽和。

吃得多而瘦的，性格急乱。

饮得迟疑的，性格温和。

吃东西像鸟啄的，贫穷。

食时合口的性醇和；食时张口的性不义。

食时露出牙齿的，贫苦短命。

咀嚼如牛一样的，有福禄。

食如羊的，享尊荣。

食如虎的，有将帅之权。

食态如猿猴的，有使者的官位。

边吃东西边顾盼的，终生穷饿。

吃得快而不迟滞，吃得安详而不粗暴，咀嚼时不要发出声音，吞咽时不发出咽声，皆是贵人之相。

《太清神鉴》

龙奔蛇行(辨行识贵贱)

行是进退的节奏，来来去去的礼仪，所以从中可见其贵贱的分别。善于行走的人，如同船在水，无往而不利。不善于行的，如舟船不适应于水，必会有漂泊、沉没的祸患。所以，贵人的行走，如流水一般，身重而脚轻。小人的行走，如火势向上，身轻而脚重。

行走不能昂首而疾行，又不能侧身而弯曲，太高则高傲，太卑则委曲，太急则暴躁，太缓则迟钝。

周旋不失其节奏，进退多合乎尺度的，那是极贵的人。而行走时头低的人，多计谋；行走时偃胸的人，愚蠢而低下；行走时身端平正的，有福而吉祥；行如虎步的，有福禄；行如龙奔的，是权贵；行如鹅鸭之步的，家中积累千金；行如马、鹿之急速的，一世奔波劳碌；行如牛步的，富丽长寿；行如蛇爬行的，恶毒而短命；行如猿猴跳跃的，一生苦难不停；行如龟爬的，有福有寿；行如鹤步的，有天赐的福禄；行如雁行的，聪明而贤达；行如鼠走的，多疑而行为低贱；行如浮动之船，又富又贵；行如急火的，低微下贱；走势艰难而来的，品性行为不好；弛缓而去的，财富衣食有余。

行路脚跟不到地的，穷而短命。

开步走时急如奔跑的，低贱而居于人下。

行走时左右偷看的，心怀偷窃的念头。

行路时回头向后看的，心情多惊慌烦乱。

大抵行路时的贵相是——腰不要

弯折，头不要垂低，举脚要稳，身体向前时要直，开步要阔，端正地前行，不凝滞的，就是贵相了。

行走中进退去就之间，要中规中矩而不违反，动作舒徐而有规律的，是好相。故此，肥人身形重，其行走要像飞一样；瘦人身形轻，其行走要有迟疑之样，这就是贵相。若是身体斜侧，肩向一边偏，如麻雀跳跃，如长蛇爬行，都不是好相。

《太清神鉴》

眼之华盖(辨眉识贵贱)

眉是媚的意思，是两眼的华盖、面部的仪表，这就叫做木之英华，预兆贤与愚的分别。所以眉希望能疏而细、平而阔、秀而长的，这样的人性格聪敏。若是眉粗而浓密、逆生而乱，短而紧蹙的，是品性凶顽的人。眉长过眼的会富有，眉短盖不过眼的缺财，眉低压眼睛的会穷逼。眉头昂起的气性刚强，卓然竖起的品性暴烈，眉毛下垂的性格懦弱。眉头相连的贫薄，妨害兄弟。眉毛逆生的妨妻，是不良之人。眉骨棱起的凶恶多滞，眉中生黑痣，聪明尊贵而贤德。眉高居头，中年会成大贵之人。眉中生有白毫白的，长寿。眉上有直纹的会富贵，有横纹的会贫苦。眉中间有缺断的多奸计，眉毛淡薄如无的多狡猾奸佞。所以眉高耸秀的人，有威权有厚禄。眉毛长垂的人，长寿无疑。眉色光泽的人，求官易得，眉头连接而不分开的人，早死入坟。眉如弯弓的人，品性善良而不刚强。眉如初月的人，聪明超越。眉垂如柳的人，贫穷浪荡而无操守。眉弯弯似蛾的人秉性好色的多。一眉下覆一眉上仰的人，两母所养。眉如果高而直，富而有清职。眉头交破，倒霉挫折的事经常遇到。

《太清神鉴》

长秀分明(辨眼识贵贱)

眼睛本是清静的，是产生神采的地方，为木星。眼希望长秀分明，白的如玉、黑的如漆、耸耳入鬓的，为大贵之相。如若短小而明亮，有异光轮转而动，闪烁照人的，这又是贵而长寿之相。如果睛突而四边露出眼白、目光有神采的，亦预兆有权杀。或有眼大而无光、长而无神、外无上下堂，眼中有赤筋侵入，不看远处，频频动摇，睡得很沉实而不合上，瞳孔黄色的，是不好的形象。董正说：眼头如眼尾，一开一合含有异光的，是神仙之相，非凡之相。更有雪亮的锋刃在眼前闪过，虽然心中自然惊溃而眼睛却不及闪眨的，这预兆尊贵而执掌大权，是上将之相。

《太清神鉴》

磨牙张眼(辨睡识贵贱)

卧时恬然不动的，是有福寿的人。

卧时像狗一样盘曲的，是上佳之相。

卧时像龙那样蜷曲的，是贵人。

睡而张开口的，短命。

梦中磨牙的，遭战事而死。

睡时张眼的，饿死于歧路。

睡中说梦话的，是贱下人中的奴婢。

仰卧形如死尸的，贫苦短命。

睡时呼吸气粗如吼的，愚浊易死。

合面俯睡的，饿死。

见了床就倒下去睡的，顽劣下贱。

喜欢侧身睡的，吉庆而长寿。

睡时辗转不安的，心性烦乱。

睡眠时间少的，神清而贵；多睡的，神浊而贱。

睡时易醒的，聪慧明敏；睡而难醒的，愚昧顽劣。

睡中喘息不停的，长寿。

呼吸温润而均匀的，命长。

气吸入多的长寿；气吸入少的短命。

呼出的气作嘘嘘之声的，即死丧夫。

睡时轻摇，未能安寝的，即是下相。

《太清神鉴》

石贵猿贱(辨坐识贵贱)

坐是安详的心境。要求沉静平正,身体不倾斜不偏侧,深沉稳重如磐石，腰背如有所依靠，坐下来整天不疲惫，而神色更觉清朗的，这是贵相。

如果坐得如醉如病的样子，像是困于思考的，就是贱相。

人的行走属阳，坐则属阴，所以行走的人按照阳的特性而动作。坐的人象征阴而为静止。

凝然不动，是坐的德行。坐时摇膝的，是浅薄低劣之人。

坐着而头颇垂低的，是贫苦之辈。

坐而转身回脸向后的，心肠恶毒。

坐而摇头摆脑的，性格狡诈。

稳然如石、坐而不动的，是富贵之人。

恍然如猿、坐而不定的，是贫贱之辈。

坐定而神气不变的，是忠良有福禄之人。

坐定而面色变乱的，是凶恶愚贱之人。

坐的道行的：不端不正，其相人贵；能谨能严的，其福日日增添。

《太清神鉴》

洪钟败鼓（辨声识贵贱）

贵人的声音，出于丹田之内，和心气相通，气势汪洋而向外发出。为什么呢？因为丹田是声音的根，心气是声音的末端，舌端是声音的外表。贵人的声音有这样几种：清脆而圆转，坚定而嘹亮，缓慢而强烈，急促而平和，舒长而有力有威。若是声音大的，则如洪钟发响，鼍鼓震响；若是声音小的，则似塞泉飞韵，琴徽奏曲。与人接谈则粹然而后动作，人与之谈话则悠然而后应对。所以声音佳善者，悠远而声不绝，浅显而清晰，深沉而能内敛，宏大而不浊沌，纤弱而能清新，细微而不紊乱，出而能明，余音激烈，犹如笙簧之乐，宛转流畅，能圆能方。这样的形象，都预兆福禄长寿。

小人之声，发于舌尖，喘急短促而不能远达，好像没有离开嘴唇，紊乱错杂而断断续续，急促而又嘶哑，缓慢而又干涩，深沉而带滞腻，浅薄而带急躁，或者是大而散，或是长而破，或是轻而不匀，或缭绕不断而无节奏，或错乱不齐而粗暴，或烦乱而轻浮，粗浊气散，蹇浅讷涩。或如破钟之响，败鼓之声；或似病猿求侣，或似孤雁失群。细如秋季之蚓的鸣声，大似寒蝉向晚的噪叫；雄者如犬狂吠，雌的似羊孤鸣。像这样的声音，都是贱人发出的。

男人而做女人细声的，将一世孤寒贫穷。女人做男人粗声的，预兆一世妨害。

身材矮小而声音宏大的人，吉祥；身材高大而声音细小的人，凶险；身材与声音相称的人，好运。或有声音干湿不一致的，叫做罗网声；时大时小的，叫雌雄声，这些都是浅薄的相。

神定于内而气和于外则声音安详，而说话有先后次序，便没有面色的先行变化了。若是神不定必气不和，则说话便会先后混乱，醉色杂错于脸，这都是小人薄劣之相。

声如破筒的，富；声如破瓦的，贱；声如破木的，贫；声如破竹的，苦。声如公鹅的，多破散；声如公鸭的，多贱徒。粗暴之声如豺狼的，毒害多；声音深广能达于内室的，为有福之人。声细如猿，预兆贫贱孤栖；声粗如哭，表示灾祸相逐。声音明捷，预示意象远大；声音嫩娇，表示家财冰消。

声音可分三主，可以用它来决定成败。初声高亢的，初主强；中声单薄的，中主强；后声微小的，晚命卑下。故声音预兆发闭之人，不可不善。不善的而又做下凶恶的事，必多灾难和刑厄，做官的丢官，有财的破财，男人则不能保其家室，女人则不能保其家庭。

五行散敷而成为事物，人居于刀物之上，而声音亦以五行来分辨其原因。木音嘹呖高畅，激越而和谐。火音焦裂躁怒，有如火的炽烈。金音和谐而不暴戾，润泽而不枯干，如玉磬那样流畅。水音圆转而清澈，湍急而畅快，或条理畅达而流动，或激烈而奋扬。土音深而不浅，厚而不薄，浑然如从咽喉之间发出。与形格相养相生的，则吉祥；与形格相克相犯的，则凶险。

《玉管照神局》

龟背主福（辨背识贵贱）

背是全身的基址。人不论肥瘦、轻重，都希望有背。有背的人称之为有土，必须要丰满隆厚而不庸俗，像龟背那样广厚平阔，从前边看如昂起，从后边看如俯下，这是福相。或者背屈而目光向下，头低而背盘曲的，不是贵相。

《太清神鉴》

脐歪奸恶（辨脐识贵贱）

脐是筋脉会合会聚的地方，是脏腑总会统领之关键部位。所以脐要深而阔，不可浅而狭。深而阔的，有智慧和福气；浅而狭的，愚蠢多低贱。脐生近上边的，衣食丰足；生近下边的，贫穷瘠薄。脐低向下的，有见识；脐突向上的，无智慧。脐圆而正的，是善良的人；脐斜而丑的，是奸恶的人。脐藏而深的，是有福禄的人；脐凸而出的，是低贱之人。脐大能容物的，有荣名于国家；脐小得仅有一撮的，恶名传于千里。

《太清神鉴》

润泽富有(辨手识贵贱)

手的用处是执持物件，其情在于取舍，故手纤细修长的品性慈祥而好施与，肥厚粗短的品性鄙吝而好获取。手垂下超过膝盖的，是隔世才能出现的英雄。手不过腰的，一生贫贱。身小而手大的有福，身大而手小的贫穷，手整齐而丰厚的有福，手单薄而瘦削的贫穷，手粗硬的下贱，手细软的清贵，手有暖香的清华，手有臭汗的浊下。手指纤细而修长的聪俊，手指短促而平秃的愚贱，手指柔软而紧密的有积蓄，手指僵硬而疏松的财产破散。手指如春笋的清华富贵，如鼓槌的顽劣愚蠢，如剥葱的当官食俸禄，如竹节的贫穷下贱。手薄破如鸡爪的，无智慧而贫穷。手倔强如蹄的，愚鲁而下贱。手柔软如锦囊的，极富。手皮相连如鹅掌的，极贫。手掌修长而丰厚的贵，手掌短粗而薄削的贱，手掌破缺而圆形的愚蠢，手掌柔软而方正的有福，手掌四边隆起而中心凹下的富，四边薄弱而中央突起的财产破散。手掌润泽的富有，手掌干枯的贫穷，手掌红如喷血的荣华富贵，手掌黄如拂上尘土的极贫。手掌青色的主贫，白色的低贱。如果手掌中心生有黑痣的，智慧而富有。手掌中多横纹四散的，愚蠢而贫穷。

《太清神鉴》

圆垂富贵(辨腹识贵贱)

腹里面包含六腑，从腹的圆或长可辨别其人的贫或富。腹下面涵养元灵，从腹的扁或大可知其愚或智。所以腹是希望能长成圆而大的，有这样的腹其人智慧而有荣贵。腹扁而长的，其人愚蠢而卑贱。腹大而下垂的，有名声于朝野；腹小而下垂的，是清聪的长者。腹圆如玉壶的是巨富，窄如雀肚的则极贫。腹圆而下垂的富贵，圆而上拱的贫贱。腹尖而长的愚而贱，横而圆的多智而显荣。腹如抱着婴儿的富贵，腹如蛤蟆的贫贱贪婪，如牛肚样的积攒财产不顺利，如狗肚的贫寒，如猪肚的低贱，如羊肚的贫困，如穿了皮衣的富有，如箦箕样的贫寒。肚有三壬的贵而长寿，肚有好痣的有智慧，肚端正而形状美的有巧技，肚扁薄而形丑的愚蠢命苦。

《太清神鉴》

腹之山(辨腰识贵贱)

腰是腹之山，像是物体依靠着山以保障其安危似的。腰如达到端正而挺直、宽阔而厚实的，是有福禄之人。若是偏侧而有缺陷、狭小而单薄的，是微贱之徒。或有薄而短的，多成就又多破败。腰广而长的，能保俸禄终身。腰直而厚的，是富贵之人。腰细而薄的贫贱。凹而陷的穷困下贱，臬娜而款曲的轻浮卑劣。蜥蜴腰的人性格宽厚而和善，尖蜂腰的人性格鄙吝而和气。臀部高而腰凹陷的，预兆低贱；腰高起而臀部下陷的，预兆贫穷。大抵腰要求端正宽阔，臀要求平正而圆，则能相称了。

《太清神鉴》

滑如苔藓(识手足秘传)

人的手足叫做四肢，以象征四时；再加上头部，则叫做五体，以象征五行。因此，四时不协调，则万物萎谢；四肢不合度，则一生困苦；五行不调和，则万物不生；五体不相称，则一世贫贱。所以手足就像是树木的枝干，瘤节多的，则为无用之木。所以手足要求软绵而滑净，筋骨不暴露，其白如玉石，其直如竹笋，其滑如苔藓，其软如棉絮的，是富贵之人。或有硬而粗大，筋脉缠绕，骨骼露出，其粗如泥土，其硬如顽石，其曲如木柴，其肉如臃肿的，都是贫贱之徒。

《太清神鉴》

发为山林(辨发识贵贱)

鬓发寥落而凌乱的，是没有信义的人。额上的头发偏左垂下，先妨害父亲；偏右垂下，先妨害母亲。额前的头发不整发，也意味着有妨害，是贫贱之相。头发是山林，如果不临大泽，则学道不成。头发的基部不整齐，就叫不临大泽。头发斑白的人短命。头发润泽如丝，一生资财富足。发粗索索，早孤不乐。头发乌黑润泽，多识多能。头发中有赤纹的，多死于兵刃。须发根根竖起如同汗毛的，贫穷下贱，妨害父母及妻子。鬓要稀疏而粗大，或是细小而浓密，鬓发竖起如同刺猬毛的，当儿子不孝顺，做臣子不忠诚。

《龟鉴》

背披铠甲(腰背秘识)

行步缓慢而轻盈，坐和起立端正而踏实，这叫做有腰。从前面看有如背着东西，从后面看像是披上铠甲，这叫做有背。有背无腰的人，初期发达而后期阻滞。有腰无背的人，初时困苦而后期终能走运。于是发中亦多忧虑疑惑，两者全备则一生享受富贵，毁辱的事沾不上身，利害都不能动摇他，就是有德之人。而相腰背之法，又不以魁梧伟岸作为标准，只要小以应大，大以应大就可以了。故腰背有旋生的，举止稳重，正面开阔，精神藏敛，阴骘丰满，气色明朗，然后才能生。要想知道生的时候，金以四，木以三，水以一，土以五，火则是不能生色的。要渐动而不要敦促，要停匀而不要偏侧，如是臃肿肥大的，就是肉滞了。那不能说是腰背，只可看做是缓步的牛行而已。

《太清神鉴》

目善则心善(观眼辨人术)

凡学相者，先审视对方的眼睛以了解他的内心。一个人目善则心善，目恶则心恶。眼睛缓慢平视的人，性情不急躁。不议论别人和是非，有宽宏大度，这些人中心多贤哲之士。反反复复不断地看，暗中偷窥，靠得很近来看，看时侧头不正，在人群中小声说话，微笑浅谈，这些都显示奸谲、多疑，做事计较，悭吝，散财，贪慕别人的财帛。视物时眼中白多黑少，对兄弟不友爱。语声干焦散乱，鼻子亮光闪闪，招惹是非，轻薄无信义，自我炫耀，眉眼突露，对人骄矜，夸夸其谈，说话喧闹，语言荒诞，才疏学浅，强作聪明，心狠如狼，妒贤嫉能。以上都是小人之相。

《鬼眼》

短脖大贵(脖子秘识)

肥人的脖子要短，瘦人的脖子要长。与此相反的，不是贫穷就是早死。脖项，是一身的连接部分，用来结合身体及头脑。脖子方隆光润的，大贵。丰圆坚实的，大富。脖子侧小而瘦弱的人，不会是栋梁之材。有的脖子太长如鹅，或者太短如猪。有的大到像赘肉隆起的树干，或者小到如同酒罂，这些都是不好的相表。项有结喉，散走他州。竹轮说：瘦人结喉尚自可，肥人结喉逢灾祸。脖项后肌肉丰满隆起的，显示有后福。项下有皮如絛的，是长寿之相。

《玉管照神论》

牙背污黑(辨牙齿术)

锯齿的人吃肉，牙齿平直的人吃素，这是取像于狼虎及牛马。又说：锯齿，不是说牙齿像锯，也不是指牙齿崩缺。而是指牙齿上尖下阔，形状如同锯齿。牙齿粗疏的，性情粗暴专横。牙齿紧密的，性情淳厚温和。齿白而长，富贵。齿如剑锋，可任三品大官。牙齿疏落，参差不齐，没有信义。牙齿稀疏嘴唇削薄，这种人喜好游乐，不知休止。齿长一寸，善于领兵。齿如金玉，官至二千石。齿尖齿缝整齐致密的，少病长寿。牙齿凌乱，预兆多病而短命。牙齿只有二十四颗的，下贱。二十六、二十八颗的，贫穷。三十二颗的，高贵长寿。牙齿数目在三十四、三十六颗以上的，寿命长而显贵。牙齿短密细小的，是邪谄奸佞之人。上齿长凸盖下，先妨害父亲，亦会破败全家。齿后黑色的，是多病短命之人。

《龟鉴》

观牙便知(寿数秘识)

一个人的寿命是先前注定的，通过观察他牙齿的情况就可以预先知道了。牙齿，是骨之余，筋血壮则牙齿坚，筋血衰微则牙齿脱落。牙齿，是筋骨盛衰的征候。牙齿要大而密，长而整。又要整齐而坚固，不要漏风及歪斜。坚牢固密的，长寿。牙龈红牙齿白的，显贵。牙齿像牛的，富有。牙齿像鼠的，贫穷。牙龈如榴花，大富，钱布九州。牙齿黑而细，困顿多滞。牙齿疏漏短缺，早夭破折。牙齿数目在三十颗以上的人，一生富贵。当门二齿是内学堂，整齐阔大的，意味着行为忠信。牙齿疏缺，是不好的相格。

《玉管照神论》

唇色要红(识嘴秘术)

口是说话的门户，饮食的用具，万物造化的关卡。又是心脏的外门，赏罚由口发出，是非亦会聚于口。正直敦厚不乱说话，这称为“口德”。诽谤多言，称为“口贼”。口方正阔大而有棱的，意味着长寿而贵显。口的形状如同角弓的，有官禄。横润而厚的，有福富足。口正而不偏、厚而不薄的，衣食丰足。口如四字形，富足。嘴尖而反，偏薄，寒贱。口不言而自动，又如马口的，挨饥抵饿。尖如鼠口，嫉妒毁谤。口撮如吹火的，孤独。口如狗口，贫穷下贱。有纵纹入口的，食不果腹，口唇紫黑，多困滞。上唇长的，毁谤。下唇长的，破财。口齿凸露的，没有智慧、早夭。口有黑子的，酒食丰足。口唇色如含丹，不受饥寒。口尖如撮的，贫薄。口大能容拳的，出将入相。口润泽而丰满，食禄万钟。无人而独自说话，其贼性如鼠。唇是口的城郭，舌是口的锋刃。城郭要厚，锋刃要利，厚就不会陷落，利就不易挫钝，这就是唇和舌的善相。舌要红不要黑，舌要赤不要白。舌红如朱，赤如血的，做官食禄。舌长至鼻

的，位至封侯。舌上有长的纹理，位至公侯。舌上多纹，有马成群。舌大口小贫薄折夭。舌小而短，贫穷下贱。舌紫而黯，贫困危难。舌吐如蛇的，凶狠害人，早夭。口的态势要深远，形状要方正，颜色要红，语音要响亮，口德要端正，口唇要圆厚。

《玉管照神论》

丢失祖业(人中辨秘)

人中，乃是人体的沟壑，上通山根，下注海口，左右是金甲二匮，内属季夏，万物结胎之月，是寿命，妻财、子孙之宫。与人中形状相应和的有九种情况：人中短而屈，克害妻子。漫浅下正，财用不足。上大，轻则女子孤独、男子性恶。下窄，预示为人奸巧，早岁荣显，到老孤独、丢失祖业。上窄下宽，预示早年困滞，到老兴旺。人中上有横纹，轻则女子孤独、男子性恶，重则子产厄、男子横死。不然，到老也危困贫乏。中间深而上下都宽平，意味着做事忙乱急躁，与人不和睦。人中上的胡须衰败，意味着财产聚散不常。胡须乱逆旋生，显示人生蹉跎不利。人中上胡须密集，预兆老年时财禄兴旺。人中弯曲的，不论男女多数狡猾。人中上有靥而对应在舌下的，女子须要提防产厄。人中细微如一线，预兆将死于客途之中。人中的形状如同破开的竹子的仰面，预示贵显并且晚年兴旺。人中深长的寿长。短而深的，晚年方能得子、克妻或短寿。人中有立纹预兆要死在异乡。男子人中有靥，而舌头亦有靥与之相应，这种人多遇喜事，财禄兴旺，多酒食。人中纹理交杂，这种人多遇水淹之灾。人中有斜立的纹，意味着此人无信义，妨害儿子。人中平长分明，多正直，适宜生育子女。人中曲而浅的人，多淫欲。人中黑紫，只能养他人的儿子。人中两头低中间高，晚年方能得子。

《录台秘诀》

官至二千石(识鼻术)

鼻，是用来辨别香草臭草的，是吐纳气息所积聚的处所。所以鼻好的人，有声誉；鼻不好的人默默无闻，鼻的部位不美好，是傻而蠢的人。鼻梁柱薄削而下陷，是多病而困厄的人。鼻孔小而缩，准头低而曲，是性情悭吝的人。蜣螂鼻的人，缺少意志及智慧。鼻孔大如手指的，短命而赤贫。鼻大而长的人，贵显。鼻小而仰促的，贫贱。鼻高而昂，位至侍官而喜庆昌荣。鼻梁弯曲有缺陷的人，志向量度都低下恶劣。鼻梁高而突然低陷的人，到老年要孤独生活。鼻头裂开，妨害妻子儿女；鼻头如悬胆，官可到二品；鼻如截筒，官至二千石。鼻狭窄而高耸，到老无兄弟。鼻向左曲，先妨害父亲；鼻向右曲，先妨害母亲。鼻如鳖鼻，贫穷而多淫荡。人生虎鼻，性情猛烈，带兵而多死于刀刃。古时的子路就有这样的相格。鼻长智长，鼻短智短。鼻头闪闪发亮好像老实的蚕虫，这样的人富贵封侯。

《龟鉴》

世世封侯(辨耳秘术)

耳朵圆大，是有智慧的人。耳孔小，骨节曲戾的，是愚蠢的人。生有老鼠耳的人长命，又多作小偷。两只耳朵形状不同的人，有异母兄弟。耳上大下小，是费尽心思的人。耳长而头短的人，贫贱短命。耳后有骨隆起，名叫寿堂骨，亦名辅骨。手掌中的纹长，耳高耸过眉，一定寿至百岁而不死。耳垂齐口，与财相守。耳长四寸，世世封侯。耳的颜色不润泽，不能自己做主。耳的轮廓不具备，仕途不通。两耳颧壅，至老独炊。耳孔内生毫毛，长命。耳白色，有名声。耳垂与口齐平的，资财万亿。这里说的长耳，不是说，只是耳的下部长。猴耳的人，难得满足。鹿耳的人，贫困。耳朵好像倚金佩刀环的人，可封公侯。耳要城高廓低，不可廓高城低。耳朵后面通而中间实的人，缺子少孙。

《龟鉴》

声名远播(辨耳秘术)

耳掌管听觉，直通脑而多通贤，是心的上司，肾的君主。所以肾气实，则听觉清而灵；肾气虚，则听觉浊而昏。耳就是这样来主管声誉与心行的。耳厚而坚的，长寿。耳耸起高于眉的，预兆长寿。耳的轮廓分明的，聪明、悟性高。耳的垂珠朝口的，预示有财禄，长寿。耳贴肉而生的，富足。耳内生毫毛的，长寿。耳内有黑子，预兆生贵子，聪明。耳门宽阔的，深谋远虑。耳朵坚硬如木的，生性倔强，至死不哭。耳长而高耸的，有禄位。耳厚而圆的，有财食。耳朵色泽红润的，荣华富贵。耳朵黄白色，名声远播。耳朵青黑，贫穷低微。耳朵轮廓不分明的，财禄多散。薄而向前，卖尽田园。其薄如纸，贫下早死。反而偏侧，居无屋室。左右小大，困厄妨害。

耳朵光亮润泽，则声名远播；尘昏焦暗，则贫薄愚鲁。大体上，贵人有贵眼，有的并无贵耳。而下贱的人，即使有贵耳而必无贵眼。耳朵形体虽然好，但色泽不鲜明也不是贵耳，所以善于相耳的人，先看耳的色泽，再看耳的形体。

《玉管照神论》

色在皮外(识人形秘技)

可收世俗的人不知因由，轻妄地把一个人的容貌作为他的形。实际上，真正生有正形的能大富大贵；依稀相似的，也能出人头地。形滞的人，行必有失；神滞的人，老不开心；气滞的人，说话疲懒；色滞的人，满面尘埃。形、神、气、色都不滞的人，心想事成路路畅通。色在皮外，气在血中，筋脉聚成多喜悦。破散则忧患，平静则安定，各部位的吉凶都是有秘诀的。

《歌》

善相(辨目术)

男子的眼睛一定要精神健旺，妇人的眼睛一定要温和贤惠。眼神能长久保持温和贤惠的妇人，一定会贵显；严肃有威，眼神刚强，这是富贵之相。眼睛白不要多，黑不可少，视物不要偏斜，眼光不要怠慢，眼珠不要凸露，眼神不要困顿，这就是善相了。

《灵台秘诀》

阳盛为男(孕妇辨相)

妊孕生男还是生女，要看气血的盛衰。在正时秉承真气而成孕，阳盛则为男，阴盛则为女。阳精太盛，就一定形成多生的手指，或者胎儿在胎里就长牙齿。阴血有余，胎儿的头发在腹内就变白。又看虎口筋纹皆暗，胎儿必定不止一个。如果在虎口处有一点点青斑，胎儿一定缺唇，筋青而不正，胎儿头发稀疏。青筋大现，胎儿骨骼坚硬而且较早能够走路。双胞胎则是青筋双牵，不齐全则筋浮不正，预示胎儿难养。青纹不足，生子学步迟缓。纹筋相交于虎口，子死。右涌纹筋，女病。要准确判断胎儿的性别，左边青色至口是男，右边青色至口是女。水聚凤池知生女，土虎龙宫定是男。黯惨不明如湿土，子难保育母难安。看右边脸上三阴之位，赤色的便会生女。如果左边脸上的三阳部位又黑又白，预示母子隔离。脸上现黄色，怀孕平安，人中有靥，提防产厄。人中有纹，预兆难产。

《灵台秘诀》

唇红齿白(女子贵贱秘辨)

女中至贵的相格，是威严厚重，说话像燕子的鸣声一样温和，耳朵厚而白，前额浑圆，发鬓乌润，胸前平坦，肩削，颈长，双眼澄澈明亮，目光娇媚，人中分明，腮与颧隐隐隆起，蕴含威力，悬壁端正，唇红齿白，骨肉相称，指臂纤长，鼻狭峻直。女中致富的相格，是耳朵丰厚，嘴唇红润，悬壁端正，眼睛美丽，性情宽和，腮丰满，颏宽阔，人中长，食仓满，蚕囊平缓，四仓俱满，兰台廷尉分明，井灶平坦，细厨饱满，酒池丰平，地阁宽阔，侵犯金鸭玉霞。女中至贱的相格，是耳朵卷缩，嘴如吹大，口鼻下陷，眼睛凸露，走路像蛇行，说话声音像男人，身体寒冷，牙齿高长，腰肢细削，臀部高耸，胸脯凸出，牙龈显露，肩膀狭窄，背脊挺直，声音粗重破碎，龙唇风口，面狭高凸，精神浅少，人中断，肌肤粗糙，手指短粗，上有天角。女中至贞的相格，是瞻视分明，骨格刚强有力，颧寿骨隐约显现。法令纹深，目光澄澈，眼睛黑白分明，眼光低垂斜视，娇而有威，媚而优雅，走路缓慢，步伐轻盈，身体柔软，性情严正，耳朵厚大，前额浑圆，鼻梁挺直，头发疏润而有光泽，声音清亮严正而不破散，符合以上所说的都是贵相。而下贱的，则是常常回头反顾，走路像蛇行，跳步像鸟雀，耳朵反，眼睛像羊目，精神浅少，娇而不威，媚而不雅，刚强中欠缺温柔，五官变化不定，侵犯日角、天角、龙角，神态淫荡，嘴巴阔，舌头直，皮笑肉不笑，掀唇撮口，眉如偃月，气色浮浅，声音短小。女中至恶的相格，是口大，齿露，声音破散，头发黄色，人中短促，鼻短而低，嘴唇凸出，耳朵窄小，鼻梁歪曲，鼻窍显露，双目深陷，鼻梁有节，面横，色黄黑，头发粗大，身体僵硬，毫不娇美，声音破散而无韵，颈短面促。女中至孤的相格，就是所谓“三拳面”，眉毛厚硬，眼棱骨高耸，下唇前凸，鼻准大，耳朵一看好像个竖着的蚕，前额尖削，眼长，眼皮不能全盖眼睛，说话声音像男人，面色黧黑，长出蝇粪般的小斑点，

面靥上长出胡须，眼睛像羊目，三角眼，勾纹鼻，山根断。女中至寿的相格，下颏长满肉，寿带长，人中深，颊颧有力，眼睛澄清，黑白分明，话音轻细圆润而沉实，法令纹长过于口，项有双绦，腹部下垂，肚皮宽松，耳朵阔大，年上寿上隆起。女中短命之相：蝇面、高颊、声音像男人，眉压眼，耳朵窄，人中短，有靥，项下双条横绕，眼神带怒，低头斜视，睛大而无光彩，六合遮盖不严，嘴尖露齿，犯了“悬索”之气，口边长带黑气。

《灵台秘诀》

相吉有喜（识眼绝技）

一个人眼神不能专注、眼睛赤红，将会遇上凶险之事。眼睛白色，会折骨损伤。眼睛黑色的人，应当提防流连阻滞，或者染上疾病。眼睛黄色，财物到手。眼睛青色，兴旺。相吉有喜、休、废有忧。父母及妻子有病，或者是奴婢、六畜死亡。水土墓在东方。

《龟鉴》

肺烂眼则白（双目绝辨）

眼中有六种流神：神怒，显示愤怒凶恶、不满的意思；神安，显示喜乐和合的感情；神离，显示意欲离别之情；神流，表现出奸邪淫荡的感情；神怯，显示惊恐怯弱之情；神弱，显示忧愁悲泣的意思。眼珠黄色，学识芜杂，孤儿少女。眼大，胆小。眼珠碧绿，是神仙样人。眼珠青色的，死于水。仰面朝天的妇人多数恶毒，低头望地的男子喜欢作奸犯科。或者说话未完而不断看着地下的，这是肚腹里有疾病。眼中忽然变作青色，这是由于肝烂不治。眼中忽然变黄，是脾烂不治。眼中忽然变白，是由于肺烂不治。

《三辅新书》

青黑之祸（面色秘辨）

额上昏暗，终年受灾困顿。眼边青黑色，君子要破财，小人要被杖责。眼鼻皆赤，谋划事情难以成功，同时在鞍马上要小心，提防手脚摔伤的灾难。口边有黑气如烟如雾，眼、耳、口、鼻、人中五官绝命，多在灾殃。太岁星临门，中正这个部位昏暗，官职能否保住，还得看目下的情况。眼下的丧门，白得像粉痕，不单会有哭泣之事，而且也预兆着困顿艰难。印堂显现红黄之色，一年都将吉祥，如果不是改朝换代，还能朝见君王。左右驿马紫色直通天仓，将有升迁之喜。黄幡豹尾之岁，鼻的两旁颜色清洁明净，显示没有灾祸，身心安乐。各式各样的灾祸，都由青黑的颜色带来，只要能安守本分，顺应天时，就可以趋吉避凶。

《三辅新书》

骨不附筋（皮骨秘识）

皮肉光滑细腻，青筋不露，骨骼清秀，这样的人，不但身家康泰，而且名声能传到王庭。好相的人骨节细长而浑圆，骨上不附青筋，光滑而又强壮。骨骼主从互相配称，不愁没有官爵享受皇家的俸禄。

《群品广鉴》

肥瘦相宜（骨节秘识）

骨节以金石为象征，要清峻不要横逆，要圆润不要粗糙。肥人不宜肥到长满肉，瘦人不要瘦到显露骨头。骨与肉相称，神气与面色互相和谐的，这是福相。骨骼寒伧发育不足的人，不是早死就是贫困。在日角的左边、月角的右边，有骨头突起的，叫做金城骨。生有这种骨的人，能做到公卿的职位。印堂上有骨隆起，向上达到天庭，这叫天柱骨；由天庭隆起，一直通上头顶，这叫伏犀骨。生有这些骨的人，都能做到“三公”的职位。虽然生有这些骨，也要与外形色泽相称，与身体的各部分相配，否则，虽然有福有寿，但是也不贵显。颧骨互相连接伸延至耳际，这叫玉梁骨，预兆有长的寿命。由臂至肘这段称龙骨，象征国君，要长而大；由肘至腕这段称虎骨，象征臣下，要短而细。大体上，骨骼要求高耸而舒展、浑圆而坚固、挺直而适合尺度、坚牢而不粗疏，这些都是坚固实在的相格。

《玉管照神论》

粗钝则贫（头发秘识）

头发细长浓密的人富贵。粗大的妨害父母，是贫贱之相，兼妨妻子。头发蓬乱，贫穷，亦妨害妻子。年未三十而头发变白的人，寿命不长而性格快乐。头发润泽的，长寿而贵显。头发太多，妨害妻子，而且性情凶猛。头发粗钝，贫穷下贱。

《龟鉴》

白多黑少（识眼秘法）

像鹰一样视物，眼中多光彩的，显示出是高贵的人。眼睛像虎豹，而眼珠黑中带黄，虽然贵显，但不得善终。眼珠有三两点光彩的，都是贵相。

两眼白多黑少，都是被发配、被处死的一类人物。眼睛总是朝上看的，精神困滞于上，后来会自缢或在高处因坠马而死。眼睛总是朝下看的，多数是投井、落坑、掉下江河、跌倒在路死于车马。三角眼，都是犯罪服刑之徒的相格。

《月波洞中记》

鼻隆为贵(识鼻秘法)

鼻，是肺通灵的预兆：肺虚则鼻通，肺实则鼻塞，从而显现肺的虚实。年上、寿上两个部位都在鼻梁上，可以显示寿命的长短。鼻子丰满隆起而有光泽的，不显贵也会富有长寿。颜色昏黑以及鼻梁削薄的，不是贫困就是早夭。鼻隆起有梁骨的，是长寿之相。鼻弱小的，贫贱早夭。准头丰大，与人无害。准头尖细，好为巧计。鼻孔朝天而露，孤寒困苦而早夭。鼻小如鹰嘴，能食人心髓。准头无肉，贪婪不足。鼻小而有纵纹，没有亲生儿子。鼻有纵纹的人，一生艰苦困顿。准头赤色，汗流如雨，终身忙碌，一事无成。一吃东西就准头冒汗，不是庸夫就是苦命人。

《玉管照神论》

人身日月(睛目绝辨)

眼睛，是人身的日月。左眼为日，是父的象征；右眼为月，是母的象征。人睡着时，神藏在心中，醒来时则依存在眼睛里，这是说，眼睛是神游动及歇息的处所。观察一个人眼光的善恶，可以看出那个人的清浊。眼长而目光深远的，大贵。眼珠黑如点漆的，聪明智慧，文笔含蓄不露。眼睛奇特，目露精光的，富贵。眼细而深长的，长寿。眼浮而凸出眼珠，早死。眼大而凸，圆而怒睁的，短寿。眼神凶暴、眼光放荡的，性情淫邪，贪婪凶恶。目光不清而斜视的，是不正的人。眼光像羊，愚昧而固执。眼内红丝贯睛的，不得好死。蛇眼的人，阴险毒辣。眼神安定无所惧的人，他的精神健旺。侧眼斜视的人，恶毒，有害人害物之心，不得好死。眼短而小的，愚蠢下贱。

眼光混浊的，性情凶狠。眼光急速流转的，是小人之相。眼下有卧蚕纹的，预示显贵，后代会有贵人。女人眼睛黑白分明，贞洁。眼下有赤色，一定在生产时有危险。暗中窥视的，奸诈污秽。眼神安定而不放荡的，有福长寿。大体上，眼睛不要怒目，丝不要赤，眼白不要多，睛黑不要少，眼神不宜固执，目光不宜偏斜，眼神不要疲困，不要昏花呆滞，目光不要放荡。如果眼珠圆而小，眼短而深，这是不好的资质。在两眼之间，山根旁边的部位，名为子孙之宫，要轮廓分明、丰满。如果有缺陷或有黑子，预示不利于妻子及其婆家。

《玉管照神论》

唇如角弓(脸相秘识)

眼是检察官，耳是审听官，鼻是嗅臭官，口是出纳官，人中是保寿官。眼睛有光彩、威力，意味着有职权。鼻梁高贵，隆起直上额部，预兆有职权。口有棱角，上唇如同角弓，下唇好像仰月，预示有职权。人中明亮，预兆有职权。耳有轮廓，垂肩通口，预示长寿。

《龟鉴》

雌雄声(声音秘识)

人能说话发声，就像钟鼓的音响一样。钟鼓的体形大，声音就宏大；体形小，声音也就浅小。神清则气和，而声音温润圆畅；神浊则气促，而声音焦急轻嘶。所以贵人的声音，出于丹田之中，与心气相通，雄浑响亮，传得很远。小人的声音，由舌尖发出，急促尖小，传之不远。男人而发女声的，孤独贫穷。女人而发男声者，会有阻碍及损害。体形小而声音大的，吉祥。体形大而声音小的，不吉利。有些人声音干涩潮润不一致的，叫做细微、低沉、浑浊、萎缩、疲困，舌头短小而嘴唇壮大，困苦急迫而发不出声，或只是细微而杂乱的声音，以上这些都是恶声。

《龟鉴》

声旺财旺(辨声绝技)

声音好的，能传得远而不分散，在近处也不停止。声音短浅而能雄壮，深远又能蕴蓄，大而不浑浊，小而能清楚、细微而不混乱，隐蔽而能分明。余音激切，好像笙簧，声调宛转流畅，能明亮舒展。声音发出，要深沉而奋起，又要响亮而圆润，这就是好声。声音好的人，能够长保他的财禄官爵。那些声音不好的，粗浊、飞散、细微、涩讷、杂乱，一叫就气尽，声音也传不远，“啧啧”之声就像狐狸在低鸣挠抓，这些声音短浅、杂乱、涩讷、“罗网声”。有些人声音大小不一样的，叫做“雌雄声”。或者先缓后急促，或者是先急促后缓慢，或者是声音还未停而气已接不上，或者是声音还未发出来，而神色已经大变，这些都是下贱的相格。

《玉管照神论》

手摇如蛇(人品秘识)

摇摆着手臂像蛇一样游行，低着头，说话的声音像女人。这样的人不但多数是奸诈虚伪的，而且是凶狠无情的。一个人胸中有邪念，观察他的眸子就可以看出来，外表流露出他内心的邪恶，这是不正之人。卧睡时要安静，恬然不动的人，有福长寿。与此相反的人，是不好的。饮食没有规律节制，就会性情粗暴、身体不和。饮食仔细、缓慢的人，有福长寿。

《歌》

不清则浊(人品绝辨)

山石中蕴藏着宝玉而令大山生辉，水底下埋有珍宝而令江河秀媚。这些最精美的珍宝，从颜色上表现出来，从气息上散发出来。形，就是质，气充满了质，形由于气而宏大，神因璺而安定。神安则气静，得失不至于令他的气暴躁，喜怒不至于令他的神惊动。在德方面来说是“有容”，在量方面来说是“有度”。这是厚重有福的人。形就像木材，有杞、梓、梗、楠、荆棘的差别。神就像工匠，砍削木材造成器具，听听敲的声音，就知道器具的好坏。气就像马，骑着它奔驰，可以到各种环境不同的地方，君子善于保养他的木材，善于使用他的工匠，善于制造他的器具，善于驾驭他的马匹。小人则与此相反。气度宽宏可以融和，温和可以养物。刚强可以制物，清明可以理物，严正可以肃物。不宽宏则狭隘，不温和则暴戾，不刚强则懦弱，不清明则浑浊，不严正则偏颇。观察一个人气的深浅，看他神色的平静急躁，是君子还是小人马上就分辨出来。气息深长舒展、温和不暴躁的人，是有福长寿的人。气息急促不匀、暴躁的性情在神色上表现出来的，是下贱的小人。

《玉管照神论》

如虎踞坐(富相秘识)

行动像虎奔驰，龙飞腾，这样的人职位能达到王公。走路时步履像鹅鸭，这样的人能积累金玉。又说：进食时像牛羊一样咀嚼吞咽，这样的人财禄自然丰足。像牛一样合口细嚼，仔细缓慢，这是财禄丰足的相格。眉毛清疏有彩，眼睛蕴藏精神，像虎一样踞坐，像龙一样盘卧，而听不到气息。人的坐卧，就像老虎踞坐，身体不动而且听不到气息，这是显贵，长寿之相。

贱鄙之相：饮食时洒落淋漓，立坐时多是倾斜依靠，睡觉时多呓语，身体仰卧如同僵尸，气息粗野，频频翻身，不能安睡。还未张嘴说话，口水就先流下来。摇头摆臂，不停地长吁短叹。黄蜂一样的细腰，走路的步子又碎又急。气息短微，声音干涩。所以白云子说："黄蜂一样的腰，又急又碎的步履，像怕冷般缩起来的肩，这样的人，活像在风雨中飞向树林的鹤一样狼狈不堪。又说：声音干涩，没有财禄。声音轻细，没有权势。声音干涩细微，缺衣少食，准头出汗、走路时脚跟不着地、走路时像马跑、头伸在前的，这些都不是好的相格。

《心镜》

凶吉可鉴（气色秘识）

一个人的忧喜怪异，没有不在气色上表现出来的。气色的表现有强弱，感应有快慢，随时变化，它的征候是不一致的，气色润泽有时也会预兆凶险，形容干枯有时也预兆吉祥，这就要随着情况不同而观察，根据时令的不同而变化。气色初起的时候，由五脏发生，清晨在面上显现出来，傍晚回归于五脏。气色较显的如同头发，细微的好像蚕丝，那些长的如同飞毫，那些短的好像粟粒，细小的如同微尘。有的由毛孔发散出来，有的在脉理中表现出来。气色的势有盛衰，形态有吉凶，应该用五行的变化来审察它。青色，预兆有之丧。润泽的青色，预兆父母双亡。柔和的青色，预兆父母忧患来临。分散的青色，预兆忧患消散。鲜亮的白色，预兆有哭泣之事。润泽的白色，预兆有大丧事。轻浅的白色，预兆有小丧。分散的白色，显示过去的丧事。黑色，预兆将要死于战争。黑色浓重，预兆受刑杖而死。气色昏黑，预兆重病而死。黑色消散，预兆疾病痊愈。赤色，预兆惊扰忧虑，预兆有口舌官司之事。润泽的赤色，预兆有牢狱之灾。细小的赤色，预兆有口舌之争及受鞭笞之苦。枯燥的赤色，预兆家中有口舌争吵。在各种气色之中，赤色是最难掌握的，有的是心热面赤，有的因肉色变化而赤色

浮现，有的是心中发怒神情紧迫而赤，有的很快就消散，有的因怨恨深远而经日不消，这些与疾病、官司、治病引起的面赤都是不同的，所以不能一概而论，唯在自己用心体会。黄色，预兆喜庆。润泽明亮的黄色，预兆有大喜事。细小的黄色，预兆妻子有喜事。干枯的黄色，预兆喜事消散。某种气色突然出现，它所预兆的事情很快来临。出久则感应缓慢。意思是说：出久，是渐渐地从小到大。气色深则感应强烈，气色浮浅则事情轻小，气色消散则没有结果，所预兆的事情不会成功。黄色初起的时候，好像吞吐的丝；将要兴旺的时候，就像吞茧未缫，或者像马尾一样；将要散去的时候，就像柳黄色的花交错聚合那种斑驳错杂的样子。赤色初起的时候，好像火刚生起来；它旺盛的时候，光彩照人如同深红色的丝绸；将要散去的时候，就像连串的珠子聚合在一起，然后消失。白色初起的时候，如同白色的尘灰掠过柱子。将要旺盛时，就像涂饰在脸上的一层油腻的白粉，或者就像白纸一张的颜色；将要散去时，就像灰垢一样，这就是说灰土经过浸渍糜烂而发软。黑色初起的时候，如同乌鸦尾毛的颜色；它旺盛的时候，就像乌黑的头发得到油膏的润泽；将要散去的时候，就如同污秽的泡沫。青色初起的时候，就像青铜一样的颜色；它兴旺的时候，就像草木初生一样青绿；将要散去的时候，就像碧云那种绿色，这是说它像云彩一样纷纷飘散。凡是气色虽然细微但鲜明润泽的，意味着事情的开始。气色明显盛大的，则是事情进入兴旺的阶段。气色衰微，则是事情完结。气色细微如同袅曲的云烟，轻浮得像五彩的云霞，再用四时配合它：凡是春季的三个月，青色旺，赤色相，白色死，黄色囚，黑色休。夏季的三个月，赤色旺，黄色相，黑色死，白色囚，青色休。秋季的三个月，白色旺，黑色相，赤色死，青色囚，黄色休。冬季的三个月，黑色旺，青色相，黄色死，赤色囚，白色休。意说：黄色，是土的颜色，春夏秋冬四季皆旺，又是胎养的生气，所以黄色多数是预示喜庆的。春天的气色要横，夏天要起，秋天要下，冬天要藏，这四种气色与时令相违背的都不吉祥，就像气脉要适合时令一样。起，意思是头、脚都动。横，意思是直。下，意思是低。色的形状有纵有圆，用气来判定它。

《龟鉴》

隆骨入鬓(颧骨秘识)

颧骨有如下四种情况：一是颧骨向后伸延至耳边，但又不超过耳朵，这预兆着长寿；二是颧骨伸延直插天仓；三是两颧骨高耸成中二府；四是颧骨隆起伸延人发鬓。生有后面三种骨相的人，能够成为监察属吏、统治一方的大官。

《清鉴》

十种贵相(贵相秘识)

面黑身白，是第一种贵相；面部粗大而身体细小，是第二种贵相；脚短手长，是第三种贵相；身材细小而声音宏大，是第四种贵相；龙骨很长大而虎骨极短小，是第五种贵相；面短眼长，是第六种贵相；不用细嗅也能闻到他身上发出的香气，这是第七种贵相；头顶上肉角隆起，是第八种贵相；背部如同龟壳一样，是第九种贵相；独身坐着，像山一样挺拔稳重，这是第十种贵相。与此相反的，则是十种贱相。下贱的骨相：头顶骨尖小，山根断陷，梁节骨横起，鼻准头尖小。一个人没有神气，没有正常的脸色，不能发声，那是极低贱的相格。

《清鉴》

虎头则雄(识下巴秘术)

地阁，是人身的地，是全身的根基。上有承浆、波池，下临重楼，左右两颐，势如奴婢。地阁是广德学堂的部位，是田宅牛马之宫。地阁这个部位应阴的八数，四方则荣，丰厚则富，朝接则贵，虎头则雄，燕颔则勇，拥肉财丰，像满月一样浑圆的，富贵两全。地阁朝天的最尊贵，朝人次之。如果地阁方厚加上顶平，可得祖业。地阁尖细，得不到产业的助力。颐凹陷，得不到奴仆力。肩骨下陷，得不到生财力。地阁尖长，多破祖业，孤处异乡。颏部有斑痕，田宅不足。颐大颏小，不能得到祖财的力量。颏大颐小，能够异乡重建家业。偏侧、削薄的，都是下贱的颏，势必离乡别井的，承浆下面有竖的短纹，意味着庄田坟宅常有人争。地阁有斜纹，显示其妻多奸淫。重颐的人多富，颏薄削的人实在。髯分颏露的人狡猾。有靥端正的，能得到外人的田宅。不正而偏的，破败。大体上，地阁丰厚、圆满、平正、朝接的，富贵；偏窄、尖陷、痕瘢、破缺的，都贫贱。

《灵台秘诀》

声闻天下(观人形绝术)

人的形状有清奇古怪的，必须是神与气和合相称，如果神气不清爽，显露出粗俗、寒薄、轻贱之态，这就不是贵相了。清如寒冰，奇如美玉，古如岩松，怪如磐石，混杂在千万人之中，而能令人一眼看见就感到惊异的，这就是清奇古怪的贵相了。具有这些相格的人，一定要有高尚的品行修养，然后才能建立丰功伟业，声闻天下。形有五宽、五短、五慢、五露、五急、五藏。什么叫做“五宽”？就是器识宽、行坐宽、饮食宽、言语宽、喜怒宽。这五宽都齐全的人，前程必然远大。什么叫做“五短”？就是头短、项短、手短、足短、腹短。五短齐全的人是中流的相格。什么是“五慢”？就是神慢、气慢、性慢、情慢、行慢。五慢俱全的人长寿，但发达一定迟。什么叫“五露”？就是眉露、鼻露、耳露、齿露、眼露。五露都齐全的，清烈孤贵，是奇异显赫的相格。但如果再加上神露，那就必然会早夭。什么叫“五急”？就是神气急、言语急、步行急、饮食急、喜怒急。这五急俱全，发达得早，但是容易破败。什么叫“五藏”？就是祖藏神、听藏器、貌藏色、思藏息、言藏声。五藏俱全，这是清贵远大的相格。

《金书宝印》

墙上绘影（恶杀术）

南宋绍兴年间，秦中名将杨政，威声显赫，官至太尉。然而生性残忍，喜欢杀人。有一次，召集手下幕僚宴会，有个叫李叔永的席中起身想去上厕所方便一下，士兵持烛导其前往。经过曲曲折折的巷道，望见两壁上隐隐约约好像有人形绘画。走近一看，既看不见笔迹，又无面目相貌，大概有二三十个形象。李不解其意，即问持烛士兵，兵左右前后四顾无人，才低声说：“相公有姬妾数十人，都很有技艺，但稍有不称意者，相公即令用棍棒打死，剥其皮，从头到脚钉于壁上，直到皮干发硬，才抛于水中，墙上都是人皮的痕迹。”李听罢悚然而出。

杨政最宠某姬，得到专房之爱。杨晚年抱病卧床不起，对一切人事却不闻不问，唯独眷爱姬说，经常叫她侍候身旁。有一天，忽然对姬说：“我已病到如此地步，死期将至，别无他望，唯一只是对你放心不下，不知如何是好。”当时他已气息奄奄，说的话大半都已听不清楚。姬在一旁哭泣着说：“请相公把药吃下去，一定会好起来，倘若好不起来，我愿跟你一起共赴九泉之下。”杨大喜，令人拿酒来与姬各饮一杯。姬回到自己房里仔细一想，知己失言，非常后悔，于是准备逃出去。这时，杨已奄奄一息，然而久不瞑目。身边亲近大将对杨说：“相公生平杀人如掐蚊虱，真是个男子汉大丈夫。今日命将寿终正寝，却如此留恋不舍，太无阳刚之气了，为何如此不敢决断呢？”杨唤着爱姬的名字说：“只等她先死，我这便去。”大将解其意，于是去姬室骗姬曰：“相公叫你去。”事先令一壮士拿着绳索伏于榻后。姬至，立套其颈，一会儿姬即断气，陈尸于地，杨这才气绝瞑目。

《杜阳杂编》

腹大如抱儿（辨腹秘法）

腹，是人身的炉冶，用来包藏肠胃消化万物。要圆而长，厚而紧，势要向下垂，皮要厚而滑。所以说：腹圆向下的人，富贵，意味着长寿。腹坠而垂，智慧合于天机；腹迈上，不是下贱就是愚蠢。腹小而短，食不满碗。腹大如同抱儿，声名四方闻知。脐，是全身筋脉的总汇，统领六腑的枢纽。脐眼深而阔的，智慧而有福；浅而窄的，贫穷而浅薄。脐眼向下的，福智；向上的，贫愚。位置低的，思虑远大；高的，无见识无量度。脐大能容李子，声名播人耳。那些凸出的、浅小的，都不是好的相格。

《玉管照神论》

硼砂入锅（沸油取物秘技）

要想在沸油中取物，可用硼砂末悄悄放到还未烧热的油锅内，微热的硼砂会产生大量气泡，气泡冒到水面就见油水沸腾，轻烟升起，旁人就以为一锅油已经沸腾，实际上油还只有微热。这时，把手放在白醋内浸一下，再伸入油锅中将物取出，毫无损伤。

《行厨集》

啄木鸟一只（易容记异）

人生下来，相貌就已定型，现有一术，可让你随心所欲地改头换面，或取悦于人，或让人生畏。待初六这日觅取啄木鸟一只，用丹砂大青叶拌粟饭或米饭喂它，坚持一年，药不可间断。到第二年，将啄木鸟的毛去掉捣烂，加雄黄一钱，做成药丸三十颗，每日清晨，面向旭日用水吞服一丸。一段时间后，人脸就可以随时随地变形，欢笑时美如天仙令人迷醉，发怒时则青面獠牙令人惊畏异常。据说奸臣常修此道，在皇帝侯妃面前，百般奉承；在同僚或下属面前则阴险异常。古时的优伶欲成名，也常服此类药丸。

《行厨集》

杉木炭入臼（防盗绝技）

用杉木块烧炭，并研成碎末，放在门臼内，稍一开门，声音极大，盗贼闻声就会惊走。

《物类相感志》

俯地听音(遥知来者强弱绝技)

要想在黑夜中预知一里地内来者的强弱，可将身体匍匐于地，并把耳朵贴于地面。如果一里地内有人行走，其足音清晰可闻；如果其人强悍，声音整齐而响，弱者足音乱而疏；如果是兵荒马乱，则声音轰然震耳。

《山居四要》

牡蛎壳磨粉(昼夜不眠秘术)

用牡蛎壳磨粉服下，连续服几晚，过后即便是昼夜不睡，也不会累垮身体。

《仁安堂秘方》

金枸子烧灰(暴饮不醉绝术)

用赤小豆或绿豆的节或花粉、枝叶，放在通风处晾干，过百日之后磨碎，藏在身边，遇到狂饮暴饮的场合，可先服一钱左右的药粉，便可保狂饮不醉，酒量可超出平时的十倍，令满座震惊。或用金枸子锻灰磨成粉末，预先服下，也可长饮不醉。

《夷门广牍》

白狗乳(沾酒即醉绝技)

挤取白狗乳冲酒服下，即使平时能饮几斤猛酒的酒神酒仙也会一杯醉倒，此法可治那些嗜酒如命的酒鬼。

《千金方粉记》

淋一盆冷水(夺疯人利刃绝技)

若遇见疯人发狂，手持刀刃是极为危险的，疯人力大如牛，如果夺刀不慎，反被其伤。这时，可脱下身上的单衣迎着疯人刀刃舞去，刀刃被衣服裹住，然后用力一拨，便可出其不意将刀刃击落。也可叫人取一盆冷水，在疯人背后从头泼落，疯人受惊，便可趁机上前夺下刀刃。

《岳家拳术秘书》

入林必擒(捕鹿术)

鹿狼，形状似鹿而角触向前，若进入丛林，则其角被林木推挡，行动受到阻滞，所以，在平浅的草丛中，将其驱逐入林，则极易将其捕获。皮可作履袜，角正四据，因此南人用它来作踞床。

《异物志》

诱酒（捕猩猩术）

猩猩最喜爱两样东西，一是酒，二是鞋子。如果想抓到它，就用这两样东西诱捕。猩猩初见此物，必定大骂似的嗷嗷直叫，好像说："这是引诱我受骗上当的。"于是走开去了。过了一会儿，去而复至，稍稍相劝，即捧缸痛饮，顷刻尽醉，其足皆绊，被人捕获。有歌赞道："尔形唯猿，尔面唯人，言不忝（辱）面，智不逾身。淮阴佐汉，李斯相秦，曷落箕山，高卧养真。"

《太平广记》

假和尚（捕猴术）

猴的模仿性很强。看见和尚盘腿而坐，也都围着和尚坐下，好像把和尚当作佛一样供奉。两广和西南一带的少数民族，常捕猴而食。其捕捉之术是：在野外山石上假扮和尚，盘腿而坐，带上面罩，双手合十，有如坐禅，则猴群相悦而来，驯服地围绕假和尚或坐或戏耍，假和尚与众猴周旋调教。过一会儿，众猴皆去，唯留下一只，仍伴随假和尚坐一会儿。此时，假和尚取出暗藏之斧将其击毙，弄回去充作食物。过些时日，又如前法偷袭，众猴竟不会发觉。这是一种捕猴之法。还有一种是，有些人因为猴常损害庄稼，特意把酒糟盛于盆中，放在野外猴群常出没的地方，并且削制一二尺长的木棒三五十条，散放在酒糟盆四周。当猴群贪吃酒糟致醉后，纷纷拣起木棒互相打斗，有头破血流者，有四肢被击折伤者，于是一起被人捕获。

《太平广记》

三十八匹（捕狼术）

辽东多狼患，经常百十成群行于途中，一旦行人遇到狼群，无一幸存。当地人设陷阱，置火铳，想方设法捕狼，而狼却非常狡诈，每当看到陷阱就避开绕道而行，从来没有狼踩到机关而落下陷阱的。用火铳轰狼，烟未消而狼已近，捕者反而被狼伤害。当地人也无可奈何，遇事只有众人持械结伴而行。

胡滦如，吉林新城人，以货郎小贩为业。宣统辛亥年冬，自新城贩鞭炮十余万回来，时近傍晚，天色已暮，途经鸡枫山，远远看见有数十头狼从山中走出，伸舌露牙，盘踞于道。胡急忙回头反奔，群狼跟在后面追。胡狂奔十余里，见道旁有一庄院，双门虚掩，推门进去一看，室无居人，仅仅是一座空院，看样子好像是当地人堆入新割麦子的地方。心想，如果在此躲避，必为狼群所围困。赶紧反身出门，见门首有一麦垛，高六尺许，于是跃登其上而息，伏在上面观察狼群的动静。群狼随后追至此处，知道被逐者必定躲避在庄院内，果然相继窜入室内。胡急忙从麦团顶上跃下，把捆鞭炮用的绳索，捆牢两扇门的门环，用手紧紧拉住不放。然后再慢慢从衣袋中取出火柴，点燃长鞭万余，由墙头掷入院内。群狼忽听到连珠炮声，烟尘障眼，遂自相践踏撕咬。不久，数十条狼相继毙于庄院内。爆声完了，胡亦疲倦不堪，靠着门就睡着了。一觉醒来，天已大明，院中杳无声息。开门走进一看，群狼倒毙于地，点一点数，竟有三十八匹，大喜，分数次运回家。当时狼皮价钱很贵，每一具可值十余金，胡将狼肉送人，将狼皮卖掉，成了小康人家。

《清稗类钞》

三虎同来(夜擒虎术)

荆州有座陟屺寺，寺内有位和尚，佛名那照，善于射箭。人们常常说到那照之射法有独到之处。他曾说，他能看出兽类发光，光长而摇者是鹿，光贴地而时明时灭者是兔子，光低而不动者是老虎。又说，夜间打虎时，必见三虎同来，夹在当中的是其首领，两旁是护卫，这样才显出其虎威，应当射杀中间那只虎。虎死，威乃入地。得此虎可却百邪。虎刚死时，必须记住虎头所挨着的那块地皮，等到月黑之夜再去挖掘。欲掘时，必有虎来，在掘者前后吼叫跳跃，此时不必害怕，这是死虎之鬼。当掘土二尺深时，即可得到像琥珀一样的东西，那是虎之目光沦入地下所造成的。

《酉阳杂记》

蚁蛀(犀牛角妙用)

据《本草》所载，犀出于永昌山谷及益州，今出自海南者为上，出自云南、四川的次之。在成都、广西、广州、桂完、桐城，甚至河北等地均有所见，但皆非出产之地，乃舶来品聚集之地。

犀似牛。猪首，大腹，脚有三趾，色黑，好食辣。其皮每孔生三根毛。项生一角，有的说二角或三角。郭璞所著《尔雅》记载：“犀三角，一在项上，一在额上，一在鼻上者，即食角也，小而不隋。亦有一角者。”《岭表录》所载则不同，说：“犀有二角，一在额上为峰犀，一在鼻上为帽犀。”实际上雄犀亦有二角，皆为毛犀，而今人多传犀只有一角之说。

犀角的种类很多。最大者叫堕罗犀，一株有七八斤重，据说是雄犀之额角，其花纹如撒豆斑，色深者可作带夸，斑散而色浅者可作器皿。捕杀而得的犀角称谓生犀；自然蜕落的犀角为退犀。据说，杀犀的方法：先在犀经常出没的路上多栽木桩，就像做猪羊栈一样，因犀前脚直，常依木而息。时间长了，木桩必定被蛀蚀或腐朽，犀突然依靠上去，则木折犀倒，人即毙之而取其角。又据说，犀每次自己蜕角，必培土埋之，海南人找到埋犀角处，取出犀角，换以木角，照旧埋好，否则，被犀发现失去蜕角，则迁徙他山，无处寻其迹。还有一种犀叫赭黄犀，里外透明，莹净如真金色，是最珍贵的犀角。又有人说，犀有两种，一种叫山犀，一种叫水犀，水犀比较少见，《五谷记》中说：“山犀者，食竹木，小便尽日不尽。夷獠以弓矢采取，故曰黔犀。”

犀角性寒，能解百毒。笔者有位朋友叫章深之，病心经热，口燥唇干，百药无效。有位医者教他用犀角磨粉服下，他照医生说的饮两碗许，疾病顿除。成都双流县有一匠者，能用牛角仿造成通天犀角，但由于是人工刻画得过于逼真，反易为人所识别。因此犀角之色泽纹路是无法仿造的。人说犀角之最下品是鬼犀，因为那是死犀之角，其纹色均黯然失色。

《游宦纪闻》

三寸铁钩(驯象术)

在五岭以南一带，当地人会驯象。先将一驯好的雌象驱入山洞，洞外沿途放一些甘蔗，当野象来吃甘蔗时，放纵雌驯象进入野象群，呼雌驯象入山洞，引诱野象入洞，再用巨石堵塞洞口。野象甚饥，驯象人攀缘石壁上只喂雌驯像饲料，野象见雌象得食，起初很害怕，慢慢地向雌象亲近求食，人就用木棍鞭笞野象。如此反复，使象渐驯，稍驯后，则骑在象背上调教。驯象人正跨其颈，手拿铁钩，用以钩头：欲令像左行，

钩头右侧；欲右，钩左；欲退，钩额；欲进，不钩；欲象跪伏，用钩正按其脑门，复重按之则痛而号叫。在驯象表演时，人们只见群象列队整齐，左右进退，很听指挥，却不知是用铁钩所致；只见象鸣嚎如应诺，却不知因铁钩按脑致其痛而发声。象虽然体形巨大却很怕痛，所以驯象人能用数寸长之铁钩驯之。久而久之，象也能理解人意，见乘象者来，则低头跪膝，人登其颈，则奋而起行。

象头不能俯，颈不能回，口隐于面颊之下，而且离地较高，饮食都是靠一鼻运动。鼻端深大，可以开闭，其中又有小肉夹，即使如芥子那样小的东西也可以用鼻拾起。象取食前，先用爪甲击落泥垢，而后用鼻卷入口中，饮水亦用鼻吸而卷喷入口中。象足如柱，无指而有爪甲。登高山，下峻坡，渡深水，其行臃肿，但却敏捷。当地人呼叫着驱赶象，似乎能与象说话一样。

象目细小，怕火。象群走到哪里，那里的庄稼就受到损害。村民煮新豆时，灶头发出豆香，野象闻到香味而来，用鼻破壁而入食，是人之大患。仓促间，人受其害而不能制，就用长竹火炬驱赶才退。象能害人，群象虽多并不可怕，其实最可怕的是独象。因为独象不合群，独来独往，无所畏惧，遇到人必肆其毒，用鼻将人卷起掷抛而杀，然后用足践踏人体，致人出血，再用鼻吸饮人血。

人杀一象，可供众人饱餐其肉。最好吃的只有鼻肉，煮烂，纳入酒糟切片腐之，是食物中之一隽品。象皮可以制成甲，非常坚固。把象皮裁成条状，而干之，制成杖或鞭，坚韧不折。

《岭外代答》

君子之性(识马术)

唐代兴元朝时期，有位识马者，爱饲马，姓李名幼清。闲暇时常去马匹交易市场溜达。有一次，路上看到有卖马人赶着一匹剽悍的枣红马走进市场。这匹马被用粗糙的绳子交叉捆住马头，两名大力士用木棍夹叉着马腮，另外还有三四人都拿着马鞭跟在后面。只见此马好像要咬人，显得无法驾驭的样子。幼清快步走上前去，靠近此马仔细观察，又询问了卖主，然后对卖主说："这匹马我要了，给你三万钱。"马主寻思这匹劣马哪能卖这么多钱，感到不好意思，既而聚来了很多围观的人。有人问："先生为何肯出大价钱买这匹马呢？"幼清回答说："此马气色骏异非凡，体骨匀称得度，毛光亮。马主却不识优劣，将其与其他跑不快的普通马混杂在一起，想必是马厩破漏，槽栈陷塌，粪秽狼藉，臭气四溢，而且洗刷不及时，草料不适，四蹄乱踏，口齿乱咬，致使志性郁塞，久无所赖，狂躁不安，继而性发，则无所不为。"幼清又买了一副新的缰绳和马具，轻轻地对马说话，又好像自言自语："马儿啊，你的性格才华不为人知，我替你换上新的缰绳，把这些又脏又硬的秽杂之物统统丢弃。”此马随即点头摇身，幼清知马已知其意，于是牵回家中，亲自为其调理，给马沐浴剪刷，另辟一新的槽栈，喂以精饲料。数日后，此马神气稍有变化，过了一个月后就大不一样了，变得志性如君子，步骤如俊人，嘶如龙，颜如凤，色如火，驰如箭，成了天下不可多得的一匹骏马。

《侯鲭录》

鹿性最淫(诱鹿术)

木兰，是清皇室的皇家猎场，又谓之哨。之所以称哨，是出于哨鹿的缘故。平时，身怀绝技的哨鹿者，身穿鹿皮，戴着鹿角帽子，于半夜时分躲藏在山中吹哨，发出公鹿的叫声，引诱母鹿。听到公鹿在“哨”，母鹿便口衔灵芝草来哺公鹿。鹿性最淫，一头公鹿往往能与百头母鹿交配，以至脱力而死。常有这种情景：见到公鹿将死，母鹿就衔灵芝草让公鹿食而复生。那些哨鹿者，正是以发出哨声来获取母鹿口中的灵芝草的，而要学得酷似，却如登天之难，百人唯一二。

《竹叶亭杂记》

哮吼而死(捕虎之法)

捕虎，惯用之技是弓矢、陷阱、围猎等，可宜兴有一位善于捕虎的人，所用之技却奇之又奇，绝之又绝。他在虎踪经常出现的地方，用自熬的粘胶散布在乱草上，虎来之后，必在草上打滚，那泼了粘胶的草全都粘在虎身，愈粘愈多，俨然成了一只“草虎”。虎性最躁，急不可耐时，愈发滚得快，边滚边吼，继而哮吼脱力而死。这一捕虎之法，不费一棍一棒，不必挖井布坑，更不必担心虎口无情，区区粘胶一泼，即可捕虎而归，实在是前人未有之奇技！

《詹曝杂记》

飞涯采燕窝(驯猴术)

燕窝出于广东，以阳江县最多。也许是海燕采小鱼营巢，故名燕窝，或者是海燕啄食螺肉，肉化而筋不化，并津液吐出，结为小窝，衔飞过海，疲倦了则用其漂浮于水上暂息，过一会儿又衔以飞，人们可以按季节拾取。当今闽、广人贡朝廷之燕窝，鲜白无纤翳，据说是人工折制而成，并非天然燕窝。我的家乡许青岩、方伯松结说：“燕窝产于海岛中的悬岩窍谷、人之足力和绳竿难以触及之处，所以，采集商往往蓄养小猿猴选善解人意者，做一小布袋系于猿背上，放出去让它爬树登岩，上下跳跃，尽剥燕窝，塞于袋中。猿猴采集燕窝一般三五日才能返回，苦不得食，商客将果饵先充塞布袋中，使它远出不饥。笨拙的猿猴出去剥取数片燕窝塞于袋中即归，回来倾倒布袋一看，燕窝很少，袋满实为果饵所占。聪明的猿猴出去后则懂得将果饵先倾倒于山岩上较为平坦之处，待燕窝塞满布袋立即返回，再去，如此往返数次，采集得又快又好。这种猿猴很通人性，往往一只要值数百金，价值比笨者高数倍。”许谨斋黄门志进每天早晨起床以后，都要用蔗浆蒸燕窝食之，以融软为度。据说一般人皆生食，可终日不溺。

《浪迹续谈》

皇上开眼界(织神锦衾)

唐代元和八年，大轸国进贡两件宝物：一是重明枕，一是神锦衾。重明枕，长一尺二寸，高六寸，洁白透明超过水晶，中间有楼台亭阁之状，四方有十名道士手拿焚香和竹筒，围绕中心不断循环，叫做行道真人。其中楼台之瓦木呈丹青色，细看行道真人之服饰，就像在水中看物。神锦衾，是用水蚕丝所织成的锦被，方二尺，厚一寸，上面织的龙纹凤彩等花样，非常美丽，简直不像人工所织。原来这个国家用五色彩石砌成池塘，池中蓄水，采集大柘叶，在池中养蚕，幼蚕初生时如同蚊子孑孓，能在水中游泳，长大时有五六寸长。池中生有非常坚挺的荷，这种荷即使受暴风劲吹也不会摇动，大者可阔三四尺，水蚕养到十五天左右即跳入荷中作茧，茧成形如方斗，天然五色，缫成丝叫灵泉丝，用此丝织成神锦，再用神锦制成衾。唐宪帝御览了神锦衾，与嫔妃大笑说，此被如此之小，尚不足以婴儿襁褓之用，怎能给朕做盖被呢？该国使者说，此锦是用我国特有的水蚕之丝织成，得水即舒，遇火则缩，于是在皇上面前，令四宫牵四角张开。然后用水一喷，当即变成二丈见方，只见五彩灿烂，简直美妙绝伦。皇上令以火逼之，不一会儿，神锦衾缩小如初。

《杜阳编》

水火不惧(制吉光裘)

汉武帝时，西域进献吉光裘，这种裘皮放在水里数日不湿，入火不焦。后来汉昭帝元凤年期间，常穿此裘皮缝制的衣服视朝。不知此裘为何技制成。

《十洲记》

鱼油(防水衣料秘术)

女王国进贡一种防水衣料，名叫鱼油锦，纹彩绮丽，质地尤异，入水不湿。据说是有鱼油之故。

《锦绣万花谷》

花中抽纱（织布绝术）

墨客挥犀云：闽岑以南多生长木棉，当地人竞相种植，有的多达数千株，采其花做成布，号称吉贝布。我后来因读南史，知道海南诸国传说，林邑等国出产古贝木，其花成熟时如同鹅毛，人们可抽其絮绒，纺成线，织成布，与棉布没什么不同，也可染成五色，织成斑布。墨客挥犀所说的吉贝布就是这种布，因为古字俗称为吉。

《锦绣万花谷》

苹娘绝针（劈丝配色秘传）

明尚宝司丞顾应夫的家园，取名"露香园"。相传顾氏刺绣得自内院。其劈丝配色之奇技，别有秘传，故能点染成文，刺绣山水、人物、花鸟，无不精妙。尚宝公有曾孙女，许配张来为妻，二十四岁时，子方一岁，夫亡而寡，顾氏守节抚孤，出家传刺绣针技以谋生，而其作品神化更妙于前辈，顾绣之名从此得以大噪。其子名燧，教其读书，后来进入都城学校。顾氏完美守节四十六年，家业亦渐兴至小康。

顾绣之妙，冠绝天下。所谓顾绣者，就是指大理评事顾砚山家所出之刺绣。砚山是位官宦世家。财产素来丰厚，爱蓄姬妾，然而不以能歌善舞而得宠，只以是否善于刺绣而品高下，所以，当地即使是束发女童，也会整丝辨色。有一位叫苹娘的女子，用三年时间，精工细作，绣成了《西村赛社图》。图中描摹的男女老幼、村妪牧童，形态各异，无不栩栩如生。其中最精彩之处莫过于表现一妇人于人丛中，正在解裙带，给儿子一枚钱买果饵吃，众人在一旁围观，从内心发出喜欢这孩子的微笑。妇牵儿欲行，儿仍然指着卖者的筐中有不舍离去之状。诸如此等之处，即使唐、仇用笔，也不能及。图绣成后，很多行家和知名人士都前往观赏，无不称赞制作之工。一位老学者说："有此功夫，何不停

针，从事纺织，制成衣被遍于天下呢？在此徒劳做工，这同我辈舞文弄墨，文场苦思，终无效益有何不同呢？”第二天，苹娘又拿出连夜赶制的《停针图》给大家观看，只见图中人物穹妍色笑，意态尤真，众人赞不绝口。后来，有一位淮扬巨商，慕名而来，看了苹娘所作名针后，遂以紫金环、碧玉如意和周肪所画《美人图》交换而去，价值百金。

《墨余录》

凤凰朱雀(古锦识名)

锦的品种很多。锦有大登高、小登高、大明光、小明光、大博山、小博山、大茱萸、小茱萸、大交龙、小交龙、蒲桃文锦、斑纹锦、凤凰朱雀锦、韬文锦、核桃文锦，还有青绨、白绨、黄绨、绿绨、紫绨、蜀绨，工巧百数，不尽名举。

《邺中记》

此毯最温柔(制红线毯)

乐天作《咏红线毯》诗，其中有这样的诗句："太原毯涩毳缕硬，蜀都褥薄锦花冷。不如此毯温月柔，明年十月来宣州。"之诚按：《元和郡县志》卷二十九云：宣州自贞元年代后，常贡之外，还进五色线毯，及绫绮珍物，可与淮南两浙相比。

《骨董琐记》

重二十五两(古绸秘织)

据《汪穰卿笔记》云：光绪年代末，西人斯丹，于敦煌长城下得汉绸二端，同出一幅，一广尺许，上写曰：任城国古父绸一匹，幅广二尺二寸，长四丈，重二十五两，值钱六千一十八；一广汉尺二尺二寸，绸有波纹，色浅黄，一处微绿。之诚按：西汉至晋时期，都有一个任城国，属于兖州。相如子虚赋，徐广注，齐东阿缯帛所出，蔡邕女诫曰："缯贵厚而色尚深。"《汉书·货殖传》曰："文采千匹。"师古注曰："文文缯也，彩帛之有色者。"《外戚传》曰："盛绿绨方底。"《匈奴传》曰："亦绨绿缯各六十四。"《邺中记》载："青自黄绨。"《说文》曰："绨厚缯也。"《急就篇》注："缯厚缯之滑译者也，重三斤五两，今谓之平绸。"《说文》又曰："绸，大丝缯也。"

《急救篇》注：“抽引粗茧绪纺而织之曰绸。”《北史·乐良王传》曰：“王好衣服碧绸裤。锦为缘。”《北魏·书蠕蠕传》曰：“赐黄绸被褥三十具。”《高车传》曰：“遣使赐赤绸十匹。是厚帛为缯，厚缯为绨，大丝缯为绸，此有波纹雨色浅绿微黄，所谓文采是也。”唯重二十五两，难道是绸也有细致者吗？

《骨董琐记》

芜苏子一升(染色法)

取芜苏子一升，用水直接浸泡，可以染布一尺，称谓芜苏子染色法。

《太平御览》

无法伪造(唐绢绝制)

记得曾经有一天，观赏两幅画。一幅是王维画的，但不知何图，与世传《辋川图》笔墨相差无几；另一幅是大李将军思训画的，名谓《御苑龙舟图》，又名《御苑采莲》，精细生动，人物长约分许，而意态毕具，衣粉凸厚皆剥落，而夭冶转见。其山水、林木、楼台略涉疏野，然工而弥逸，远远胜过小李之画。有人说，识唐画当识绢，其绢如版，松玉色，看不见丝缕经纬，初看上去还以为是金粟山的纸哩！张丑说：唐绢率热汤细捣，练得有如银版，这也是它无法伪造之缘因。

《西河合集·杂笺》

抱柱受孕(铸剑法)

干将是吴人，与欧冶子同拜一师，阖闾叫他造剑二枚，一曰干将，一曰镆邪。镆邪即干将之妻的名字，干将造剑，金铁之精未肯流动，难以造成，于是干将夫妻二人将自己的头发和指甲剪下来投入炉中，金铁才开始蠕动，两把剑终于造成，阳剑曰干将，阴剑曰镆邪，把阴剑献给吴王。又《烈士传》记载：干将是镆邪的儿子，据说楚王的夫人夏天纳凉时常抱一铁柱，心有所感，于是就怀孕了，后来产下一铁，楚王即命镆邪将产下的铁铸成双剑，镆邪花了三年才铸成双剑，一雌一雄。镆邪留下雄剑，将雌剑进献楚王。雌剑在剑匣中经常发出鸣叫的声音，楚王问为何有鸣声，镆邪对曰：剑有雌雄，鸣者乃雌剑想念雄

剑也。王大怒，将镆邪收狱，并杀其子。

《锦绣万花谷》

白光弥天(铸剑术)

汉高祖时，太上皇微服出游，常佩一刀，长三尺，上有铭文，其字难识，疑是殷高宗伐鬼时所作此物。一日，太上皇游丰沛山，见山谷深处有人在冶铸一物，太上皇驻脚，在旁问道："你在铸造什么？"工匠笑着回答说："为天子铸剑，请切莫泄露此言。"太上皇听了认为他是戏言，并未当真。工匠说："现在所铸的铁，钢砺难以炼成。如果老翁能慷慨解下腰间佩刀，掺杂其中冶炼，即可成为神器，可用以克定天下。"太上皇说："我这把宝刀名为匕首，用它可以水断虬龙，陆斩虎豹，一切妖魔鬼怪都不敢碰它。用它削玉镌金，刀刃不卷。"工匠说："如果不能将老翁之匕首放在一起冶炼，我铸的这把剑难成精品，请你帮帮我的忙吧。"太上皇即解下腰间匕首，投入炼炉中。不一会儿，烟焰冲天，连日光也为之黯然。不久，宝剑铸成，杀三牲祭之。工匠又问："老翁何时得此匕首？"太上皇说："秦昭襄王时，我在外行路，遇一野人，送我此匕首。他说这是殷时灵物，你要世世相传下去，上有古代文字，记载着铸造年月。"铸工将铸成之剑送给太上皇。太上皇将此剑赐给高祖刘邦。高祖长佩于身，以歼三猾，及至天下已定，即将此剑授予吕后，收藏在宝库中。守卫者见宝库白气如云，射出户外，长如龙蛇，于是改宝库名为"灵金藏"。后来诸吕篡权作乱，白气亦灭。到汉惠帝即位后，以此库贮藏兵器，改名为"灵金内府"。

《王子年拾遗记》

八方之气(锻宝剑术)

昆吾山，山下多赤金，金色如火。古时候黄帝征伐蚩尤，陈兵于此。掘地百丈深，仍未有泉，只见火光如星。地中多丹，炼石为铜，铜色青而利。再挖下去，才有泉水，泉色亦赤。土质刚而精，所生长的草木都很刚劲坚利。直到越王勾践，叫人兴建祠庙，采金铸昆吾神，宰白牛马祭之。还锻造了八把宝剑，八剑命名为：一名"掩日"，用此剑指日则光暗，因为金属是阴物，阴盛则阳衰；二名"断水"，用此剑划水，水即分开而不合；三名"转魄"，用此剑指月，则月中蟾兔为之侧转；四名"悬翦"，飞鸟游虫，一旦遇触其刃，即如斩截；五名"惊鲵"，用此剑泛海，则鲸鲵立即藏入深海；六名"灭魂"，持此剑夜行，不会遇到鬼魅；七名"却邪"，有妖魔鬼怪，见此剑则止；八名"真刚"，用此剑切玉断金，如同刻削土木。此八剑是运用八方之气铸造的。

《王子年拾遗记》

九味一弹(制弹丸秘方)

唐代贞元年末，阆州有位僧人，佛名灵鉴，善自制弹丸弹射，且制作精良，射技高超。他制作弹丸的方法是：用洞庭湖沙岸下的土三斤，炭末三两，资末一两，榆皮半两，泔淀粉二勺，紫矿二两，细沙三分，藤纸五张，渴羽汁半合，九味搅拌均匀，放在臼中捣三千杵，全部做成大小一样的弹丸，阴干即可使用。在郑汇当刺史时，有位当家的人，名寅，喜读书，爱饮酒，郑汇非常器重他。寅常与灵鉴比赛射弹。有一次，寅指一株树上的节疤，立于数十步外说，谁射中树节，谁就得五千钱。寅先射一发而中，弹丸反射却不破。接着灵鉴控弦而弹，百发百中，所射弹丸均陷入树节，而且弹丸均碎。

《酉阳杂俎)

一尺十节(制弓秘术)

张芬，曾经随韦皋当过行军。此人很有才华，且力大过人，可以将七尺石碑举起，还可以力挽双轮水磨制止其转动。他经常在福感寺练功夫，跳跃高及半塔，弹弓力能五斗。为了制成好弓，他在山上挑选向阳巨笋，用毛竹编成笼子，围住巨笋，只留尖端一寸外露，随着巨笋生长，不断加高竹笼，待竹笼加高到四尺时，不再继续加编笼子，任其向上生长，到了深秋，才除去竹笼砍伐。此竹一尺十节，呈金黄色，用它来制作弯弓，质地精良无比。他用此弓，向涂刷一丈见方的墙上，弹射成“天下太平”四字，字体端研，如同人工临摹而成。

《酉阳杂俎》

鹿血拌蜣螂(火药奇制)

乾隆年间，阿文成平定伊犁时，捕得一位玛哈沁人，问他何处得的火药。俘虏回答说：“用蜣螂晒干为细末，再以鹿血调拌，可以代作硝磺，只是药力不是太猛。”又一蒙古人补充说：“鸟铳的铳膛内装上了火药和铅丸后，再取一只干蜣螂，用细杖将蜣螂送入铳膛后再射击，则比寻常射击可远一二十步。”阿文成依言试之，果然一一灵验。

《归田琐记》

子母炮(巧制火炮铜鹤)

清初太学士戴文开，仁和人。年少而极有机智，所制子母炮，极具精巧。一炮中色孕七层，其力可及百步之外，每震一声则破一层。敌军遇上这种炮弹，无不溃败而逃。康亲王南征时，戴文开以布衣的身份相随军中，献上了连珠火炮法，只发射数炮便攻克了江山县，立下奇功。圣祖为此还召见了他，称赞他不仅能武，且又能文，颁命以学士衔在直尚书房做事。戴文开不单能制奇炮，还能作铜鹤。此鹤虽为铜，却能高飞云间，按时长鸣。又能作木偶人，穿上衣服，给宾客捧茶，与真人一模一样。

戴文开还精通天文算法，常与西方人南怀仁争论。南怀仁妒他的成就，诬他私通日本人。皇上闻言大怒，将戴文开遣戍黑龙江。后来虽被大赦返乡，却终因心力劳瘁而客死旅店。

《归田琐记》

九年一弓(制神弓)

宋景公广召天下能工巧匠为自己特制优质弓箭。有一弓人用九年时间制成一张神弓进而献之。弓人归家后，三天就死了。因为他为造此弓，把毕生的心力全部用尽了。后来，景公登上兽圈台，用此弓引射，箭矢竟越过西霸之山，彭城之东，以其余劲射中巨石，连同箭羽没入石中。

《淮南子》

箭奔脑门(招箭绝术)

南宋淳熙元年九月，孝宗皇帝前往玉津园举行燕射礼，皇太子、宰执、使相、待从正任等一行，都跟随皇上轿车到殿门外列队稍驻，仪仗队进念致语、口号，鼓乐齐鸣。皇帝的车队出正门，由嘉会门到玉津园后，赐宴酒三行。皇上身穿窄衣，头扎头巾，脚穿束带丝鞋，走进轩内。内侍手奉御带向皇上进上弓箭，此时看箭人大声喝道："看御箭！"仪仗队奏乐，皇上开始射垛。垛前排列招箭班应声唱喏。皇上第二箭射中箭靶，皇太子以下臣僚纷纷再拜称贺，然后进御酒，并宣劝完毕。皇太子及臣僚射弓，第四箭射中。皇上再射第五箭，又射中，臣僚们再拜，受赐如前。于是，再进御酒，乐队奏乐，杂技队表演杂剧。依次赐宰臣以下每人十两重的银碗各一只。皇上即兴作七言诗，丞相曾怀已

下属和诗以进皇上。燕射礼毕，皇上乘逍遥辇出玉津园，仪仗队进念口号。车队行至祥曦殿，皇上下车。上述招箭班，即选若干人身穿紫衣，头扎幞头，叉手立于射垛前，面向皇上，当御箭射来时，能以幞头顺势将箭转导入箭靶。这也是一种绝技。

《武林旧事》

巨镜燃火（破敌术）

西齐里亚岛有一位天文师，名叫亚尔几墨得，铸造一面巨镜。有一年，遇敌军驾数百艘战船攻临其岛，于是用巨镜映照日光注射于敌船，光照到哪里，哪里就发火而烧，敌船全部烧尽。

《归田琐记》

跃马射狐（箭技）

唐代天宝末，有一位骑将叫李钦瑶，能骑善射，弓矢绝伦，因为征战有功，官至郡守，兼御史大夫。至德中，隶属于临淮，与史思明相对峙于陕西。一日晨，双方交战，临淮布阵徐进，距敌尚有十多里，忽有一狐窜于军前，跌跌撞撞，时跑时停，有如向导在前引路。临淮很不高兴地说，越王杀怒蛙，是因为激励官兵士气，狐狸乃是狡猾多疑的妖邪之物，怎能让他出现在我军前阵。当即取三支箭给钦瑶，命令他将狐取来。钦瑶受命跃马负箭而驰，前方遇一片草丛，约二三十亩，狐奔入其中，钦瑶继续策马追杀。突然有一只野雉受惊飞起，径入云霄，此时钦瑶的坐骑前蹄惊起，一声长嘶，钦瑶趁势翻身仰射野雉，一发而坠，然后鸣鞭继续追狐，十步之内，箭发中狐，于是携带雉、狐二物追回临淮复命，举军欢呼，声振山谷。当时，回鹘排列骑阵于北原，其首领仅一二百人，弃军飞马而来，争相捧起钦瑶，视钦瑶为神箭骑将。

《集异记》

誓不传人（箭技）

隋末有督君谟，善闭目射箭，想射眼则射中眼，想射口则射中口，总之，闭了眼睛想射到何处就射中何处。王灵智拜君谟为师学射箭。三年后，自以为功夫已经学到手了，想把君谟射死，以便自己能独擅其美，天下无敌。这一天，王灵智向督君谟连连射来利箭。君谟持一短刀将来箭一一拦截，待到最后一箭射来，君谟便张口咬住箭头，大笑说：“你跟我学射三年，我还没教你咬箭头之法，你竟想射杀我。”

据《列子》记载，有一善射的弟子名飞卫，巧过于师。一青年弟子纪昌学射于飞卫，把飞卫的射箭技巧全部学到手，暗思天下能敌己者，只有飞卫一人了。我们二人技术不分上下，有他没我，有我没他，于是决定射杀飞卫。这天，师徒于郊野，二人对射箭锋相触坠地而尘土不扬。后来，飞卫之箭先射完，纪昌尚有最后一箭，当纪昌之箭向飞卫射来时，飞卫随手拾起一根树枝，以其一端顶住来箭而分毫不差。于是二人将弓投地，抱头痛哭。纪昌请飞卫为父，二人以父子相待，刻背为誓，决不将绝技传给他人。

孟子曰："逢蒙学射于羿，尽羿之道，唯羿为逾己，于是杀羿。"

《酉阳杂俎》

以石击桅(武术)

甘凤池，拳术非常高明，俗传乾隆皇帝南巡时，曾微服护驾帝之左右。甘曾误入盗船，假装吃醉酒躺卧于船中，盗将其投入水中，甘便攀缘漂木登岸，用道旁巨石投击盗船，击中船桅，舟覆人亡，余盗尽歼。

甘妻本是一名颇有功夫的女子。起先是一老翁携一幼女来见甘，请甘与幼女比武，如能胜女，即留女为媵。女双脚纤小，鞋上似乎缀有铁叶，穿着它迅走如飞。甘与女打斗良久，当四手相持时，女突然翘起右足，几乎踢中甘的眼睛。甘迅急用口咬住，同时踢女左脚。女笑着跌倒在地，于是就留下来不走了。

后来，有一位山东镖客，途中遇到一位僧人，二人搏打，武艺不相上下，竟日不分胜负。镖客突然以飞锤掷僧，僧接锤急起，即呼师兄，这才知道二人都是甘凤池之弟子。甘活到七十多岁，因为吃羊肉过多，中饱而亡。

《南亭笔记》

空中夹豆(武术)

白泰官，稍有功夫，屡挫江湖之客，就自以为自己武功高强，天下无敌了。一天，行至一处，有一人阻挡去路，对白说："奉我师傅之命，特来邀请相会。"白不得已只好跟随此人而去。到了一个地方，看见兄妹二人正在空场跑马。兄于马上放箭，妹于马上接之，十不一失。过了一会儿，兄妹二人下马相见，请白泰官试技。白心知有异，不敢应声。妹对兄说："我俩先抛砖引玉如何？"随即令从者取黄豆升许，竹筷二对，兄妹对立，相距数丈，兄用筷子夹黄豆掷去，妹用筷子夹豆接住。升中豆飞，没有一粒落在地上。对白说："适才小技只当儿戏，幸勿见笑。"白目呆神痴，自感惭愧，伫立良久，方才离去。

《南亭笔记》

越狱而去(绳技)

唐代开元中期，皇上多次下令，各州、县允许民间聚会饮酒并举行杂技会演。嘉兴县看守监狱的监管很想在会演中取胜，因此非常重视，但狱卒中很少有人精通杂技。于是向犯人们传话说："倘若在这次会演中我们的演出比别人差的话，必定会受到上司的惩罚，但如果我们有一两项能拿得出手的好节目的话，一定能够受到奖赏，可惜我们没有这样的能人。你们互相打听一下，有谁善于攀瓦缘木之技，赶快推举招引或自告奋勇出来献技。"当即，狱中便有一犯人笑着说："我会耍杂技，只是现在被拘禁，无法施展拙技。"监吏又惊又喜，问道："你会什么杂技？"犯人说："我会绳技。"监吏立即领其一同报告监主，监主问监吏："此人犯什么罪？轻重如何？"吏回答说："此人主要是拖欠别人的钱未能及时归还，没有其他罪行。"又问犯人："绳技是杂技中很常见的，又有什么奇异之处？"犯人回答说："我所会的绳技，与别人不一样。众人常弄之绳技是各系两头，然后使人在绳上立行周旋。而我只需一条绳，粗细如指，长可五十尺，不用系着，抛向空中，腾踯翻覆，则无所不能。"监管大喜，且令收录。第二天，监吏领着此人来到戏场。只见他手捧一团绳，长百余尺，堆放在地上，手持一头，掷于空中，绳遂上腾，刚劲笔直，然后落地。开始时，先抛二三丈高，后来抛四五丈高，腾于上空，仿佛有人在空中牵引，众人大为惊异。后来竟抛高二十余丈，仰空不见绳端。此人随绳引手，旋即身足离地，抛绳虚空，其势如鸟，高飞远扬，望空而去，终于脱身越狱，一去不复返了。

《太平广记》

以拳舂米(武术)

章铁拳，是一位江湖卖技者，两拳如铁，刀斧不能伤，故号铁拳。章本是山村农家子，父亲给富人当佃户，年年欠租，无所偿还，富人逼债甚急，不得已将其子以二千钱典于富家为奴。到了富人家，富人待他非常苛刻，每天叫他舂米。富人嫌他用杵舂米太慢，不准他用杵，令其用拳头舂米，而每天必须舂米一斗。稻芒刺痛皮肤，不敢说痛，米舂得不干净，还要鞭笞。起初，典期为三年，到期后，其父不能赎，于是废止契约，永远为奴。而两拳肌肉尽削，骨瘦如铁，那是由于每天用拳舂米磨炼所致。

某夜，走进富人居室，哀求富人允许他用杵，富人不但不允许，反而举杖将其痛打一顿。章在反抗格斗间，稍一挥拳，正中富人胸部，富人倒地，不省人事。章自知大祸临头，乃急奔回家，扶父母出，放火烧毁自家茅庐，携父母躲入山谷，直到天明，改换服装，扮成乞丐出境，路上听说富人受伤已死，越发不敢回乡，从此遂漂泊江湖，流落他乡，依附于卖技杂耍之流，靠卖技赡养父母。

《清稗类钞》

二车谷子(射箭术)

后梁时有一人，名何山，善射，其射之妙，人莫能及。萧誉之庭院内有一棵树，树上有一鸟巢，萧非常讨厌它，对何说："如果你能射中，我赐给你一车谷子。"此时，正巧有两只小鸟并立于枝头，何对萧说："倘若我一箭射中二鸟，请赐谷二车。臣无车牛，请派人为我送去，可否？"萧允许。何一射中其二，萧甚欣喜，即令载谷二车，送往何家。

《三国典略》

突然喷水(杀敌之技)

濠州定远县官军中有一弓手，善用矛，远近佩服。有一小偷，也善于击刺，并常蔑视官军，与弓手势不两立，说："下次见到他，一定与他决一生死。"有一天，弓手至某地办事，小偷正在街市酒店饮酒，二人相见，势不可避，于是曳矛而斗。观者甚众，围如堵墙。二人斗了几个回合，不分胜负，欲罢不能。弓手对小偷说："我俩都是强健者。瞧！我的上司来了，你敢与我在上司马前决一生死吗？"小偷答说："可以！"弓手迅即应声向小偷刺去，一举而毙。这就叫乘隙而击。

又有一人曾遇强寇，即与寇斗，矛刃方接，寇先含水满口，忽喷其面，其人愕然一惊，瞬间，胸部已被寇刺中。后来，有一位壮士，也遇到那个强寇，壮士早已知道强寇喷水之事，早有准备。二人相斗，寇果然复用喷水之计，水才出口，颈喉已被壮士刺中。那是因为重复使用陈旧之计，其机已失。因一时取胜而丧失警惕，必致咎由自取。

《太平广记》

铜筷(武术)

清顺治时期，无锡有位秀才，名叫胡迩光，精通武艺，尤其善用铜筷作为武器，当时号称无敌，这门武艺是一异人传授给他的。他用的铜筷有大有小，大的长二尺，粗一指许，在面临大敌时使用；小的长一尺多，细不盈指，是平时应急时用的，一半藏在袖中，一半出于指端。有一天，外出在街上散步游玩，突然看见一个和尚在向一店家索要钱物，迩光从和尚脸上看出其貌不良，劝店家不要施食，店家便依言了。和尚满脸堆笑地离去，一副若无其事的样子，迩光也没有在意，径自返回。

过了很久，迩光前往武当山拜佛，中途住在一座庵宇内，庵僧走出来相迎款待，一看来者曾似相识，就表示非常亲切的样子。晚餐用毕，迩光正准备休息，忽然听见院内隐约传来霍霍磨刀之声，心中一惊。再一看，房门已被反锁，这才想起此僧很像上次在某店索钱的丐僧。因为按规矩拜佛时不得携带武器斗械，仓促间无法取得铜筷。得想个办法防备一下。正好看见桌上餐具未收，碗上搁着两根筷子，于是就取来收藏在袖中。半夜，丐僧持刀破门而入，叫骂着："你还记得那一年的事情吗？"话音刚落，挺刀直砍。迩光以饭筷抵挡，不一会儿，击中僧之手腕，刀落坠地，僧反而跪地顿首，乞求饶命。迩光善意地说："我不想加害于你。从此以后，我俩不再记怨于怀，你说好吗？"僧叩首唯唯听命。第二天一早，重重款待迩光，迩光谢辞而别。

《清稗类钞》

腹中升日(气功记异)

据晋《方伎传》记载：有一人，名幸灵，父母叫他看守稻田，幸灵看见牛吃稻子，并不去驱赶，牛吃饱后走远了，才去整理残乱的稻穗。父母怒骂他为何不驱赶，幸灵辩解说："所有的动物饿了自然要吃，牛刚刚开始吃，何必去驱赶呢？"父母听了更加愤怒，说："即便如此，那你又何必去整理那被吃残的稻穗呢？"幸灵说："这些稻子还想继续生长呀！"父母哭笑不得。幸灵言之有理。也许他本来就是一个行修的道士吧！吕猗之母，足生脓疮不能行走已十余年。幸灵为她发气功治疗。距病者数步，闭目而坐，不动声色。过了好一会儿，对吕猗说："去扶夫人起身下地。"猗说："夫人得疾十年，卧床不起，怎可仓促叫她起身？"幸灵说："不妨一试。"两人挟扶而立，过一会儿，

扶者放手离去，夫人竟能独自行走。

学道养气者，能发气功，当气运足后，可以将余气授予他人。都下有一道士叫李若之，能运气发功，乃我东坡亲眼所见。我的二儿子名迨，从小瘦弱多病，请若之为其治病。若之相对而坐，发出气功。迨事后说：“只觉得腹中好像有早晨的太阳照射一样，感到温暖和顺。”据说李若之曾在华山遇到过得道异人。

《东坡志林》

空中叠罗汉(绳技)

唐玄宗开元二十四年八月五日，御楼请绳妓专为皇族表演绝技。将长绳两端固定于地，再用两支高数丈的立柱支撑长绳，吊紧张绳使之笔直如弦。然后由妓女自绳两端蹑足而上，往来倏忽，飘然若仙。有的在绳上相遇，能侧身而过；有的穿着木头鞋子在绳上行走，俯仰从容；有的用长五六尺的画竿绑在小腿上也能在绳上行走自如；技艺高超者还能数人踏肩蹈顶，高三四层，继而翻身掷倒，仍然立于绳上而不跌于地。所有这些表演，都配以丝竹美曲，合着时紧时慢的鼓声，姿态优美，扣人心弦，堪称天下绝技。

《封氏闻见记》

箭箭穿环(袖箭绝技)

李介立任南昌郡守时，曾宴请顾公和刘廷大将军，酒过三巡，趁大家高兴之时，问刘：“听说刘大将军有袖箭百发百中之绝技，想必是其妙绝伦。”刘说：“此乃应急之技，何足挂齿。”顾公想观赏一下，于是即请刘一发助乐。因而移坐于前轩，使人悬挂一铜环于座后数十步。刘左手持酒杯，右手向后发箭，箭箭贯穿铜环而出，十发无一失。古时，有摩诃善使短矛。齐国西域胡人大刀十余人出战，被摩诃以短矛击中，大败齐军。刘大将军之袖箭，是从古之短矛之技相传下来。

《天香阁随笔》

皇上怜悯(绳技)

回人有善于走绳的艺人，走法甚绝，与内地艺人不同。内地走绳的方法是，将两根竹竿植于地，以绳索平系于竿，艺人便在竿绳上往来行走。而回人的方法是，竖一根高逾数丈的大木，在木颠斜系一根长绳于地。表演时，回人手横一木，两头轻重相等，不致使人体侧倾，然后便步绳而上，一直走到竖木之颠，并且跷起一条腿，仅以一足踏在绳上，口中唱着歌，良久才走下地来。如此走绳之技，可谓绝艺。皇上每回出行，武备院就要让回人来表演此技。后来，偶尔有人失足坠落。皇上怜悯，下令从此不得再演斜走绳索的技艺了。

《詹曝杂记》

刺尖穿豆（武功绝技）

唐代建中初，有一位姓夏的河北将军，能骑善射，力大过人，弯弓之力达数百斤。常在毡场中，将钱累于地上，骑马走过，用击毡的鞠杖击钱，每次击起一钱，钱向上飞起，高达六七丈。又在新砌泥墙上倒插棘刺数十根，每刺尖端朝外，取一碗熟豆，距墙一丈，掷豆贯于刺上，百不差一。他还能一面走马，一面在纸上写字，可谓武功盖世。

《酉阳杂俎》

西蜀浪人（捉蝇绝功）

曾跟随韦皋当过将军的张芬，有一次宴客，宴请一位武功十分高超的西蜀浪人。在宴席，这浪人果然身手不凡，用碗中的绿豆掷击苍蝇，十不失一，一座惊笑不已。张芬见了，便说："好了，不要再浪费我的绿豆了。"遂即用手指捉蝇，拈蝇后脚，十拿十稳，出手之快，令人目力难及。

《酉阳杂俎》